苏州文博论丛

2021年（总第12辑）

苏州博物馆　编

文物出版社

图书在版编目（CIP）数据

苏州文博论丛 . 2021 年 . 总第 12 辑 / 苏州博物馆编
. -- 北京 : 文物出版社 , 2022.5
ISBN 978-7-5010-7462-4

Ⅰ . ①苏⋯　Ⅱ . ①苏⋯　Ⅲ . ①文物工作—苏州—文集
②博物馆事业—苏州—文集　Ⅳ . ① G269.275.33-53

中国版本图书馆 CIP 数据核字（2022）第 041283 号

苏州文博论丛

2021 年（总第 12 辑）

编　　者：苏州博物馆

责任编辑：窦旭耀
封面设计：夏　骏
责任印制：张　丽

出版发行：文物出版社
社　　址：北京市东城区东直门内北小街 2 号楼
邮政编码：100007
网　　址：http:// www.wenwu.com
经　　销：新华书店
印　　刷：宝蕾元仁浩（天津）印刷有限公司
开　　本：880mm×1230mm　1/16
印　　张：11
版　　次：2022 年 5 月第 1 版
印　　次：2022 年 5 月第 1 次印刷
书　　号：ISBN 978-7-5010-7462-4
定　　价：110.00 元

目　　录

考古与文物研究

山西太原光华街宋元、明清墓发掘简报　　　中国社会科学院大学历史学院　太原市文物考古研究所
　　　　　　　　　　　　　　　　　　河北省文物与古建筑保护研究院　国家文物局考古研究中心　　1
藤花落遗址大型公共活动遗迹试析　　　　　　　　　　　　　　　　　　　　　　朱良赛　9
孔子生辰再考
　　——兼论海昏侯墓出土衣镜　　　　　　　　　　　　　　　　　　　　　　　孙　晨　16
唐长安城仪式声景研究
　　——以青龙寺为例　　　　　　　　　　　　　　　　　　　　贾淯雁　孙　晨　21
黄池之会"晋吴争先"问题再探析　　　　　　　　　　　　　　　　　　　　　　刘　光　26
宋、金仿木砖室墓中"启门"问题再探　　　　　　　　　　　　　　　　　　　　李永涛　30
论山西金代仿木构墓葬的宗教文化特点　　　　　　　　　　　　　　　　　　　　姚　庆　34
再论两晋南朝砖室墓后壁砖柱结构　　　　　　　　　　　　　　　　　　　　　　任　艳　42
涉笔成趣的明代青花瓷碗　　　　　　　　　　　　　　　　　　　　　　　　　　王瑞钢　52

文献与历史研究

北宋进士谢景温仕宦稽考　　　　　　　　　　　　　　　　　　　　　　　　　　陆青松　58
吴大澂致顾潞信札考释
　　——兼说怡园画社　　　　　　　　　　　　　　　　　　　　　　　　　　　李文君　64
高丽国《夹注名贤十抄诗》所选张籍诗校补　　　　　　　　　　　　　　郭殿忱　金成林　71
嘉靖"大倭寇"初期明廷海防困境研究
　　——以"倭寇南京"事件为例　　　　　　　　　　　　　　　　　　　　　　芮赵凯　83
《明故屋舟钱隐君墓志铭》考释　　　　　　　　　　　　　　　　　　　连小刚　屠纪军　96
纪晓岚所藏《时宪书》考略　　　　　　　　　　　　　　　　　　　　　　　　　周　莎　102
赵继贤之印章及其人　　　　　　　　　　　　　　　　　　　　　　　　　　　　何　玮　111
乾隆六年辛酉科陕甘武乡试题名碑考释　　　　　　　　　　　　　　　　　　　　葛　天　116
民国时期雷峰塔倒塌始末新探　　　　　　　　　　　　　　　　　　　　　　　　刘　军　123
新入藏北宋刘泊墓志考略　　　　　　　　　　　　　　　　　　　　　　　　　　刁文伟　132

博物馆学研究

公众视角下博物馆微信公众号的传播效果与策略研究 　　　　　　李佳怡　137

打造一座有温度的博物馆

　　——苏州博物馆国际友好馆无障碍建设经验分享 　　　　张　帆　沈　琳　141

从基层博物馆策展人的角度谈陈列展览 　　　　　　　　　　　　秦晓杰　145

江南文化研究

记苏州网师园主人陈僎和王曾樾

　　——赵烈文《能静居日记》札记 　　　　　　　　　　　　　马　骥　149

漫谈顾麟士《读书随笔》中文徵明对求画者的"三不肯应" 　　朱晋訑　周　骁　156

书画研究

浅谈苏州画家袁尚统的绘画艺术 　　　　　　　　　　　　　　　张　敏　160

山西太原光华街宋元、明清墓发掘简报

中国社会科学院大学历史学院　太原市文物考古研究所
河北省文物与古建筑保护研究院　国家文物局考古研究中心

内容摘要：2020年6月至8月，为配合"万柏林区公共文化服务中心地块项目"的建设，太原市文物考古研究所对其进行抢救性考古发掘，清理了4座宋至清代的墓葬。遗址西北部宋元（M3）、明清墓（M2）保存较差，中北部和南部的1座元墓（M1）和1座清墓（M4）保存较好。元墓（M1）为斜坡台阶式墓道单室砖墓，出土铜、铁、陶、瓷和石器12组31件；清墓有土洞墓（M4）和竖穴土坑墓（M2）之分，形制完整，共出土陶器5件。这4座墓葬的发掘为研究当时太原地区的丧葬文化以及社会发展状况提供了实物依据，有助于探究其丧葬习俗、宗教信仰等问题。

关键词：太原　宋元墓　明清墓　丧葬习俗

　　光华街宋元、明清墓地位于山西太原市万柏林区光华街九院沙河北岸，东邻和平南路，北接南内环西街，中心地理坐标为E112°51′66″，N37°84′75″（图一）。2020年6月29日至8月2日，为配合"万柏林区公共文化服务中心地块项目"建设工作，经报国家文物局批准，对其进行了考古发掘，共清理墓葬4座，其中宋元墓1座、元墓1座、明清墓1座，清墓1座。出土陶、瓷、铜、铁、石器等，为研究太原地区宋至清时期百姓墓制葬俗提供新材料。现将发掘情况报告如下。

一　地层堆积

　　墓葬区地层可分为4层，其中M2、M4开口于②层，M1、M3开口于③层。

　　①层：厚40—240厘米，灰褐色土，土质较致密，包含排水管、砖块、白灰、炭块，此层为现代云杰玻璃耗材地基回填层。局部分布鹅卵石和细沙，应与九院沙河河流堆积有关。

图一　墓葬位置示意图

　　②层：厚44—56厘米，灰褐色夹杂沙土，土质疏松，纯净，此层为明清地层。

　　③层：厚12—20厘米，浅黄褐色夹杂沙土，土质疏松，较纯净，出土物极少，此层为宋元地层。局部土壤发黑，应与有机质堆积腐化有关。

　　④层：红棕色土，土地较致密，纯净。

二　墓葬简介

　　墓葬位于地块项目中北部，呈南北方向排列分布，无叠压打破关系（图二）。按年代可分为宋元墓、明清墓，宋元墓有土坑洞室墓1座和砖室墓1座，明清墓则有土坑洞室墓1座和竖穴土坑墓1座。共发现随葬器物17组36件，其中铜器2件、铁器23件、石器1件、瓷器3件、陶器7件。铜器中镜、烟

1

锅各1件。铁器以棺钉为主，共15件，簪、刀、环、铺环数量分别为1、1、2、4件。石器为石供桌。瓷器为青釉菊瓣纹碗3件。陶器有罐、碗、瓶、符瓦、圹符碑数量分别是2、1、1、2、1件。下面按照墓葬编号依此介绍。

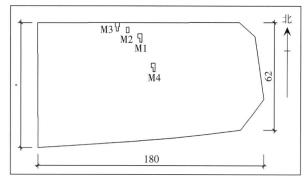

图二　墓葬分布图

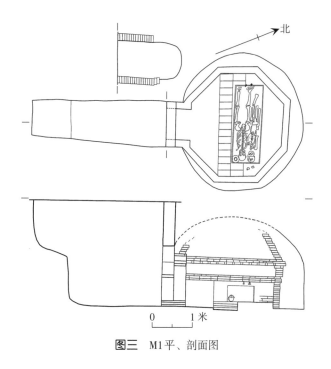

图三　M1平、剖面图

M1

（一）墓葬形制

M1位于墓群中部，南邻M4、西邻M2。该墓为斜坡台阶式墓道青砖砌单室墓，由墓道、封门、甬道、墓室组成，墓道位于墓室之南，方向193°。水平长6.34、宽3.20米，最深处2.54米（图三）。该墓未经盗扰，保存较好。

墓道位于封门南侧，平面略呈梯形（北宽南窄）。水平长3.08、南宽0.8、北宽1.06、深2.54米。南部为斜坡台阶式，台阶宽为0.8—0.86、层高2.3米；壁面较平直、光滑，填土为黄褐色五花土，未经夯打。墓道开口处有一石供桌（M1：4）倒插入墓道南部。

封门位于甬道南侧，两侧青砖平铺垒砌，中间以石块封堵，顶部石块下压人头骨三个，其中两个较为完整，一个仅存颌骨。封门上部以土填充。封门通高1.5、宽0.82米，东侧青砖19层，共计0.98米；西侧青砖16层，共计0.82米。条砖规格基本一致，长30、宽16、厚5厘米。

甬道位于墓室南端，从底部向上砖砌壁面1.00米高处起券，车棚券。进深0.6、宽1.06、高1.50米。甬道北端外侧砖砌门券涂饰一层0.2厘米厚的白灰面。

墓室平面呈八边形，砖砌，砖间以黄泥抹缝，顶部因施工被毁，根据叠涩隆起幅度推测为穹隆顶。墓底东西长2.42、南北宽2.2、边长0.9—1.01米。以壁高0.64米处为界，其下为顺砖对缝平砌，其上2层内收2厘米，为顺砖错缝平砌；壁高0.98米处有菱角檐，其上有1层为丁砖平砌的突檐，突檐上青砖叠涩内收。距墓室北壁1.48—0.88米处有青砖直铺的炕式棺床，以黄泥勾缝，表面涂有白灰，东西长2.37、南北宽0.6、高0.21米，丁砖平铺4层，最底层埋于生土中。棺床上置一东西向木棺，棺板已朽，仅剩白灰残痕，木棺长1.8、宽0.64—0.66（东宽西窄）、高0.4米，厚0.1—0.4厘米，棺东、西两侧各有一铁环。棺盖置于棺上且保存较好，以"工"字形银锭榫卯镶嵌，后铁钉加固，整体较为坚固，棺盖残长1.76、宽0.32、厚0.5厘米，棺内2具人骨保存较好。南侧人骨为男性，仰身直肢葬，头东足西，年龄在40—45岁，身高约1.6米，在其左肩有一用碗覆盖的祭食罐（M1：9），其内包含有葡萄籽粒等植物；北侧人骨为女性，仰身直肢葬，胫骨、腓骨分布散乱，不见跗骨、跖骨和趾骨，应是迁移合葬所致。需要说明的是，木棺与棺床存在位移现象，即木棺东侧向北移动40厘米，西侧偏移30厘米，从墓室内大量存在的淤积现象来看，应与河水大量渗入有关。

（二）出土遗物

M1出土遗物计12组31件，铜器、铁器、陶器、瓷器和石器分布于墓室、墓道内。

1.铜器

共2件。

铜镜 1件。M1：1，单龙纹铜镜，出土于墓室顶部偏北填土中。镜径18.2、镜纽2.1、镜缘厚0.6厘米，重852.9克（图四）。廓边为八瓣菱花形，内切圆形，圆纽，无纽座，镜缘饰卷云纹。龙侧面立身，绕纽盘曲，头部扁长，目突明亮，上吻偏长，发须细密、细颈蟒身。张口吐舌，四肢伸张，露出锋利的三爪刚劲有力，龙尾内卷，龙尾、龙颈各饰一流云纹，寓意该龙腾云驾雾于天，呈降龙姿态，立体

感强，背鳍、腹甲、鳞片、肘毛刻画细腻。纹饰整体简单，为浅浮雕。

图四 铜镜

铜烟锅 1件。M1：2，出土于墓室顶部填土中，靠近铜镜。通长8、烟锅头宽2、烟道尾端直径1.1厘米，重20.4克（图五，1）。铜烟锅仅残有大开口圆

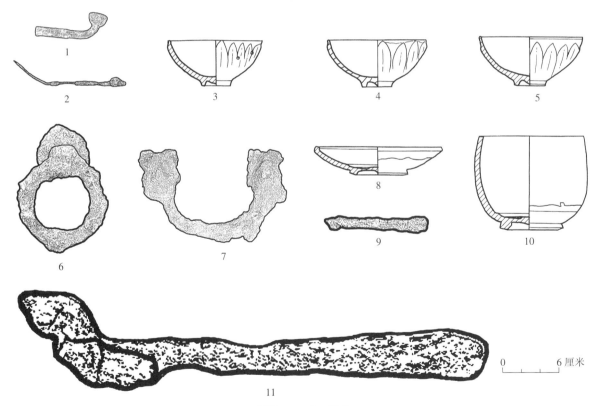

图五 M1出土器物

1.铜烟锅（M1：2） 2.铁簪（M1：3） 3—5.瓷碗（M1：8、M1：7、M1：6） 6.铁环（M1：10） 7.铁铺环（M1：11）

8、10.祭食罐组合（M1：9） 9.棺钉（M1：12） 11.铁刀（M1：5）

形烟锅头部分，下接空心圆柱形铜杆，不见木杆和烟嘴，铜烟杆内部有黑色块状物质，应是过滤材料。

2.铁器

4件。

铁簪 1件。M1：3，出土于墓道南侧。通长12.5、簪头径宽1.1厘米，外直径0.4厘米，内直径0.2厘米，重7.6克（图五，2）。细圆柱形簪身，弧弯，单股，簪头有一球状装饰物，内有小孔，应是镶嵌悬挂其他装饰，簪体素面，身细心实，表面包裹一层似胶皮的物质，簪尾尖圆。

铁刀 1件。M1：5，出土于墓室北侧。通长52、宽2—5、厚0.6厘米（图五，11）。刀首、刀柄、刀背、刀刃俱存，但因整体锈蚀严重，触之即碎，细节不可辨，采用木箱套取法提取。

铁环 2件。M1：10，出土于木棺东西两侧，形制相同，棺具附属物（图五，6）。环为半圆形，断面为长方形。西侧铁环宽16.2、高10厘米，与棺相衔处方片高4.5、宽5厘米，重276.8克。东侧铁环宽16.5、高9.8厘米，与棺相衔处方片高4.4、宽4.8，方片中部铁钉高4.4厘米，总重254.3克。

铁铺环 4件。M1：11，分布于木棺周围，形态相近，尺寸略有差异，棺具附属物（图五，7）。底座呈圆形，宽边缘，锻造整齐，中部有凸起。底座与铁环相衔。M1：11-1，圆环外直径8.3、内直径6厘米，底座直径5.5厘米，底座中部铁钉4.5厘米，重186.1克。M1：11-2，圆环外直径8.2、内直径5.5厘米，底座直径5厘米，底座中部铁钉5.1厘米，重193.4克。M1：11-3，圆环外直径8、内直径5.7厘米，底座直径4.8厘米，底座中部铁钉残长4.7厘米，重201.0克。M1：11-4，圆环外直径8.3、内直径5.9厘米，底座直径5.1厘米，底座中部铁钉残长4.7厘米，重188.6克。

铁棺钉15枚。M1：12，采集自棺盖板及墓室填土中。表面锈蚀严重，尺寸不一，部分残断。小棺钉较完整者钉头呈长方形，长1.9、宽1厘米，通长4.9厘米；大棺钉钉头呈长方形，钉体宽1.1—1.4厘米，通长11.4厘米，重41.5克（图五，9）。

3.石器

1件。

石供桌 1件。M1：4，出土于墓道南侧。长0.88、宽0.49、高0.3米。长方形，青灰色，正面中间雕刻一以菱形为边框的荷花，背面刻有"杨宅"二字，四个侧面上部均饰有简化版的蝙蝠纹，上面通饰布纹，底面则有数道凹槽。

4.瓷器

4件（组）。瓷碗出土于墓室西侧和南侧，黑釉祭食罐出土于棺内东南角。

瓷碗 3件。敞口，圆唇，深腹，腹壁微弧，小矮圈足。外壁有菊瓣纹，内外均施青绿釉，釉面有小开片，圈足旋削齐整，足缘无釉，露出素胎圈足，应是匣钵仰烧工艺。M1：6，口径11.5、足径3.3、通高5.3、壁厚0.2—0.55厘米（图五，5）；锔瓷修补痕迹2处，下腹部釉下有几处黑点。M1：7，口径11.4、足径3.25、通高4.9、壁厚0.2—0.6厘米（图五，4）；锔瓷修补痕迹5处。M1：8，口径10.6、足径3.1、通高4.5、壁厚0.15—0.6厘米（图五，3）；锔瓷修补痕迹2处。

祭食罐 1组。M1：9，出土于棺内东南角。罐口径12、底径7、通高10厘米（图五，10）。口微敛，圆唇，深腹微鼓，圈足，圈足底部有凸弦纹。除内、外底部外，通体施釉。罐内土样肉眼可分为三层，上层土质疏松，中部致密颜色发黄，底部为条带状黄土，上层是葡萄籽粒出土层位。罐口上覆碗。碗口径14.3、底径6.3、通高3.5厘米（图五，8）。敞口，圆唇，浅腹下收，圈足。内外壁釉色黑，内壁中部无釉，外壁施釉不及底，露出素胎下腹部和圈足。轮制痕明显，局部掺杂小沙子，下腹部挂釉滴较厚。

M2

（一）墓葬形制

M2形制为长方形竖穴土坑墓，壁近平直，平底，方向为310°（图六）。墓坑长3.06、宽0.88—1.24、自深1.26米，填土为黄褐色五花土，未经夯打。在发掘填土时即渗水，墓葬内不见人骨应与地下水位高及土壤透水性好有关，葬具仅一梯形棺，北宽南窄。棺长2.46、宽0.48—0.66米，厚4—6、棺痕高14—15厘米。棺内铺垫炭块和烧火残渣。随葬板瓦和圹符碑各1件。

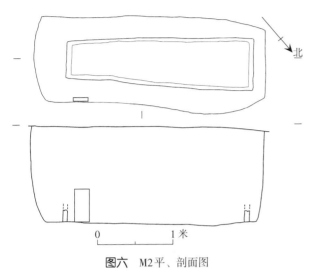

图六 M2平、剖面图

1.符瓦（M2∶1） 2.圹符碑（M2∶2）

（二）出土遗物

陶器

2件。

画符板瓦 1件。M2∶1，出土于墓葬南侧填土中。泥质灰陶，通长22厘米，一端宽16、厚1.5厘米，另一端宽13、厚1厘米（图七，1）。内施布纹，外为素面，符篆保存极差，仅见零星朱书痕迹，应是该墓地下水位较高、长期浸泡导致朱砂溶解、脱色。

圹符碑 1件。M2∶2，出土于棺外墓葬东壁南

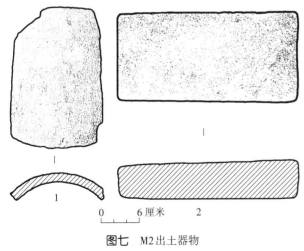

图七 M2出土器物

1.符瓦（M2∶1） 2.圹符碑（M2∶2）

端。长29、宽14、厚5.6厘米（图七，2）。朱字写于砖上，右侧有小字落款，但因字迹模糊，难以辨别。

M3

（一）墓葬形制

M3是台阶式墓道洞室墓，由墓道、封门、甬道、墓室组成，墓道位于墓室之南，方向190°（图八）。因墓室北端部分叠压于门墙之下，安全起见未发掘叠压部分。残长6.28、宽3.08、最深处2.78米。

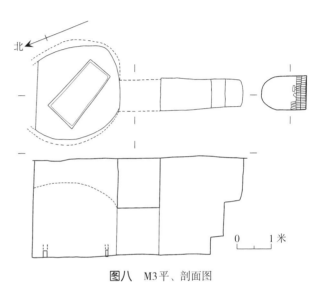

图八 M3平、剖面图

墓道位于甬道南端，平面呈梯形，水平长2.52、深2.78、上口南宽0.74、北宽1.00米，墓道南端有三级台阶，第一级台阶层宽0.54、层高1.26米，第二级台阶层宽0.40、层高0.98米，第三级台阶与墓道底部持平，层高0.48米。壁面较平直光滑，填土为较疏松的黄褐色五花土，未经夯打。

封门位于甬道南端入口处，下部用青砖斗砌2层，其上部分砖散落分布，砖规格为长31、宽15.5、厚5厘米；封门上部以土填充。

甬道位于墓室南端，平面呈长方形，进深1.23、宽0.95米。拱顶平底，在距底部0.84米处开始起券，通高1.32米。

墓室平面呈圆形。土洞墓，墓室顶部已坍塌破坏。墓底残长2.52、最宽处为2.74米，从北壁剖面可知墓室残高为2.14米。墓室内放置一东南西北向的梯形木棺，方向为323°。棺板已朽，部分炭化，从其朽化痕迹来

看棺长1.94、南宽0.79、北宽1.03米，厚4—6、高8—9厘米。棺内仅存2根股骨，未见随葬品。

（二）出土遗物

在墓室填土上部发现石堆4处，分布于a层墓室填土南侧和东侧、b层墓室填土西南侧和中央，其倾斜方向均朝向中央，是较规则的自然石块，未经琢磨。个别混有青釉瓷片、黑釉瓷片、陶罐口沿以及碎骨。

墓室上东侧填土发现羊头骨1件。墓室下部东北侧填土中发现大型肩胛骨1件。墓室下部南壁填土中发现狗头骨、肩胛骨、胸椎、腰椎、胫骨等较完整狗骨架1具，年龄在2岁左右，头骨与躯干分离。

M4

（一）墓葬形制

M4位于墓群最南端，系竖穴土圹墓道土洞墓，由墓道、封门、墓室组成，坐北朝南，方向163°（图九）。水平总长4.60、宽1.14、最深处为2.26米。

墓道位于墓室南部。墓道长为2.52—2.72、宽0.73—0.96、深2.02—2.26米。平面呈梯形，竖穴直壁土圹，底部略内收，壁面光滑；墓道底部平整，呈南高北低缓坡状。墓道内填土为黄褐色发灰色土，质地较硬，未经夯打。

封门位于墓室南口外部的墓道北壁下，下部60厘米均为土块封门，中部置4层石块封堵，高度为26厘米，上部再次用厚度为58厘米的土堆封门。封门高1.44、宽与墓道等同，进深0.56米。

墓室是由墓道北壁下部向北掏挖而成，墓底为生土。平面呈梯形，拱形平顶。四壁竖直平整，从0.90米处开始起券，通高1.44米。墓室南北长1.94、北宽1.14、南宽0.96米。在墓室中部及甬道北端放置一梯形木棺，长1.96、南宽0.51、北宽0.66米，厚5—6、残高26厘米。木棺保存较好，棺内有一煤块，棺底有大量炭块。棺内人骨保存极好，单人仰身直肢葬，头北足南，面朝西。该墓未遭盗扰，出土陶罐、陶瓶、板瓦3件。

（二）出土遗物

1.陶器

3件。出土于棺内南侧。

黑釉罐1件。M4：1，罐口径9、底径7、通高

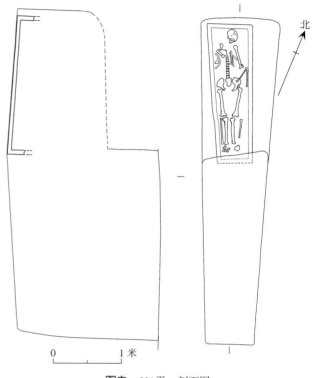

图九　M4平、剖面图

13.2厘米。敛口，圆唇，颈微束，斜弧肩，弧腹下收，矮圈足（图一〇，1）。内外壁均施釉，釉层较厚且有光泽，外壁有垂釉现象，腹部呈现洞眼，应是缩釉导致。口部未施釉，施釉不及外壁底部，素胎裸露，可见拉坯成型的弦纹。

黑釉小口瓶1件。M4：2，口径6.7、腹径13、底径9、通高20厘米。器口呈喇叭状，尖圆唇，束颈稍长，溜肩，弧腹微鼓，矮圈足（图一〇，2）。内外壁均施釉，釉色纯黑，釉面厚润光泽，外壁有垂釉现象。施釉不及外壁底部，素胎裸露，胎质细腻，可见拉坯成型的弦纹。瓶中发现似针大小的细小骨头。

朱书板瓦1件。M4：3，出土于人骨右跗骨处。长24、宽14—16、厚1—1.5厘米。泥质灰陶，一端宽、一端窄，内施布纹，外为素面，表面有零星朱书痕迹和白灰（图一〇，3）。

三　结语

4座墓葬虽规模不大，出土遗物较少，却为我们判

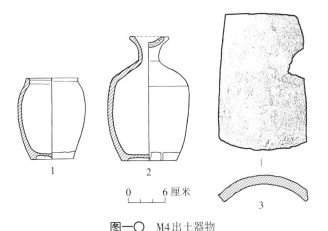

图一〇 M4出土物

1. 黑釉罐（M4：1） 2. 黑釉小口瓶（M4：2） 3. 板瓦（M4：3）

定墓葬年代，了解当时的丧葬风俗等提供了一定参考。

（一）墓葬年代

M1中出土单龙铜镜（M1：1）菱花形镜边、半圆形纽、无铭文，以及龙细颈蟒身、四足三爪符合元代常见铜镜特征[1]。八角形砖砌叠涩的结构和阶梯形墓道的形制与阳泉东村元墓[2]相似，M1结构简单，以条砖砌成的菱角檐和其上突檐为界区分墓壁和墓顶，砖上无雕刻和壁画。清水墙面墓室的出现是山西地区宋元砖室墓衰落的表现[3]，综合分析M1应为元代晚期墓葬。M3与M1位置相邻，开口层位一致，从出土酱釉碎瓷片等判断，M3墓葬年代与M1相近，为宋元墓。

M4形制与太谷县南畛清墓[4]相似，均为一字形墓，南北向，以土封门，墓中随葬符瓦（M4：3）和瓷罐（M4：1）是清墓常见器物组合，与新近发掘国科大清代家族墓器物组合方式相同，但瓷罐样式稍有差异，应与年代早晚有关，M4应是清代早期墓葬。M2为竖穴土坑墓，是太原地区清代中晚期百姓墓葬常见形制；出土符瓦（M2：1）与M4同器物相似，考虑到两墓开口一致、位置相邻，年代应是明清时期。

（二）丧葬习俗

从墓葬中出土随葬器物的类型、位置等信息，一定程度上可窥探当时的丧葬习俗、宗教信仰等问题。

M1封门处出土的3具人头骨，无葬具和随葬品，且以石头镇压。元末农民起义、明蒙之战波及山西，墓中人头骨应当是在战乱不止的历史背景下

被砍杀后作为祭奠而埋入的人牲。元朝铁器管控严格，墓主随葬一把铁刀，而且墓道中随葬的石供桌（M1：4）表面刻有"杨宅"二字，表明墓主可能是杨姓的武士身份，被杀祭的人牲则是敌对战俘。单龙铜镜（M1：1）出土于墓室顶部填土中，镜面朝下无瑕疵符合立规之法，从其表面附着白灰，镜纽处有一铁钉残块现象看，当是铜镜悬挂之迹，即以铁钩将铜镜固定悬挂于墓室顶部，与宋《癸辛杂识》中"今世有大敛而用镜悬之棺盖，以照尸者，往往谓取光明破暗之意"[5]的记载相符，《抱朴子》《洞玄灵宝道学科仪》中说明铜镜兼有令人聪明、逆知万年、辟恶除邪、意存千里、智周万物之效，墓中悬镜是元人沿袭宋时丧葬习俗的反映。祭食罐（M1：9）内有三层土样，葡萄籽出土于土质疏松的上层。据《遵化通志》卷十五记载，"始死，设食罐，每饭必祭，添肴馔其中。至葬之前夕，添食品至满，纳葱其中，罩以红布，系以五色线，授家妇抱之，至葬所，置棺前埋之"[6]。换言之，祭食罐是后人守丧期间在灵前将每天所食献祭给逝者所用的器皿，入葬时随棺木一同埋入墓中，当今陕西、山西、河北等北方地区仍有以祭食罐随葬之俗。M1中祭食罐多层食物遗存堆积揭示了亲属在丧葬活动中对逝者用不同食物多次祭奉的行为，希冀逝者在阴间粮食充盈的心愿，植物考古方法用于研究墓内祭食罐中祭奉食物构成和丧葬习俗效果明显。此外，M1中出土的3件青瓷碗（M1：6、M1：7、M1：8）均弧腹、侈口、小圈足，外壁划刻菊瓣，通体施梅子青釉，露胎处作火石红。其造型、胎釉特征等与元代龙泉窑高度一致[7]。3件青瓷碗皆有锔修痕迹，锔瓷痕迹几乎不见于碗内，个别打穿，锔补修复处仍有铁锔子残留，其锔瓷工艺流程是先用坚硬的小钻头在碗破碎处表面打孔，深度不及碗内，随后用钉脚钩住钻孔，再锔钉固定。从墓葬形制、出土器物来看，墓主人等级不高，三个锔瓷龙泉窑青釉菊瓣纹碗的存在更是表明墓主生前节俭，死后仍要随葬其珍爱之物以常伴其右。

M2出土的圹符碑（M2：2）无使用痕迹，在新砖正面以朱砂绘字，是专为墓主镇墓、阴佑后人的镇

墓符，出土位置与《灵符神咒全书》中所言"圹灵符，男左女右，朱字写砖上"[8]相合。M2与M4符瓦（M2∶1、M4∶3）的存在则对应了"推入墓镇物竹弓长六尺，苇箭三矢，五色布五块，豆黄一斗，纸钱五百张，布瓦一个，朱砂二钱，某年某月某日选择映示"[9]的记载。"阴砖阳瓦"组合，反映出道教思想逐渐渗透于明清时期黄河中下游一带普通汉族百姓丧葬习俗中。M2棺内铺垫的炭块、烧火残渣以及M4棺内外煤块、炭块的发现与《三元总录》中"推入棺镇物丝麻一缕，木炭一块，神曲一两，岁钱一岁一文，食罐一个，细抄麻纸百张，雄黄一两，乱丝半斤，鸡鸣枕一个"[10]的记录一致，取"头枕煤，脚蹬炭，儿孙后代千千万"之意，兼有防潮之用。

M3墓室填土中4处石堆集中倾斜于墓室中央，或为墓室周边送葬人群对死者丧葬仪式的一部分，应与五方五精镇墓石相关，在当时道教思想的影响下，借用石堆摆放以镇墓辟邪，护佑墓主；墓中殉狗应是希望借此护送墓主灵魂归天，而殉羊头则与墓主死后宴享有关。需要说明的是，M2、M3均未发现人骨，且随葬品极少，可能是寄葬行为导致。

通过本次的发掘，使我们对太原地区元代砖室墓以及明清土洞墓和竖穴墓有了更进一步的认识，虽墓葬结构简单、规模不大、出土器物较少，仍为研究当时的丧葬文化以及社会发展状况嬗变提供了实物依据，结合迎泽西大街元墓[11]、瓦窑元墓[12]、黄坡元墓[13]、观音院[14]、华严寺[15]等同期墓葬和遗址资料，对探究太原地区丧葬习俗、宗教信仰、文化背景等问题意义深远。

领队：裴静蓉

发掘：葛利花　牛云虎　原　江

器物摄影绘图：金晓彤

文物保护修复：刘　俊　卢　超

执笔：葛利花　裴静蓉　王振祥　杨　凡

注释：

[1] 宋晓燕：《关于铜镜各历史时期的特点研究》，《文艺生活》2016年第9期；刘柯艳：《元代纺织品中龙纹的形象特征》，《丝绸》2014年第8期。

[2] 阳泉市文物管理处、阳泉市郊区文物旅游局：《山西阳泉东村元墓发掘简报》，《文物》2016年第10期。

[3] 苗轶飞：《山西发现蒙元墓葬的分区与分期》，《文博》2017年第2期。

[4] 王俊、穆文军、贾志斌：《山西太谷南畛墓地发现金元砖室墓和清代家族墓》，见网页https://www.sohu.com/a/214614205_199807，2018年01月04日。

[5] 〔宋〕周密撰、吴企明点校：《癸辛杂识》，中华书局1988年，第202页。

[6] 〔清〕何崧泰著、〔清〕史朴纂修：《遵化通志》卷十五《舆地书·风俗》，1886年刻本，第12页。

[7] 青岛市文物保护考古研究所：《胶州板桥镇遗址考古文物图集》，科学出版社2014年，第84页；宽城县文保所：《河北宽城县发现瓷器窖藏》，《考古》1994年第3期；天津市文物管理处：《天津市西郊小甸子元代遗址》，《文物资料丛刊（8）》，文物出版社1983年，第106—112页。

[8] 玄道子：《灵符神咒全书》，满庭芳出版社1992年，第39页。

[9] 〔明〕柳洪泉著、〔清〕王道亨编纂、李祥校释：《三元总录》，中医古籍出版社2010年，第51页。

[10] 玄道子：《灵符神咒全书》，满庭芳出版社1992年，第39页。

[11] 国家文物局：《中国文物地图集·山西分册》（中册），中国地图出版社2006年，第19页。

[12] 代尊德：《山西太原郊区宋、金、元代砖墓》，《考古》1965年第1期。

[13] 山西省文物管理委员会：《太原西南郊清理的汉至元代墓葬》，《考古》1963年第5期。

[14] 国家文物局主编：《中国文物地图集·山西分册》（中册），中国地图出版社2006年，第19页。

[15] 国家文物局主编：《中国文物地图集·山西分册》（中册），中国地图出版社2006年，第19页。

藤花落遗址大型公共活动遗迹试析

朱良赛（连云港市文物保护和考古研究所）

内容摘要：藤花落遗址是连云港地区发现的一处距今4000多年的内外双重城墙结构的龙山文化城址，曾荣获2000年全国十大考古新发现。2000年在城内发现的龙山时期大型公共活动遗迹为同时期文化遗址所罕见。笔者研究认为藤花落遗址大型公共活动遗迹是一处大型祭祀遗迹，与良渚文化发现的祭坛遗迹及牛河梁文化发现的女神庙遗迹在祭祀遗迹的特征、功用、祭祀对象等方面存在较大差异。

关键词：藤花落遗址　公共活动遗迹　大型祭祀遗迹　坛祭　庙祭

藤花落遗址位于连云港市经济技术开发区中云乡西诸朝村南一处冲积平原上，海拔6—7米，总面积30万平方米。1996–2004年南京博物院、连云港市文管会、连云港市博物馆组成考古队对遗址进行了4次大规模的发掘，揭露面积约5000平方米，发现一批北辛、龙山、岳石文化遗存，尤其是龙山时期的内外城墙、城壕、房址、哨所、道路以及水稻田等遗迹的发现，证实藤花落遗址是一处距今4000多年的龙山文化城址。其中在城内发现的龙山时期大型公共活动遗迹为同时期文化遗址所罕见[1]，为讨论龙山时期的宗教信仰及文明的起源等重大课题的研究提供了十分重要的实物资料。本文在对考古资料观察、整理的基础上，认为藤花落遗址大型公共活动遗迹是一处大型祭祀遗迹。并通过与良渚文化祭坛遗迹及牛河梁女神庙遗迹进行类比，拟对藤花落遗址所发现的龙山时期大型祭祀遗迹的特征、功用、祭祀对象等问题进行初步探讨，不当之处，望方家指正。

一　大型公共活动遗迹的概况、性质、特征

（一）遗迹概况

藤花落遗址发现的大型公共活动遗迹位于T5350

东半部、T5348的东北大部以及第一次和第二次扩方内，叠压于第6层灰黄土下，被G16、F46、H165、H177、H176等灰坑、灰沟打破，距地表1.1—1.5米。以房址F48为中心，由高土台、房址F48、大面积红烧土堆积、烧土堆、祭祀坑组成（图一）。

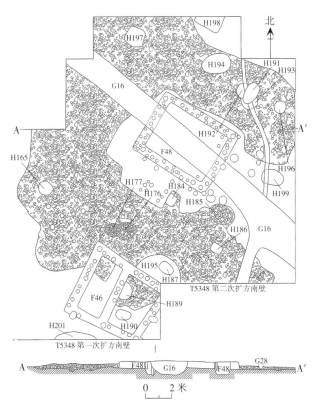

图一　藤花落遗址大型公共活动遗迹平剖面图（采自《藤花落遗址——连云港市新石器时代遗址考古发掘报告》）

1.高土台

平面呈"凸"字形，由两层较纯净的灰黄土在原有灰土堆中垫成，形成高出地面0.2米左右的高土台，F48就坐落在高土台的中间。

2.房址F48

房址F48（图二）坐落在高土台中间，开口于

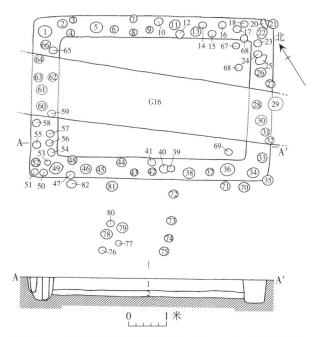

图二 F48平剖面图（采自《藤花落遗址——连云港市新石器时代遗址考古发掘报告》）

第6层下，被G16打破，打破次生黄土直至生土。房址现存基槽，单间，方向212°，平面呈"回"字形，拐角处圆角，房址总长6.45、宽4.75—5米，建筑面积32.45平方米。在房址基槽内密布柱洞，共计72个，大小相当，呈双排分布。在基槽内未发现门道迹象，仅在房址基槽南侧发现有两排柱洞，共计10个，基本平行，间距约1.25米。推测这两排柱洞可能是F48的木构阶梯遗迹，由阶梯拾级而上进入F48。发掘者从年代和层位关系上来分析，认为"F48及其周围的烧土堆积也早于城内其他房址，与城墙的始建年代一致，推测F48有可能是建城过程中进行祭祀活动的场所"[2]。

3.大面积红烧土堆积

大面积红烧土堆积分布在F48所在的高土台周围，同样叠压于第6层下，平面上近圆角方形，面积近440平方米，长约22、宽20米。

从红烧土堆积的形状、范围、构成以及包含物等情况可以说明其不是房子的倒塌堆积，而是人工有意铺垫而成，较平整。同时高土台、F48、烧土堆和祭祀坑都在红烧土广场堆积范围内。红烧土堆积

走向与中心处的F48的方向大体吻合，证明两者有很紧密的联系，红烧土堆积应是以F48为中心的大型活动广场。

4.烧土堆

在红烧土堆积的南部及东部发现有3处烧土堆，编号分别为H176、H177、H185（图三，1、2、3），烧土堆的表层为含有较多炭灰的黑土，其下为块状的烧土，中间部分略鼓起，近丘状，有大小烧土块，最大土块面积10米×13米，一般在4米×5米左右。

5.祭祀坑

编号H199（图三，4），位于在F48的东南侧2.7米处，开口于第6层下，内有一具头骨，头骨旁边有一堆碎陶片，从形状看似是几件陶器层叠在一起，可辨器形为釜式缸形器。结合F48、大片红烧土堆积及出土头骨，推测H199可能是F48的祭祀坑。

（二）性质推测

发掘者从F48的规模、所在的高台、周围发现的大面积红烧土堆积以及旁边的祭祀坑、烧土堆推测，这处以F48为中心的大型公共活动遗迹可能是用于祭祀的大型祭祀遗迹[3]。参照新石器时代大型祭祀遗迹的一般特征及古代社会长期存在祭祀行为，笔者认为发掘者把这处大型公共活动遗迹认定为一处大型祭祀遗迹是正确的。依据如下：

第一，这处公共活动遗迹的核心遗迹——房址F48内没有发现居住面、灶及灶具之类的生活遗迹，而这些生活遗迹在藤花落遗址其他龙山文化房址内十分常见。从房址规模、筑造方法及特征上看，房址F48规模远超过其他居住房子，独特的建于高台之上，没有门道，采用木构阶梯进入房内的高台式建筑特征，说明F48的等级非常高，不是单纯的民居建筑，而与城内居民的祭祀、宗教生活密切相关建筑。

第二，这处大型公共活动遗迹由高土台、房址F48、大面积红烧土堆积、烧土堆、人祭坑H199组成。其中高土台、大面积红烧土堆积、烧土堆、人祭坑都是与祭祀有关的典型遗迹。高土台采用纯净的黄土堆筑而成，高出周围地面[4]，符合已发现史前祭坛的一般特征。《礼记·祭法》[4]："燔柴于泰坛"。

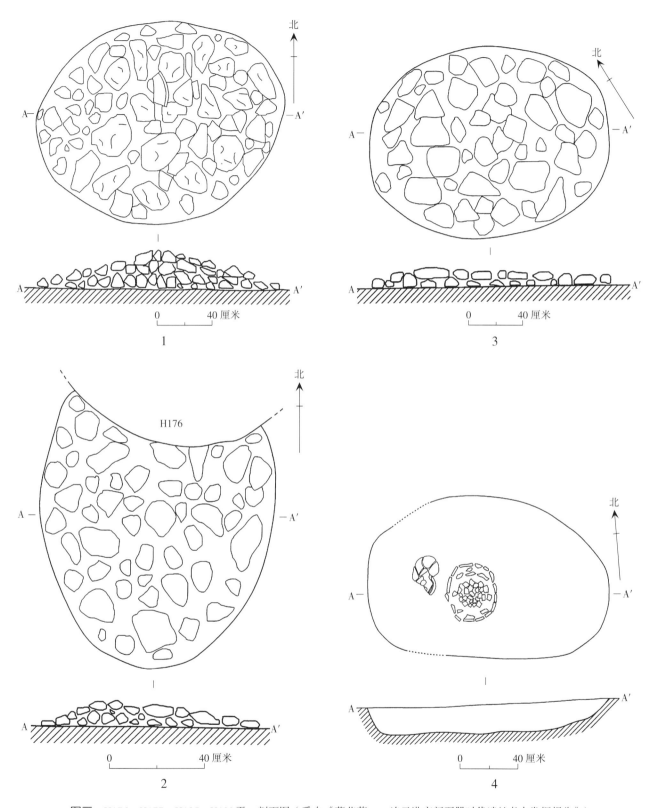

北

A — — A'

0   40 厘米

1

北

A — — A'

0   40 厘米

3

北

H176

A — — A'

0   40 厘米

2

北

A — — A'

0   40 厘米

4

图三 H176、H177、H185、H199平、剖面图（采自《藤花落——连云港市新石器时代遗址考古发掘报告》）

1.H176   2.H177   3.H185   4.H199

"燔柴"就是在高土台上焚烧柴草。藤花落遗址大型公共活动遗迹中在高土台上发现的大面积红烧土堆积及烧土堆即是祭祀时"燔柴"活动后留下的遗迹。同时在F48附近发现的H199发现有瘗埋头骨的异常现象，是龙山时期常见的人祭行为。

第三，由高土台、大型房址、烧土、祭祀坑或器物坑组成的大型祭祀遗迹的结构布局在邻近的尧王城遗址也有发现。尧王城遗址位于山东日照地区，直线距离藤花落遗址约40公里，面积约60万平方米，是鲁南苏北地区发现的最大的龙山文化城址，是这一区域等级最高的中心聚落遗址。经过2012—2016年的8次发掘，发现了有祭祀遗迹、器物坑、建筑基址、祭祀台基等遗迹[5]，其祭祀遗迹的结构布局与藤花落遗址发现的大型祭祀遗迹相近。但由于尧王城祭祀遗迹的详细资料尚未发表，我们无法与藤花落遗址发现的祭祀遗迹展开详细对比研究。

（三）基本特征

从上文我们可以看出藤花落遗址发现的大型公共活动遗迹是一处龙山时期的大型祭祀遗迹并具有如下基本特征。

1. 由高土台、大型房址、大面积红烧土堆积、烧土堆及祭祀坑组成的结构布局。

2. 以"回"字形高台式建筑房址F48为中心，高土台、红烧土堆积、烧土堆、祭祀坑均是围绕房址建筑而存在的附属遗迹。

3. 平地修筑小高土台，土台高出地表仅0.2米，规模较小。

4. 以大面积的红烧土堆积为活动广场。

二 坛祭与良渚文化祭坛

"坛"是指以土、石营筑的高台。《说文解字》："坛，祭场也，从土。"[6] 新石器时代的祭坛遗迹可分为石筑祭坛和土筑祭坛两类，其中石筑祭坛以包头阿善祭坛[7]为代表，主要分布在我国东北、西北地区；土筑祭坛以余杭瑶山[8]、汇观山[9]为代表，主要分布在长江下游及江淮地区，以良渚文化祭坛最为丰富。在良渚文化分布区的瑶山、汇观山和福泉山[10]等遗址均发现了祭坛遗迹。

余杭瑶山良渚文化祭坛遗迹（图四）平面呈方形，整个祭坛外围边长约20米，面积约400平方米。由里外三重组成，最里面一重偏于东部有一座方形红土台，东西长约7.7、南北宽约6米；第二重为灰色土，外侧有一圈灰土围沟；第三重为黄褐色斑土筑成的土台，台面上有较多砾石组成的砾石面，在其西北侧发现两道石磡，呈斜坡状，西侧石磡残长11.30米，北侧石磡长10.60米。祭坛南半部上分布有12座墓葬并打破祭坛，墓葬兴建于祭坛筑造之后。

从上文我们可以看出良渚文化祭坛的基本特征是，第一，祭坛依山而建，高土台高出地表数米成覆斗状，规模宏大。第二，祭坛由红土台、灰土围沟、砾石面组成并与墓葬、石磡相结合的结构布局。第三，祭坛以墓葬为核心，埋葬墓葬规格等级较高，祭坛具有墓地的功能。

藤花落遗址发现的龙山文化大型祭祀遗迹与余杭瑶山良渚文化祭坛遗迹相比，有以下相似及不同之处。两者相似之处是都发现有高土台、红烧土堆

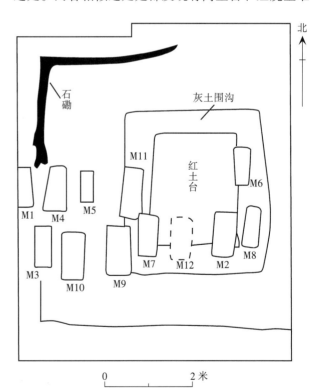

图四 余杭瑶山良渚文化祭坛遗迹（采自《余杭瑶山良渚文化祭坛遗址发掘简报》）

积等明显具有祭祀性质的遗迹。不同之处在于：第一，在地形选择上，藤花落遗址大型祭祀遗迹是在城内居址平地堆筑而成，仅高出地面0.2米，高土台规模较小。而良渚文化祭坛遗迹远离居址依山而建，高出地面数米，规模较大。第二，在结构布局上，良渚文化祭坛遗迹是与墓葬相结合，周围分布有较多高等级的墓葬，祭坛以墓葬为核心，祭坛具有墓地的功能。而藤花落遗址大型祭祀遗迹周围未发现墓葬，以大型建筑房址F48为核心遗迹。第三，在组成部分上，良渚文化祭坛由红土台、灰土围沟、砾石面组成，而藤花落遗址由高土台、大型房址、大面积红烧土堆积、烧土堆及祭祀坑组成。

三 庙祭与牛河梁女神庙

"庙"祭指建筑房屋本身用于祭祀的现象。所谓"庙"，《说文解字》[11]："庙，尊先祖貌也。"新石器时代的庙祭遗迹以牛河梁"女神庙"遗址[12]为典型代表。

牛河梁女神庙遗址（图五）位于牛河梁主梁北山丘顶，地势较高。丘顶有一"平台"形地，范围南北最长175、东西最宽159米。"平台"边缘有几段"石墙"，"女神庙"位于"平台"南侧，其正南12米处有一灰坑，内出土较多陶片及火烧兽骨。东墙外61米处有一堆满筒形器碎片的灰坑，南墙东段外34米处有一小型方圆形穴址，穴内地面细泥抹平，有火烧痕迹。"平台"北侧有一处东西长13、南北宽5米的红烧土块分布，"女神庙"北900米为积石冢墓地，墓葬密集。"女神庙"位于"平台"南侧18米，坡度10°，表层散布大量红烧土块，庙由一个多室和一个单室两组建筑物构成。多室在北，为主体建筑，单室在南，间隔2.05米。庙内出土较多彩绘泥塑人像残件、建筑构件及陶制祭器残片。

从上文我们可以看出牛河梁女神庙遗迹的基本特征是：第一，远离居址，位于山岗高地，利用丘顶修筑平台。第二，整体遗迹由平台、大型神庙建筑、祭祀坑、石墙、积石冢相结合的结构布局。第三，以大型神庙建筑房址遗迹为核心，房址建筑分主室、次室，规模宏大。第四，供奉较多泥塑人像，

多神崇拜。第五，周围分布有较多积石冢，神庙与墓地关系密切。

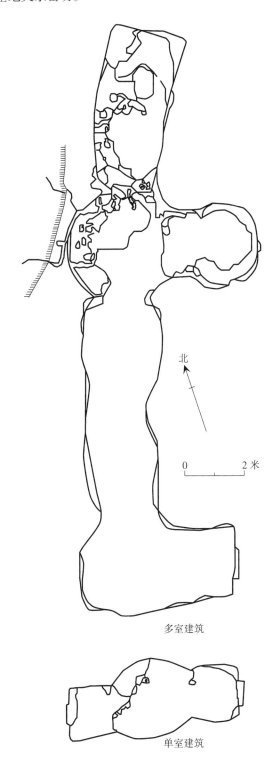

多室建筑

单室建筑

图五 牛河梁女神庙庙祭遗迹（采自《辽宁牛河梁红山文化"女神庙"与积石冢群发掘简报》）

藤花落遗址发现的大型祭祀遗迹与牛河梁女神庙遗迹相比，有以下相似及不同之处。相似之处：第一，两者都发现有平台、大型建筑房址、红烧土堆积、祭祀坑等明显具有祭祀性质的遗迹。第二，两者都是以大型建筑房址遗迹为核心，周围相关附属遗迹。不同之处：第一，在地形选择上，藤花落遗址大型祭祀遗迹是在城内居址平地堆筑而成，仅高出地面0.2米，高土台规模较小。而牛河梁女神庙遗迹筑于远离居址，建于山顶之上且规模宏大。祭台筑于山顶之上，缩短了人间与上天的距离，便于两者的沟通，以达到祭祀神灵的目的。第二，在结构布局上，牛梁河女神庙遗迹与墓葬相结合的结构布局，周围分布有密集的墓葬，祭祀遗迹与墓葬关系密切。而藤花落遗址大型祭祀遗迹周围未发现墓葬。第三，在组成部分上，牛河梁女神庙由红土台、灰土围沟、砾石面组成，而藤花落遗址由高土台、大型房址、大面积红烧土堆积、烧土堆及祭祀坑组成。

四　结语

（一）新特征

通过对藤花落遗址大型祭祀遗迹与良渚文化坛祭遗迹及牛河梁女神庙遗迹进行类比后发现，藤花落遗址发现的龙山时期大型祭祀遗迹既有和两者相似的特征，但又在结构布局、组成部分及祭祀内涵又有不同于两者的新特征。即藤花落遗址大型祭祀遗迹通过高台祭坛和祭祀房屋建筑合为一体，兼具祭坛和神庙祭祀遗迹的部分特征，有坛祭与庙祭的综合化功能，可以看作是祭坛和神庙的结合体，在一定程度上，它已具有了历史时期宗庙祭祀类礼制性建筑的雏形。

（二）祭祀对象、性质、功用

关于良渚文化瑶山祭坛的功能，有学者认为是祭天[13]，也有人认为是祭地[14]，还有人认为是祭天礼地[15]。而牛河梁女神庙学界一般认为是专门供奉泥塑偶像群的祭祀建筑址[16]，反映了古人多神崇拜和祖先崇拜。但是藤花落遗址所发现的大型祭祀遗迹与良渚文化祭坛和女神庙明显不同，其祭祀对象、性质和功用还需具体分析。

关于藤花落遗址发现的大型祭祀遗迹的祭祀对象、性质、功用，可以从其遗迹构成及特征结合历史文献来讨论。第一，《礼记·祭义》[17]记载："祭日于坛，祭月于坎。"，坛即人工堆筑的高土台。所以大型祭祀遗迹中的高土台的祭祀对象包括太阳，有祭日的性质和用途；第二，《礼记·祭法》[18]记载："燔柴于泰坛，祭天也。"大型祭祀遗迹中所发现的大面积红烧土堆积，正是"燔柴于祭坛"仪式的真实反映。可见其祭祀对象也包括天，有明显的祭天性质和作用；第三，《尔雅·释天》[19]记载："祭天曰燔柴，祭地曰瘗埋。"大型祭祀遗迹所发现的祭祀坑内埋有人骨，应是"祭地曰瘗埋"人祭仪式的遗存。所以其祭祀对象也包括地，有祭地的性质和作用。而大型建筑F48，规模大、等级高，是一处祭祀祖先和神的神庙建筑基址，体现了王权与宗教祭祀密切结合。所以这处大型祭祀遗迹其祭祀对象也包括祖先和神灵，有祭祖、祭神的性质和作用。

综上分析，藤花落遗址大型祭祀遗迹包含了天、地、神、祖先等多个祭祀对象，其性质和功用是祖先崇拜和自然崇拜相结合一体化的场所，可以看作是祭坛和神庙的结合体，有坛祭与庙祭的综合化功能。但关于这处大型祭祀遗迹未有更多细节发现及出土物，其祭祀的方式和内容的研究还有待进一步的考古发掘证据来支撑。

藤花落遗址所发现的龙山文化的大型公共活动遗迹是一处大型祭祀遗迹，年代距今约4000年，分布面积约440平方米，发现高土台、高规格房址、大面积红烧土堆积、祭祀坑、烧土堆等诸多可以明确辨认出的祭祀遗迹。如此规模的祭祀场所能为当时人们提供举行祭祀活动的固定空间，在此进行的祭祀活动应为集体行为，而非个人简单的跪拜祈求活动。其规模之大，表明这里很可能是一个区域性的宗教中心，龙山时期的藤花落古国已出现了文明的曙光。藤花落遗址大型祭祀遗迹的发现不仅反映了该遗址宗教祭祀活动的真实情况，同时对于在更大的范围内追溯我国史前宗教的起源和发展也具有重要意义。

注释：

［1］ 南京博物院、连云港市博物馆：《藤花落——连云港市新石器时代遗址考古发掘报告》，科学出版社2014年，第360页。

［2］ 南京博物院、连云港市博物馆：《藤花落——连云港市新石器时代遗址考古发掘报告》，科学出版社2014年，第363页。

［3］ 南京博物院、连云港市博物馆：《藤花落——连云港市新石器时代遗址考古发掘报告》，科学出版社2014年，第363页。

［4］ 〔西汉〕戴圣：《礼记》，钱玄等注译，岳麓书社2001年，第198页。

［5］ 〔东汉〕许慎撰、〔清〕段玉裁注：《说文解字注》，中州古籍出版社2006年，第693页。

［6］ 包头市文物管理所：《内蒙古大青山西段新石器时代遗址》，《考古》1986年第6期。

［7］ 浙江省文物考古研究所：《余杭瑶山良渚文化祭坛遗址发掘简报》，《文物》1988年第1期。

［8］ 浙江省文物考古研究所：《余杭瑶山良渚文化祭坛遗址发掘简报》，《文物》1988年第1期。

［9］ 浙江省文物考古研究所等：《浙江余杭汇观山良渚文化祭坛与墓地发掘简报》，《文物》1997年第7期。

［10］ 上海市文物管理委员会：《福泉山——新石器时代遗址发掘报告》，文物出版社2000年，第81页。

［11］ 〔东汉〕许慎撰、〔清〕段玉裁注：《说文解字注》，中州古籍出版社2006年，第446页。

［12］ 辽宁省文物考古研究所：《辽宁牛河梁红山文化"女神庙"与积石冢群发掘简报》，《文物》1986年第8期。

［13］ 杜金鹏：《良渚神祇与祭坛》，《考古》1997年第2期。

［14］ 王立新：《瑶山祭坛及良渚文化神徽含义的初步解释》，《江汉考古》1994年第3期。

［15］ 王巍：《良渚文化玉琮刍议》，《考古》1986年第1期。

［16］ 辽宁省文物考古研究所：《辽宁牛河梁红山文化"女神庙"与积石冢群发掘简报》，《文物》1986年第8期。

［17］ 〔西汉〕戴圣：《礼记》，钱玄等注译，岳麓书社2001年，第201页。

［18］ 〔西汉〕戴圣：《礼记》，钱玄等注译，岳麓书社2001年，第198页。

［19］ 〔西晋〕郭璞注：《尔雅》，上海古籍出版社1996年，第12页。

孔子生辰再考

——兼论海昏侯墓出土衣镜

孙晨（扬州市文物考古研究所）

内容摘要： 孔子是一位对中华文明乃至东亚文明影响极为深远的思想家和教育家，古来祭孔典礼亦颇多，其生辰备受关注。早期文献中《公羊传》《穀梁传》认为孔子生辰为鲁襄公二十一年十月或十一月庚子，《史记》则记载为鲁襄公二十二年，在以往研究的基础之上通过对文本的解读、对比分析厘清了其中的关系，认为月份当以十月无疑，通过天文历法及文本的比较认为当以鲁襄公二十一年十月二十一日庚子日为确，并对海昏侯刘贺墓出土的衣物镜内容进行了辨析。

关键词： 孔子 生辰 《史记》 孔子衣镜

孔子是我国最重要的文化名人之一，是具有深远影响的思想家、教育家和历史学家，对于中华文明乃至于东亚文明具有极大的影响，自古至今多有祭孔之礼，故其生卒年确有重要的文化意义，今多以为前551—479年[1]为准，然亦有不同观点，莫衷一是，试论述之如下。

一 基础文献记载

欲考求孔子之生辰，首先需要对与其相关的早期基础文献进行分析。关于孔子生辰的记载最早见于《春秋公羊传》："（襄公二十一年）十有一月，庚子，孔子生。"注云："庚子孔子生，传文上有十月庚辰，此亦十月也；一本作'十一月庚子'，又作无此句"。疏云："十有一月，庚子，孔子生。"[2]即对此句之理解有三种：十月庚子、十一月庚子与本无此句，即认为孔子生于鲁襄公二十一年十月庚子或十一月庚子日，十一月庚子为原文，而十月庚子则根据前文"九月。庚戌，朔，日有食之。十月，庚辰，朔，日有食之"可推算得之，十一月无庚子，庚子日在庚辰日之后二十日，即为十月二十一日。

稍后成书的《春秋穀梁传》载："（襄公二十一年）冬，十月庚辰朔，日有食之……庚子，孔子生"，又"疏曰：'庚子，孔子生'，释曰：'仲尼以此年生，故传因而录之。《史记世家》云二十二年生者，马迁之言，与经典不同者非一，故与此传异年耳'"[3]。明确记载孔子生于鲁襄公二十一年十月庚子。

而《史记·孔子世家》云"鲁襄公二十二年而孔子生[4]……鲁昭公之二十年，而孔子盖年三十矣"[5]，又索引"《公羊传》'襄公二十一年十有一月庚子，孔子生'。今以为二十二年，盖以周正十一月属明年，故误也。后序孔子卒，云七十二岁，每少一岁也"[6]明确提出孔子生于周历鲁襄公二十二年，并提出与《公羊传》之不同在于历法不同。

二 研究简史

孔子生辰因为《公羊传》《穀梁传》至于《史记》之分歧而出现多种观点，春秋二传以为鲁襄公二十一年，史记则以为二十二年，为后世诸说之基础。《史记索隐》、《通鉴外纪》、《黄氏日抄》、宋濂《孔子生卒岁月月辨》等赞同二十一年说，而杜注《左传》、《拾遗记》、《续博物志》、《古史》、《大纪》、《路史》、朱子《论语序说》、《通鉴前编》、黄宗羲《南雷文约》等则持二十二年说。

金孔元措在其《孔氏祖庭广记》卷八《先圣诞辰讳日》中记载："周灵王二十一年庚戌岁，即鲁襄公二十二年，当襄公二十二年，冬十月庚子日，先圣生，即今之八月二十七日。"[7]结合了《史记》之年和《穀梁传》之日，当为较早的确定孔子生日之文献，且孔氏为孔子五十代孙，故其说大为流行，但并无充分之证据和有力之论证。

清人梁玉绳《史记志疑》中通过分析认为"综而论之，年宜依《史记》，月宜用《穀梁》，日则庚子"，理由如下：第一，二十一年十月有日食，非生圣人之岁；第二，《公羊传》和《穀梁传》均为汉代口传，或不可信；第三，杜注《左传》孔子为七十三岁，推之当在二十二年；又，二十一年十一月无庚子，当在十月。因此两传不足信，但其均记生日为庚子当可信，故年宜依《史记》，月宜用《穀梁》，日则庚子[8]。即认为孔子生日在鲁襄公二十二年十月二十七日庚子，即夏历之八月廿七日。宋《路史·余论》亦认为孔子生日在八月廿七日。梁氏原因之论述说服力不足，前两点主观性太强，认为口传可能致讹而不信《公羊》《穀梁》，又《穀梁》之不可取而用其月，前后矛盾，故论点也难以令人信服。

清人崔述在《洙泗考信录》卷一之"冬十月庚子孔子生"条中分析了《史记》和《穀梁传》中的记录，认为《史记》中的时间记载多有矛盾，"《春秋》郈、费之堕在定公十二年，而《孔子世家》在十三年，是《史记》之年证之孔子所书而不合也。《鲁世家》及《年表》孔子去鲁皆在定公十二年，而《孔子世家》在十四年，是《史记》之年即证之其所自为之书而亦不合也，故今从《春秋传》"[9]，故认为孔子生日当从《穀梁传》为鲁襄公二十一年十月二十一日庚子，并批评了既采用《史记》二十二年说又采用二传"十月庚子"说的观点[10]。今人钱穆认为孔子之生辰不可考且无所用，但从后说，同意以二十二年之说为标准[11]。

毕宝魁认为采取《史记》"二十二年说"和二传的"十月庚子"说不成立，认为《左传》之所以未记载孔子生日乃是因为左丘明与孔子同时代，一方面孔子不会在修史的时候把自己的生日记进去，而孔子身份为下大夫，左丘明也不会将其生日记录，而《公羊传》和《穀梁传》均为孔子弟子子夏传，故记载老师之生日，并认为司马迁是误以为"十有一月"是第二年，故记为二十二年生，并根据日食记录认为三传所说"十月庚子生"无误，因此认为孔子生于鲁襄公二十一年八月二十一日，即公历10月9日[12]。其实，"九月日食"之记录和孔子生日两者并无因果关系，九月真的有日食也并不能证明孔

子生在十月庚子的准确性，其说服力不如"春秋三传皆早于《史记》"。

杨德春在《孔子生辰问题的再探讨》一文中认为梁玉绳与崔适之论皆不足为据，认为孔子父母在野外苟合而生孔子，孔子倘若生于八月二十一日或二十七日，则其怀孕时间在十月二十一日，此时天气太冷不具备苟合的条件，因此不可能为八月二十一日和二十七日[13]。此论据或值得商榷，"野合"是违背礼法之结合，而非在野外苟合。最后又认为孔子生于鲁襄公二十一年夏历十二月二十三日庚子生，因为岁首建寅之夏历十二月二十三日按照建子之周历已经进入次年，故当为夏历十二月二十三日。其说对历法有一定误解，且"野合"之说难以服众，其舍近求远之法或不可取，亦与"十月庚子"之记载相去甚远。

三　推算分析

对某一历史事件具体时间的考察不仅需要分析文献，也需要结合历法知识对其进行辨析，在研究孔子生辰的过程中即需要通过历法分析对史料的记载和诸多说法进行考察。根据徐锡祺《新编中国三千年历日检索表（修订本）》可知，鲁襄公二十一年九月庚戌朔、十月庚辰朔、十一月庚戌朔[14]，与《公羊传》《穀梁传》所载"九月庚戌朔""十月庚辰朔"相符合，两者均以周历建子为岁首。在此基础上，可知鲁襄公二十一年十月庚子当为十月二十一日，十一月无庚子，与《穀梁传》之十月说相合而与《公羊传》之十一月说不同，故春秋二传当以《穀梁传》较为可信。《公羊传》之谬误，可能为时人之讹误，或为记录无误，后人以为其误而错改耳，造成前后矛盾，今人未得而知。然《穀梁》言之凿凿，前后对应且与推算之历法吻合，故当以是为确。另外，若以周历岁首建子岁首计算，周历十月二十一日于夏历当为八月二十一日，此点清人崔述在其著作《洙泗考信录》中曾做过考证。

以上分析了春秋二传认为孔子生辰为二十一年的十月庚子，那么会不会是《史记》记载的二十二年呢？鲁襄公二十二年十月甲戌朔，十一月甲辰

朔[15]，《史记》未载孔子生月，只记载二十二年孔子生，该年十月朔日为甲戌，而庚子为甲戌后二十六日，即十月二十七日，且十一月无庚子日。如此，倘若认为孔子生于鲁襄公二十二年，则当为周历十月二十七日庚子，即夏历八月二十七日。孔元措之说当来自于此，与《孔庭纂要》之记载相同，阎若璩亦持此说[16]，当为据《孔子世家》而得，民国时期以夏历八月二十七为教师节，当来自于此。原其根本，其推算方法乃是将《史记》的二十二年说与《春秋》二传的庚子日结合起来，然而《史记》和二传之记载本身就存在矛盾，"十月庚子日"与"二十一年"为伴随关系而与"二十二年"没有明确联系，故该说说服力不如前者充足。

另外，孔子诞生前的一场日食也为二十一年说提供了辅证。鲁襄公二十一年九月有一场日食，春秋三传皆有记载，《左传》云："（鲁襄公二十一年）九月，庚戌，朔，日有食之[17]"，与《公羊传》《穀梁传》记载之"九月，庚戌，朔，日有食之"[18]完全符合，可见九月庚戌朔日存在一次日食现象，根据《新编中国三千年历日检索表》可知九月庚戌朔日对应的公历时间为公元前552年8月20日[19]。张培瑜先生编《中国十三名城可见日食表》中推算了公元前1500年到公元2050年的所有日食日期，其中公元前552年8月20日即有一日食现象，该日曲阜地区食分为0.69，食甚时刻为14:33[20]，与春秋三传记载相符合，且该年前后一年均无日食。日食是一种可以用肉眼观测到的重要的天文现象，中国古代对其格外重视，并上升到天人关系的高度，故记载尤其谨慎。本次记载的鲁襄公二十一年日食也为我们了解孔子生日提供了一定的旁证，九月庚戌朔日有日食，其后句记载的十月庚子孔子生当亦无误，庚子在庚戌日后五十日即十月二十一日，即公历公元前552年10月9日。

通过文献分析和历法推算确定二十一年十月二十一日庚子说较为可靠，同时与九月之日食验证，当更具有可信度。另外，《公羊》《穀梁》传播时代较早，且最早为孔子弟子传播，弟子对于老师之生辰当较几百年后的《史记》时代更为清楚，《史记》之记载或为传播、传抄等原因造成之讹误，也可能为司马迁因为历法转变误以为《公羊》《穀梁》之十月或十一月为次年造成，即司马迁误以为春秋二传所记载时间为夏历，而夏历年十月即为秦与汉初所用建亥之颛顼历之次年岁首，因而将其记录为次年。根据以上分析，笔者认为鲁襄公二十一年十月二十一日庚子为孔子诞生之日，史迁所载之二十二说年当为二十一年之讹误。

四 海昏侯墓出土衣镜分析

近年来发掘的海昏侯刘贺墓因为其特殊身份和丰富的出土文物而备受关注，其中发现的上万件珍贵文物具有丰富的历史价值，尤其是大量的简牍漆木器保存较好且有大量的文字留存，为研究西汉时期各类文献的流传保存了极为难得的一手资料。其中在刘贺墓主椁室的西室发现的一件木制髹漆衣镜引起了相关学者的注意，该衣镜上绘有孔子及其弟子的形象及相关传记文字，文字中记载了孔子及其弟子的生平，因而被称为孔子衣镜[21]。该衣镜上发现的孔子图像为目前发现最早的孔子肖像，文字记载亦颇多，具有重要的文物价值和文献价值，其中关于孔子传记的内容为我们了解孔子生平以及汉人的孔子记忆提供了宝贵的资料，也为我们了解孔子生辰及其在汉代的流传有一定的帮助。

传世文献因为流传而会出现一些讹误，而出土文献则保存了当时确切的信息，出土文献与传世文献相印证则能够更好地接近原文且能够发现流传过程中的一些变化，更好地解决历史问题，这也是王国维先生提倡的"二重证据法"的本意。根据墓葬发掘简报可知，海昏侯刘贺墓出土孔子衣镜上记载："鲁襄公廿二年孔子生……鲁昭公六年，孔子盖卅矣，孔子……鲁哀公六年，孔子六十三。当此之时，周室……"[22]，"盖"即大概，而以鲁昭公六年孔子三十岁计算孔子当生于鲁襄公六年（前567），以此推算孔子六十三岁的时候为鲁定公七年（前503年），当为鲁定公六年孔子之岁数，当以确数为先，故判断孔子生于鲁襄公七年（前566），鲁昭公六年（前536）的时候"孔子盖卅矣"，实则为三十一岁。鲁定公六年（前504）时"孔子六十三"。与现在普遍认为之观点（鲁襄公二十一年或二十二年）相比早了十五六年，故有些学者认为这是一种全新的观点，冲击了以往的认识。然而，发掘者在衣镜的简报中对其内容进行了全面的公布，其上记载"鲁昭公六年，孔子盖卅矣"与之前出现的"鲁襄公廿二年，孔子生"和之后的"鲁哀公六年，孔子六十三"、"孔子年七十三，鲁哀公十六年十月己丑卒"[23]相矛盾，后三者均与《孔子世家》记载完全相同，故简报认为此处"鲁昭公六年孔子盖卅矣"至"鲁昭公六年"当为"鲁昭公廿年"之抄写错误，南昌大学

何丹老师亦持此观点[24]，此点当无疑义。

孔子屏风的鲁襄公二十二年说与《史记》的记载时间相同，其时间在《史记》产生稍后，虽然《史记》在产生之后的一段时间内"藏之名山"，未能被大众熟知，但"迁既死后，其书稍出[25]"，在产生之后尤其是宣帝以后仍旧具有较强影响力和较广的传播范围。同时，孔子衣镜的内容与《史记》记载高度契合，当为受《史记》之影响而写成，由此可见当时《史记》之传播范围，亦可证明当时二十二年说已经较为流行，司马迁在书写《史记》时即采用了这种观点并广为流传，该说产生原因或与颛顼历和夏历之转换有关，上文已有论述，余不赘。

注释：

[1] 辞海编辑委员会：《辞海》（第6版），上海辞书出版社2009年，第1258页。

[2] 十三经注疏整理委员会：《春秋公羊传注疏》卷二十，北京大学出版社2000年，第517页。

[3] 十三经注疏整理委员会：《春秋穀梁传注疏》卷十六，北京大学出版社2000年，第301—302页。

[4] 司马迁：《史记·孔子世家》，中华书局1959年，第1905页。

[5] 司马迁：《史记·孔子世家》，中华书局1959年，第1910页。

[6] 司马迁：《史记·孔子世家》，中华书局1959年，第1906页。

[7] 孔元措：《孔氏祖庭广记》，商务印书馆1936年，第84页。

[8] 梁玉绳：《史记志疑》，中华书局1981年，第1112—1113页。

[9] 崔述：《考信录》，商务印书馆1937年，第420—421页。

[10] "以《世家》之年冠《穀梁》之月日，方底圆盖，进退皆无所据。然而世咸信之，余未知其为何说也"载崔述：《考信录》，商务印书馆1937年，第420—421页。

[11] 钱穆：《先秦诸子系年》，商务印书馆2005年，第1—2页。

[12] 毕宝魁：《孔子生年生日详考》，《辽宁大学学报》（哲学社会科学版）2011年第39（02）期。

[13] 杨德春：《孔子生辰问题的再探讨》，《华夏文化》2016年第1期。

[14] 徐锡祺：《新编中国三千年历日检索表》（修订本），人民出版社1992年，第52页。

[15] 徐锡祺：《新编中国三千年历日检索表》（修订本），人民出版社1992年，第52页。

[16] 阎若璩：《清代诗文集汇编一四一·潜邱札记》，上海古籍出版社2010年，第3页。

[17] 十三经注疏整理委员会：《春秋左传正义》卷三十四，北京大学出版社2000年，第1111页。

[18] 十三经注疏整理委员会：《公羊传注疏》卷二十，北京大学出版社2000年，第517页；十三经注释整理委员会：《穀梁传注疏》卷十六，北京大学出版社2000年，第301页。

[19] 徐锡祺：《新编中国三千年历日检索表》（修订本），人民出版社1992年，第52页。

［20］　张培瑜：《三千五百年历日天象》，大象出版社1997年，第982页。

［21］　江西省文物考古研究所、南昌市博物馆、南昌市新建区博物馆：《南昌市西汉海昏侯墓》，《考古》2016年第7期。

［22］　江西省文物考古研究所、首都博物馆编：《五色炫曜：南昌汉代海昏侯国出土成果》，江西人民出版社2016年，第194页；王意乐、
　　　　徐长青、杨军、管理：《海昏侯刘贺墓出土孔子衣镜》，《南方文物》2016年第3期。

［23］　王意乐、徐长青、杨军、管理：《海昏侯刘贺墓出土孔子衣镜》，《南方文物》2016年第3期。

［24］　何丹：《海昏侯墓"孔子画像"的文本考察》，《上海交通大学学报》（哲学社会科学版）2021年第5期。

［25］　班固：《汉书》卷六十二《司马迁传》，中华书局1962年，第2737页。

唐长安城仪式声景研究

——以青龙寺为例

贾淯雁（西北大学文化遗产学院）

孙　晨（扬州市文物考古研究所）

内容摘要：仪式声景存在并内化于信仰仪式的运作，它是仪式的组成部分，也是仪式中重要的象征符号。仪式的受众通过仪式的建构及信仰的表述过程来感知其形成的文化模式。仪式声景作为大唐声音景观的一部分，凝缩和积淀了唐代的历史与文化，储存了丰富的人类生活和生动的人类情感，构成了人们对大唐共同的文化记忆。青龙寺作为唐代的皇家寺院，曾为唐代宗教、文化与社会生活的重要场所，承载着大唐仪式声景中的重要部分。

关键词：声音景观　仪式声景　青龙寺　唐长安城

"声景（Soundscape）"一词于1929年由芬兰地理学家格拉诺（Granoe）首先提出，其研究范围包括人们愿意和不愿意听到的声音[1]。1960年末，加拿大著名音乐家和作曲家R. Murray Schafer提出声景是相对于景观（landscape）的概念，意味着"用耳捕捉的景观""听觉的风景"[2]。声音景观将文化地理学、人类学视角[3]纳入到对人类感知和文化记忆的思考中去[4]，扩展了更多从民族志角度对于声音的研究维度，使声音景观以非物质文化遗产的形式受到关注。根据目前基于人类学范式的声景研究，主要分为仪式声景和城市声景[5]。仪式声景（ritual soundscape）最初是根据音乐理论学者提出"音声（soundscape）"这一概念发展而来，主要包含两种类型："近信仰的音声与近世俗的音声，近信仰的音声即宗教音声，近世俗的音声即礼俗音声"[6]。仪式在人类学研究领域里，通常被界定为象征性的、表演性的、由文化传统所规定的一整套行为方式[7]。仪式声景依寓于信仰仪式而运作和生成，指一切仪式行为中听得到或听不到的、对局内人具特定意义的音声。

辉煌灿烂的唐文化内涵丰富，以往学者多通过唐代的文物、诗文等研究唐代的物质文化和精神文化，为我们展现了一个昌盛的大唐，而对声音景观则关注较少。西安有唐长安城留下的诸多遗址，针对其进行文化遗址公园建设的过程中，视觉景观的构筑一直是文化遗产保护规划工作的重中之重，对遗址内包含的声景景观的研究与关注却较少，甚至尚不构成景观设计的考虑范畴。这与声音景观的研究尚处于初级阶段，未受到学术界应有的重视有很大关系。

唐长安城内寺院林立。寺院建筑是仅次于宫殿建筑的宏伟、高大、富丽之所在，其空间内部便是各种仪式声景的展演场所。本文拟以大唐青龙寺为例，通过对其佛教场所包含的各种仪式声景的分析，探究唐长安城声音景观的一个部分，虽未能窥全豹，亦可见一斑。

一　青龙寺声音景观的内容

唐代的青龙寺位于隋唐长安城延兴门内新昌坊东南隅，始建于隋文帝开皇二年（582），初名灵感寺，据《长安志》记载："（隋）文帝移都，徙掘城中陵墓葬之郊野，因置此寺，故以灵感为名"[8]。唐高宗龙朔二年，唐太宗之女城阳公主[9]疾患尤甚，有苏州僧法朗诵《观音经》疗疾，得以痊愈，因公主奏请更灵感寺名为观音寺。唐睿宗景云二年改为青龙寺。会昌五年，因唐武宗灭佛，青龙寺惨遭废毁。会昌六年（846）复立为护国寺，使得青龙寺的庙宇得到了恢复与修缮，宣宗大中九年（855）复名青龙寺。青龙寺在中唐发展到鼎盛，是长安城内重要的皇家寺院之一，除了宗教活动外，还成为士人访僧会友、百姓听戏拜佛的社交活动场所。

（一）暮鼓晨钟——寺院的授时工具

暮鼓晨钟为世俗社会用以颁授时辰的工具，而在寺庙，钟声晨鸣暮响不仅用来传递授时讯息，还成为佛家仪轨的重要法器，有脱离苦难、走向极乐世界的象征意味。唐诗中写佛寺的诗篇很少不写钟声的，它与佛形成紧密的联系，回荡的佛钟声代表一种超越于世俗之外的精神世界。

青龙寺遗址因地处土岗之上，由于自然侵蚀和民众取土，寺院的整体结构规制无法考证，考古工作者推测青龙寺的面积应占新昌坊的四分之一[10]，即整个新昌坊东南隅。据文献记载，其中既有惠果的东塔院和昙贞的圣佛院，也有其他宗教活动附属建筑。虽在考古发掘中未见钟楼、鼓楼，但如此大面积寺院的授时功能必须由钟楼这样的功能型设施来满足。

根据全唐诗中记录的题写青龙寺的诗篇，如裴迪的"林端远堞见，风末疏钟闻"[11]、王昌龄的"天香自然会，灵异识钟音"[12]、刘得仁的"暮鸟投羸木，寒钟送夕阳"[13]等可知，青龙寺内佛钟声声，引得诗人们陶醉于乐游原高岗上极目远眺的秀丽风景、寺院清虚空寂的氛围与院内竹、林、鸟鸣的自然意趣，将精神世界寄托于山林竹树幽阴苍翠的大自然中。

（二）夜半钟声——唐诗永恒的生命力

夜的特殊时间意义强化钟声引起的心灵震撼力量，创造空间的宁静。

司空曙（一说耿湋）在《宿青龙寺故昙上人院》中写道："年深宫院在，旧客自相逢。闭户临寒竹，无人有夜钟。降龙今已去，巢鹤竟何从。坐见繁星晓，凄凉识旧峰。"描写诗人在旁无他人，安静、清寂的寺内，悠远的钟声带着超越现实、摆脱尘俗的深远幽古的神秘神性，引起他对时光易逝的伤感，哀婉凄切。

即使是简单的钟声，在不同的时间、地点和环境之中也会有不同的韵味，荒郊野外的钟声会给人一种文明世界的触感，清晨的钟声令整个城市渐渐苏醒，而在城市中的钟声则给人一种久违的宁静，以获得内心的舒畅。正如傅道彬在《晚唐钟声》中写道："这些钟声经过诗人艺术的提纯净化，创造出

典雅宁静、高古澄澈的诗歌世界，……钟声的亿万次叩响凝聚成唐诗的文化审美的意向符号。"[14]倘若少了这些欢乐的、忧愁的、哀怨的钟声，大唐盛世的繁华、文章诗词歌赋的美景或许就会减少一分。

（三）梵音佛唱——青龙寺里的诵经声

梵呗最早指印度佛教徒用以唱诵佛经、赞颂佛德的短偈，传入我国，成为汉传佛教寺庙法事仪轨中所用的唱诵音乐。"梵"的特点是清静，"呗"为梵文Bhasa的音译，意为"止断""止息""赞叹"，是"以歌咏法言"艺术化的特殊修行方式[15]。梵呗唱腔富有艳逸的音韵，韵律性强，且"演唱速度极慢，一般为每分钟25至30拍，旋律以级进为主，曲调平缓抒徐圆润，腔多字少，具有庄严肃穆，清畅哀雅，纤婉迂回，细腻潇洒的气质与风度"[16]。梵呗演唱都伴随着法器，主要为佛殿中的大磬、引磬、木鱼等。梵呗在演唱过程中高僧超然脱俗、蓄韵幽微的深远意境，使它作为通往极乐世界富有感召力的中介，显出悠远而神秘的意象。

众多僧人和居士的梵音佛唱，在一个封闭的大殿内，声声回荡、前后相加、音声相合，呈现层层相叠的回环荡漾之美、错落有致的抑扬之美、声韵相配的韵律之美。它的音乐性明显，与器具结合成为仪式的重要成分，是沟通神界的媒介，宗教功能明确，在音乐人类学上表现为"近"宗教而"远"世俗的音声属性[17]。

（四）普化世俗——大唐寺院里的俗讲

佛教对唐人社会生活的方方面面都产生了巨大且深远的影响，佛教寺院并非单一的作为宗教活动场所而存在，其在大众的日常生活中扮演的活动空间这一角色愈发重要，其在城市大众休闲娱乐生活中的功用日趋强烈。日僧圆珍《佛说观普贤菩萨行法经文句合记》载"为年三月俗讲经"[18]，是指俗讲开讲有固定时段，为每年的正、五、九三长斋月。日僧圆仁在其《入唐求法巡礼记》中多次记载俗讲活动。宋代钱易的《南部新书》载"长安戏场多集于慈恩，小者在青龙，其次荐福、永寿；尼讲盛于保唐，名德聚之安国。士大夫之家，尽在咸宜"[19]，说明

此时青龙寺已是长安城内小有名气的谷讲地。其中更有唐代诗人留下的诗句让我辈可以感受到青龙寺戏场开讲的盛况。如曹松的《青龙寺赠云颢法师》："紫檀衣且香，春殿日尤长。此地开新讲，何山锁旧房。僧名喧北阙，师印续南方。莫惜青莲喻，秦人听未忘。"[20]苏颋的《奉和恩赐乐游园宴应制》："乐游光地选，酺饮庆天从。座密千官盛，场开百戏容。绿塍际山尽，缇幕倚云重。下上花齐发，周回柳遍浓。夺晴纷剑履，喧听杂歌钟。日晚衔恩散，尧人并可封。"[21]讲的都是青龙寺及乐游原上俗讲的热闹场面。

俗讲的参与人群上至王公贵胄，下至平民百姓，不受阶级、性别和地域的限制。大唐的盛世繁荣与华丽热闹让人无限遐想，平民百姓的娱乐生活丰富多彩，从俗讲的盛况便可管窥大唐繁荣盛世的一貌。

（五）佛磬声声——寺院里的清越之声

磬音色清越，大磬、引磬等是佛教的重要法器。磬声之洪亮有力，传之久远，显示出慷慨大气与自由空灵之声色，与大唐大气奔放之文化风气极为相合。大磬作为佛教诵经活动常用的法器，以木棒击之能发出清脆悠远而有力的声音，引导唱诵节奏、起止，袅袅之声宛若天音。万籁俱寂中的僧磬声声，更是声声入骨，化解一切俗世烦恼，好一派空灵的情境。诗人们在青龙寺记录下了寒磬声声的清冷凛冽，如"孤灯冈舍掩，残磬雪风吹"[22]。

磬声空灵、有脱离世俗、通达天地的音乐意象，成为唐时"空寂"精神生活的一个重要的文化符号。磬声音之外，寺庙建筑物房檐角的风铃也别具特色，在风的吹动下散发出叮当悦耳的声响，令人沉浸其中。

（六）鸟声花语——寺院里的自然风景

在描写宗教场所的诗歌中，宗教场所存在的声音景观除了宗教活动的各种音声，还包含了自然界的各种声音存在。唐人诗歌中就多有这样的描写，如"安禅一室内，左右竹亭幽。……飞鸟争向夕，蝉噪已先秋"[23]，"竹色连平地，虫声在上方。最怜东面静，为近楚城墙"[24]，"长廊朝雨毕，古木时禽转"[25]，"摇光浅深树，拂木参差燕"[26]，"坐看南陌骑，下听秦城鸡"[27]，"十亩苍苔绕画廊，几株红树过清霜"[28]，如此不胜枚举，虫鸣、鸟叫、竹林、苍苔、这些声音与自然相映成趣，是寺院声音景观的基调音，形成与寺庙寂静空远的声音空间互动的声场。自然的风景声音和讲经声、梵音佛唱相结合，相映成趣，展现出一幅和谐的盛世画卷。

二 仪式声景之特点

（一）周期性

晨钟暮鼓、梵呗、俗讲都有周期性。法国文化史家科尔班（Alain Corbin）指出，"让声音有秩序就证明了对能听到声音的空间的统治"[29]。周期性的声音创造了一种对空间的独特"统治"，使它成为一种抽象的具有文化性的符号，成为存在于该仪式空间的人们共同的文化记忆。

（二）参与性

声音作为一种经过大众文化意指实践精心编码之后的景观，既直接参与了这一空间形态的生产过程，又在主体感知维度受到这一空间所蕴含的历史、社会、政治、经济、文化等一系列话语力量的制约[30]。以寺院内规模宏大的建筑群作为声音景观发生的空间，构成宗教场所独有的氛围。

（三）制度性

萧梅在《仪式中的制度性音声属性》中指出："仪式内涵之所以能够通过音声'进行可感知的系统表述'，并'固定于可感知形式的经验抽象'，再得以体现（embodiment），是因为其'规律性和可预知方式中的重复行为'在展演结构和音声属性上形成了特有的制度，并被其文化群体所感知和共享。"[31]

（四）无边缘性

根据《麦克卢汉精粹》中麦克卢汉对听觉空间的论述，他认为听觉空间"不像严格意义的视觉空间，视觉空间是目光的延伸与强化，听觉空间是有机的、不可分割的，是通过各种感官的同步互动而感觉到的空间"[32]，这种无边缘性，可以体现为声音本身作为声波这一物质存在，是无法找到其边缘的，是通过听觉器官来感知的。

（五）易忽略性

听觉内容与文化的视觉性彼此之间是难以割裂的关系，是知觉活动相互渗透的结果。在以视觉研究为主导的大背景下，声音景观被有意无意地遮蔽，成了视觉研究背后隐而不见的陪衬物。在记忆的表达方式中，常常由于视觉的占有性优势而被忽略，容易作为次要性信息被解构和理解，它的可感知预期通常排在视觉性之后，但实际是与视觉分工合作的共同结果，是构成文化意象重要的组成部分。

三 仪式声景的文化内涵

声音景观不仅存在于物质层面与物理空间意义层面上，它还在主体维度被体验为一种可感知的、想象的精神空间。

暮鼓晨钟，规范寺院修行的授时。夜半钟声，开启了钟声意向的审美转变。诵经、梵唱、俗讲的活动既是一种传播佛法的神圣行为，同时也是一种与大众贴近的世俗行为，它以一种为大众所普遍接受的形式被认知、了解和书写。它们构成的声音景观是一种特定的仪式声景，同时兼具了表演性和象征性，在神圣和世俗之间架起了一座沟通的桥梁，既传播佛法，同时也具有一定的娱乐性。它们不同于一般的神圣仪式，具有较高的门槛，这种与大众亲近的活动，无论是王公贵族还是贩夫走卒都能够从中获得启发，其本身具有的双重属性令这种仪式不仅仅是庄严肃穆的，也可以是欢乐祥和的。这种形式打破了人面对神时的寂静，令更多的人参与到其中，拉近了生活和信仰的距离，因而能够使人们更加真实地感受到佛法的魅力，令这种声景仪式在很大程度上推动了佛教文化的传播。

隐藏在唐长安城中各处的声音景观是大唐的一种动态风景，自然的和人为的声音共同为这个社会赋予了生命力。无论是寒夜的钟声还是清晨的鼓动，都给我们以生命律动的感觉，令我们感受到盛唐的心跳、盛世的脉搏，它们是大唐盛世的点缀。倘若没有了这动态的风景，盛世的色彩即使再绚烂也不过是一出哑剧。

注释：

[1] Granoe G. Reine, Geographie, Acta Geographica, 1929（2）:1—202.

[2] 葛坚、赵秀敏、石坚韧：《城市景观中的声景观解析与设计》.《浙江大学学报》（工学版）2004年第8期。

[3] 王婧：《声音与感受力——中国声音实践的人类学研究》，浙江大学出版社2017年，第13页。

[4] 陈树超.：《纪录片的声音景观与地域听觉文化构建——以＜海上福建＞为例》，《东南传播》2021年第1期。

[5] 根据王文慧在《跨文化视野下基于人类学范式的声景研究综述》中对已有基于人类学范式的研究文献进行分析，声景研究分为仪式声景和城市声景.

[6] 曹本冶：《"声/声音""音声""音乐""仪式中音声"：重访"仪式中音声"的研究》，《音乐艺术（上海音乐学院学报）》2017年第2期。

[7] 王文慧：《跨文化视野下基于人类学范式的声景研究综述》，《河南教育学院学报》（哲学社会科学版）2020年第2期。

[8] 〔宋〕宋敏求撰：《长安志》卷九"次南新昌坊"，辛德勇、郎洁点校：《长安志·长安志图》，三秦出版社2013年，第310页。

[9] 《唐会要》卷四八作"新城公主"。〔宋〕王溥撰：《唐会要》，中华书局1955年，第846页。

[10] 马得志：《唐青龙寺遗址发掘简报》，《考古》1974年第5期。

[11] 〔唐〕裴迪：《青龙寺昙壁上人院集》，《全唐诗》卷一百二十九，中华书局1960年，第1312页。

[12] 〔唐〕王昌龄：《同王维集青龙寺昙壁上人兄院五韵》，《全唐诗》卷一百四十二，第1441页。

[13] 〔唐〕刘得仁：《晚秋与友人游青龙寺》，《全唐诗》卷五百四十四，第6297页。

[14] 傅道彬：《晚唐钟声：中国文化的原形批评》，东方出版社1996年，第236页。

［15］ 邹燕凌：《中国汉传佛教梵呗研究》. 四川大学博士学位论文，2005年，第1页。

［16］ 胡耀：《我国佛教音乐调查述要》，《音乐研究》1986年第1期。

［17］ 冯桂华：《"东林佛号"的仪式音声研究——兼谈梵呗与佛教音乐》，《五台山研究》2016年第1期。

［18］ 白化文：《从圆珍述及俗讲的两段文字说起——纪念周太初（一良）先生》，《北大熏习录》，中国书籍出版社2016年，第142—148页.

［19］〔宋〕钱易、黄修复撰：《南部新书茅亭客话》卷戊，尚成、李梦生校点，上海古籍出版社2012年，第41页。

［20］〔唐〕曹松：《青龙寺赠云颢法师》，《全唐诗》卷七百一十六，第8226页。

［21］〔唐〕苏颋：《奏和恩赐乐游园宴应制》，《全唐诗》卷七十四，第808页.

［22］〔唐〕贾岛《题青龙寺镜公房》，《全唐诗》卷五百七十二，第6641页。

［23］〔唐〕裴迪：《夏日过青龙寺谒操禅师》，《全唐诗》卷一百二十九，第1312页。

［24］〔唐〕朱庆余：《题青龙寺》，《全唐诗》卷五百一十四，第5868页。

［25］〔唐〕顾况：《独游青龙寺》，《全唐诗》卷二百六十四，第2934页。

［26］〔唐〕李益：《与王楚同登青龙寺上方》，《全唐诗》卷二百八十二，第3210页。

［27］〔唐〕王维：《青龙寺昙璧上人院集》，《全唐诗》卷一百二十九，第1290页。

［28］〔唐〕羊士谔：《王起居独游青龙寺玩红叶因寄》，《全唐诗》卷三百三十二，第3709页。

［29］〔法〕阿兰·科尔班：《大地的钟声：19世纪法国乡村的音响状况和感官文化》，王斌译，广西师范大学出版社2003年，第223页.

［30］ 李健：《"听觉性"的在场——论大众文化装置范式中的声音景观》.《南京社会科学》2020年第2期。

［31］ 萧梅：《仪式中的制度性音声属性》，《民族艺术》2013年第1期。

［32］〔加〕埃里克·麦克卢汉、弗兰克·秦格龙编：《麦克卢汉精粹》，何道宽译，南京大学出版社2000年，第363页。

黄池之会"晋吴争先"问题再探析[*]

刘　光（南通大学文学院）

内容摘要：鲁哀公十三年（前482）的黄池之会是春秋末期的一次重要盟会。关于此次盟会"晋吴争先"的问题，学者多从《国语》，认为吴先，文章综合相关材料及前人诸说，认为：《左传》与《国语》呈现两种不同的叙事模式，不能据《国语》认为吴先。

关键词：黄池之会　《国语》《左传》　清华简《系年》

黄池之会是春秋后期一次重要盟会，也是吴王夫差霸权达到顶峰的标志，其中关于晋吴谁先歃血的问题（即"晋吴争先"问题），千年以来聚讼不已。学者多数从《国语》之说，认为吴先，而据此否定《左传》之说。笔者不揣谫陋，欲结合史料相关记载，对此问题重做分析，以就教于方家。

一

黄池之会的相关记载见于《春秋》《左传》《国语》等文献。为讨论方便，先将相关记载移录于下：

公会晋侯及吴子于黄池。（《春秋》哀公十三年）[1]

夏，公会单平公、晋定公、吴夫差于黄池[2]。

秋七月辛丑盟，吴、晋争先。吴人曰："于周室，我为长。"晋人曰："于姬姓，我为伯。"赵鞅呼司马寅曰："日旰矣，大事未成，二臣之罪也。建鼓整列，二臣死之，长幼必可知也。"对曰："请姑视之。"反，曰："肉食者无墨。今吴王有墨，国胜乎？大子死乎？且夷德轻，不忍久，请少待之。"乃先晋人[3]。（《左传》哀公十三年）

吴王夫差既杀申胥，不稔于岁，乃起师北征。阙为深沟，通于商、鲁之间，北属之沂，

西属之济，以会晋公午于黄池[4]。
……

吴晋争长未成，边遽乃至，以越乱告。吴王惧，乃合大夫而谋曰："越为不道，背其齐盟。今吾道路修远，无会而归，与会而先晋，孰利？"王孙雒曰："夫危事不齿，雒敢先对。二者莫利。无会而归，越闻章矣，民惧而走，远无正就。齐、宋、徐、夷曰：'吴既败矣！'将夹沟而𪆵我，我无生命矣。会而先晋，晋既执诸侯之柄以临我，将成其志以见天子。吾须之不能，去之不忍。若越闻愈章，吾民恐叛。必会而先之。"[5]
……

吴王许诺，乃退就幕而会。吴公先歃，晋侯亚之。[6]（《国语·吴语》）

晋简公会诸侯，以与夫差王相见于黄池[7]。（清华简《系年》简110）

关于吴晋谁先歃，《左传》与《国语》呈现出两种不同的意见，《左传》认为晋人先歃，《国语》认为吴人先歃。司马迁在《史记》中存有此两种异说，其中《秦本纪》《晋世家》《赵世家》同于《国语》"吴人先歃"之说，《吴太伯世家》同于《左传》"晋人先歃"之说。其后，学者聚讼纷纷，意见不一：梁玉绳、董增龄、吕思勉、童书业、晁福林、赵伯雄、孙飞燕等学者认为《国语·吴语》之说可信；而孔颖达、竹添光鸿等学者则以《左传》之说为是。

二

持"吴先"观点，其论据及论述手段可大致分为如下几类：

＊　此文为北京市社会科学院青年项目《北京早期文明专题研究（二）》（2021B6279）成果之一。

（一）以攻击《左传》来论证

或从攻《左传》而立论，如吕思勉、赵伯雄。吕氏从《左传》的书法角度来驳斥，他说："然则黄池之会，《国语》所记反较得实。《左氏》乃晋人讳师之辞。"[8]这种推断其实与孔颖达等论证方式相同，并不足信；

而赵氏则认为是《左传》的作者出现了误记[9]，把"乃先吴人"误为"乃先晋人"，此外赵先生还举出两个理由：其一，"乃先×人"的提法还见于《左传》襄公二十七年，并将两段传文做了比较，认为两者在叙事结构相同，因此从逻辑上来看，当是"乃先吴人"而不是"乃先晋人"。其二，即为童书业先生所说的"左氏自相矛盾处。"我们认为这两个理由都有商榷的余地。

首先来看赵说的第一个论据。赵说所举《左传》襄公二十七年的"乃先楚人"的例子，《传》谓：

> 晋楚争先。晋人曰："晋固为诸侯盟主，未有先晋者也。"楚人曰："子言晋、楚匹也，若晋常先，是楚弱也。且晋狃主诸侯之盟久矣，岂专在晋？"叔向谓赵孟曰："诸侯归晋之德只，非归其尸盟也。子务德，无争先。且诸侯盟，小国固必有尸盟者，楚为晋细，不亦可乎？"乃先楚人。

从叙事结构来看，此段记载确实与哀公十三年的这段记载接近，两者具为：诸侯争盟，有贤臣劝言。然从两者劝言的内容来看，襄公二十七年叔向的劝言着眼于"德"进而劝晋国执政赵孟谦让。而哀公十三年司马寅的言论，从语气来看，晋国知道吴国有后顾之忧，耽误不起，从而也不愿退让，吴国急于回国，故而"乃先晋人"。因此，二段叙述从结构上来看近似，但从相劝言论来看，二者区别甚大，不能等而视之，也不能作为《左传》误记的理由。

赵说所举的第二个理由，即与童书业先生所谓"左氏且自相矛盾"相同，我们认为这个论据也不能

成立，理由详下文。

（二）以当时形势来论证

或有从情势推断而证《国语》之说，如梁玉绳[10]、晁福林等，晁福林先生论之甚详，他说：

> 分析当时形势，吴虽然有后顾之忧，但正如王孙雒所分析，若让晋主盟，则吴将处于进退两难的境地，所以有可能采取孤注一掷的办法拼死而争，以求通过主盟而称霸。……再从夫差励志称霸的情况来看，吴也绝不会轻易让晋主盟。黄池之会期间，夫差欲率鲁哀公往见晋侯，鲁大夫子服景伯，谓霸主会盟诸侯的时候由侯率子、男之类的小国往朝于霸主，今吴若率鲁往见晋，"则晋成伯矣"。吴考虑到这样的做法会影响自己的霸主地位，便不再提及此事。对于称霸之势，夫差志在必得，所以说《吴语》所载当近乎实际[11]。

这种以形势而论的做法，并没有文献上的依据，并不能以此来认为《国语》是，而《左传》非。

（三）童书业先生的"左氏自相矛盾"说

或有认为《左传》所记载自相矛盾之处，而以《国语》为正确，童书业先生首倡此说，他说：

> 《左传》曰："吴人将以公见晋侯，子服景伯对使者曰：'王合诸侯，则伯帅侯牧以见于王。伯合诸侯，则侯帅子男以见于伯……敝邑之职贡于吴，有丰于晋，无不及焉，以为伯也。今诸侯会而君将以寡君见晋君，则晋成为伯矣，敝邑将改职贡……且执事以伯召诸侯，则以侯终之，何利之有焉？吴人乃止。'"是"黄池之会"吴为伯之证，左氏且自相矛盾矣[12]。

童说认为《左传》自相矛盾的依据，乃是子服景伯"执事以伯召诸侯"的言论，但细绎《左传》传文，并不存在矛盾，而是童书业先生的误读，为探讨方便，我们将相关传文移录于下：

吴人将以公见晋侯，子服景伯对使者曰：
"王合诸侯，则伯帅侯牧以见于王，伯合诸侯，
则侯帅子、男以见于伯。自王以下，朝聘玉帛
不同；故敝邑之职贡于吴，有丰于晋，无不及
焉，以为伯也。今诸侯会，而君将以寡君见
晋君，则晋成伯矣，敝邑将改职贡：鲁赋于吴
八百乘，若为子、男则将半邾以属于吴，且执
事以伯召诸侯，而以侯终之，何利焉而有？"
吴人乃止[13]。

我们可仔细分析子服景伯的言论，可得出如下
三点认识：

第一，"且执事以伯召诸侯"，这里的"召诸侯"，
是指召集诸侯参加此次黄池之会，整句话的意思应
当为"吴国以'伯'的身份召集诸侯来参加黄池之
会"。从这点来看，吴国在黄池之会前，就已经为
'伯'，如此说来，《左传》也并不存在矛盾。子服景
伯的话，是有依据的，在黄池之会前，吴国已经横
行中原，中原部分诸侯国以臣服吴国，并参与吴国
主持的会盟，根据刘伯骥《春秋会盟政治》一书第
五章所列的《吴霸之会盟》表[14]可见：鲁哀公七年
（前488），吴、鲁会于鄫；鲁哀公十二年（前483）
夏，吴、鲁再会于橐皋；同年秋，鲁、卫、宋三国
往会吴国，足见在黄池之会之前，已经有部分诸侯
服于吴，吴国已为"伯"，这才是子服景伯"执事以
伯召诸侯"的真正含义。

第二，"敝邑之职贡于吴，有丰于晋"；"敝邑将
改职贡"，从子服景伯关于"职贡"的相关言论来
看，此次会盟可能与襄公二十七年弭兵之会的"晋、
楚之从交相见"的情况相仿，并不足以说明"先
吴人"。

第三，"伯合诸侯则帅子、男以见于伯"，若依
子服景伯之言论，则"吴人将以公见晋侯"，恰恰
印证《左传》前文"先晋人"，若非此，吴人又何
需帅鲁君朝之。至于后文"以伯召诸侯，而以侯
终之"则是子服景伯劝说吴人不要帅鲁君的一个
说辞。

若上述分析不误，子服景伯之言论，不是《左
传》自相矛盾，也不足以说明《左传》之误，而恰
恰与《左传》所谓"乃先晋人"的说法相一致。

（四）从语法角度来论证

还有学者从语法的角度，认为《左传》"乃先晋
人"的含义不是"使晋人先歃"，而当理解为"吴人
先歃"，并借此来调和《左传》与《国语》的矛盾，
孙飞燕于此说：

"乃先晋人"通常会被理解成使动用法，
也就是"使晋人先"，这就是为什么很多学者都
认为指晋先歃。笔者在阅读先秦文献时发现，
"乃先晋人"并非只有"使晋人先"这一个意
思，单从字面来看，它可以表达两种完全不同
的意思，既可以指吴先，又可以指晋先[15]。

其后，她举《国语·吴语》"会而先晋""会而
先之""彼将战而先我"为例，认为仅凭字面意思分
析不能判断是先晋还是先吴。

孙说是值得商榷的。尽管"先晋"有两种意思，
但是结合《左传》的上下文来看，这里只能是"使
晋人先"。从全文文脉来看，此句之前是晋国的司马
寅的言论，若将此处理解为"乃先于晋人"的话，
有偷换主语之嫌，也让人觉得突兀。

综上所述，学者认为"吴先"，以此来否定《左
传》之说的观点，在论据上都值得商榷，

三

持"晋先"观点者，其立论依据为《左传》之
正统地位，如孔颖达《正义》之说为典型，他说：

《吴语》说此事云"吴公先歃，晋侯亚之"，
与此异者。《经》书："公会晋侯及吴子"，《传》
称"公会单平公、晋定公、吴夫差"，吴皆在
下，晋实先矣。《经》据鲁史策书，《传》采鲁
之简牍，鲁之所书必是依实。《国语》之书当国
所记，或可曲笔直己，辞有抑扬，故与《左传》
异者多矣。郑玄云："不可以《国语》乱周公之

定法。"傅玄云："《国语》非丘明所作，凡有共说一事而二文不同，必《国语》虚而《左传》实，其言相反，不可强和也。"[16]

孔氏从《左传》与《国语》的不同来源来肯定《左传》的可信性，其后又引郑玄、傅玄之说来表明自己的态度。

但事实上，这种推断并不可信。孔说认为《左传》是，而《国语》非，其主要依据认为《左传》的史料来源于鲁史，并认为鲁史之所书必是事实。但是事实上这种依据也是有问题，据王和先生的研究，《左传》史料的取材，最多最全者乃取自郑、晋[17]，从《左传》的史料分布来看，这样的说法是可以凭信的，由此孔说的依据也是值得商榷的。

综上所述，从《左传》的正统性来否定《国语》说法的正确性，也是值得商榷的。

四

上文对持"吴先"与"晋先"诸说的论据进行了详细的考辨，认为从现有材料来看，单纯否定某一说都是不足的。笔者认为：《左传》《国语》的这两种不同的说法各有其史料来源，从各自的文脉来看，也都是顺畅的。

《左传》哀公十三年所载子服景伯的言论对说明此问题至关重要，从上文我们对子服景伯之言分析来看，他的言论再结合"吴人将以公见晋侯"的行动来看，都与《左传》后文"乃先晋人"相印证。

《国语·吴语》所载的王孙雒的分析再结合其后吴国的军事行动来看，也和后文"吴公先歃，晋侯亚之"的结论相印证。

综上所论，对该问题的认识，仍应当从《左传》和《国语》的文脉来看。从现有的材料来看，仍当以存有异说，较为稳妥。

注释：

[1] 杨伯峻：《春秋左传注》，中华书局2016年，第1869页。

[2] 杨伯峻：《春秋左传注》，中华书局2016年，第1871页。

[3] 杨伯峻：《春秋左传注》，中华书局2016年，第1872—1873页。

[4] 上海师范大学古籍整理小组校点：《国语》，上海古籍出版社1978年，第604页。

[5] 上海师范大学古籍整理小组校点：《国语》，上海古籍出版社1978年，第605—606页。

[6] 上海师范大学古籍整理小组校点：《国语》，上海古籍出版社1978年，第615页。

[7] 清华大学出土文献与保护中心编：《清华大学藏战国竹简（贰）》，中西书局2011年，第186页。

[8] 吕思勉：《吕思勉读史札记》，上海古籍出版社2005年，第478页。

[9] 赵伯雄：《〈吴世家〉史源探讨》，《古籍整理研究学刊》1992年第5期。

[10] 〔清〕梁玉绳：《史记志疑》，中华书局2013年，第845页。

[11] 晁福林：《春秋战国的社会变迁》，商务印书馆2011年，第130页。

[12] 童书业：《春秋左传研究》，中华书局2008年，第104—106页。

[13] 杨伯峻：《春秋左传注》，中华书局2016年，第1873页。

[14] 刘伯骥：《春秋会盟政治》，中华丛书编审委员会1977年，第214—216页。

[15] 孙飞燕：《清华简〈系年〉初探》，中西书局2015年，第156页。

[16] 〔西晋〕杜预集解、〔唐〕孔颖达正义：《左传正义》，北京大学出版社2000年，第1924页。

[17] 王和：《〈左传〉的成书年代与编纂过程》，《中国史研究》2003年第4期。

宋、金仿木砖室墓中"启门"问题再探

李永涛（三门峡市文物考古研究所）

内容摘要："启门"类图式是宋、金砖室墓中常见元素之一，自发现以来便成为学术研究的一个热点。文章从其起源、出现的原因出发，探究其在墓中扮演的角色，并结合其所处的环境，初步分析其意义并提出"魂门"的观点："启门图"是砖室墓中魂门的一种，它与其他砖雕、壁画构成的"物境"是时世的缩影；在墓葬中扮演死后世界的大门而存在：它是墓主人灵魂进入另一个世界的必穿之门；魂门多位于墓室的北壁，但从死后世界的功能扮演上看却不属于墓葬体系：它是另一个世界的门面，朝向灵魂的临时驻地——墓葬，这一点可以从魂门的雕刻内容（雕饰面上的各部件位于门扉的外部）观察得知。根据时人的丧葬习俗及生死观念推测其或是为墓主人的灵魂提供穿越的媒介，此外通过魂门与其他雕刻实物的综合研究，对了解当时的生活情景和民风习俗具有重要意义。

关键词：仿木砖室墓　启门图　魂门

"启门图"在宋、金仿木砖室墓里比较常见，用于装饰墓葬，其特征是：双扇门扉微启，一着长裙女子半身侧露于外，手中持盘子内放物品（果盘）或一手扶门，宋金墓中此类图式多为侧身外露，手中持物者亦不少见：山西临汾郝家沟金墓（图一）[1]、宜阳县西赵村宋墓（图二）[2]中的此类图式可见一斑，并与周围的砖雕共同"点缀"墓室；其出现的时间相对较晚，与墓葬并不同步。20世纪在四川进行的文物普查，该图式出现于考古视野[3]，其最早发现于西汉末年的石质建筑上（山东邹城卧虎山二号墓[4]）；东汉时期初具妇人外露、双手启门之象[5]，此后历经短暂的衰亡并盛行于宋、金时期。近年来学术界主要运用类型学方法探索启门图历时性的规律、人物身份的界定及其在墓内出现的意义等内容。对墓葬中门形装饰尤其是对"启门图"作深入的研究可以使我们对北宋丧葬习俗有一定的了解，本文拟对此图式作一些新的分析，结合历史文献，谈谈对"启门图"的认识。

图一　山西汾西郝家沟金元墓妇人图案及所持之物

图二 宜阳西赵村宋墓"妇人启门图"及所端之物

一 该类图式的起源

墓葬中门形装饰来自现实生活，门簪、地栿、门钉等因素可见一斑。《说文》中对门的注释为："门，闻也，从二户，象形。凡门之属，皆从门。"段玉裁解注道门既闻于外亦可闻于内，从门所处的位置看其是封闭与开放的"集合体"，令内外相通而又相隔，它具有区分内外又拒人于院落之外的功能，此外门为封闭的院落开启与家外世界的通道。考古发现最早的门实物已具备了后世门的模样，其在墓中所扮演的角色当与现实中的门相似。学者认为该门形装饰"兴起于五代时期（图三），至北宋时期成为北方砖雕壁画的主要内容之一"[6]，学界认为该图式起源于汉代，完整意义的"启门图"则是东汉初期的事情，从题材来源看其灵感来自现实生活中的门，并且在墓中出现的时间应已很久，这可以从宋墓中"门"纯熟的雕刻技艺得知。汉代的门形图式所处的位置不同于宋代，汉代的此类似图式在墓葬中多位于墓主人的棺具上，通常在棺具的前挡处，采用线雕的雕刻方式刻画。与

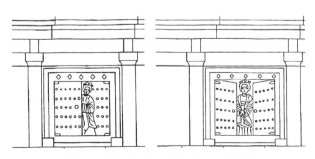

图三 五代李茂贞夫人墓"妇人启门图"

孝子图、瑞兽和云纹一同出现，具有装饰棺具的功能，它们或从佛教的建筑中引入墓葬，为死者灵魂提供归去的通道，从后面的探讨得知此门是通往死后世界的大门。

该图式是在墓葬空间有了功能分区后被引进来的。墓葬功能分区的出现使得其由简单向复杂化发展，期间并伴随墓室的"精加工"，这种精细化体现在墓葬结构的功能化（墓室数量的增加）、墓葬空间层次的多重化（墓内装饰手段的出现）。

二 启门图的相关命名问题

关于对这类图式的命名最早的称谓是"妇人启门图"[7]，此命名是宿白先生于1957年在白沙镇的发掘成果《白沙宋墓》中提出来的。在此后的研究中，学者们赋予此类图式以不同的称谓，它们主要表现画面的整体含义，如"进献图""谒见图""门侍图"[8]等，另有"仙女图"[9]"秘戏图"[10]"养老图""庭院图"[11]等；与"妇人启门图"相似的名称有"半开门中探身人物"或"半启门"[12]"妇人掩门"及"启门图"。这类命名能客观反映此图式中"门"的状态。

关于其命名问题，笔者在《"启门图"相关命名的浅析》[13]（下称《相关命名的浅析》）一文中有详细的论证，将此类砖室墓中出现的门图式称为"魂门"。原因如下：墓葬内此类门图式所处位置，以北和东北为最多，在阴阳五行中东北方位为"鬼门"所在，这在宋金仿木砖室墓中体现得较为明显，但此后消亡证明"鬼门"习俗在此后中国丧葬社会并未成为主流的信仰。纵观宋代砖室墓中出现的门图式以及宋代之前出现于棺上的门，其关键在于"门"的设置，并非"启门人物"，亦可不必在意"门"中人物的性别及门的样式，此类因素并不影响该图式出现在墓葬中的原始功能：给死者灵魂提供穿梭阴阳两界之道。

三 墓中门形装饰出现原因探析

因而本文中承前文采用"魂门"一词，意指出现于墓葬中的门形装饰，其从汉代开始便被引入墓葬内直到宋代依旧流行，成为丧葬文化中的隐晦符号，其在墓中出现深受当时社会风气的影响：一个是统治者推动，一个是民间的信仰。

政治因素历来对民间行为具有直接引导作用，而且效果明显。汉代统治者以孝治天下，历来十分重视官吏的选拔，其"察举"和"征辟"是官吏来源的两种主要形式，汉代治理国家采用道德约束百姓，并移孝于忠的方式，汉晋时期的地方官吏们都很重视对孝的教化，法律上对孝也有严格约束，因而在民间形成孝敬父母双亲，"二十四孝"之例也在汉代开始出现，人们注重生前之事亦注重死后之事，对逝者的死后之所进行装饰，以期做到对逝者的敬重；这种具有双重意义的事情：既表达了对逝者的哀思又可以彰显自己的孝道，汉代以后人们乐此不疲。

加之民间流行谶纬思想，流行信奉巫神，另外黄老之学的兴盛，人们着迷于死后升仙，认为死亡并非生命的终结，而是转化的一种形式，死后会继续存活，死后的世界与现实类似，但两者属于不同管辖体系，他们认为人死后则为永生。为了争取功名，汉代人注重修建自己和亲人死后的容身之所，仿照生前的居住方式建造墓葬；在黄老思想的影响下，人们认为死后的世界即是长生之处，营造"事死如生"的场景。门作为日常房屋的必备元素也被采纳进墓内，常见的汉墓中"墓门"以石质的形式出现，并且石门周边装饰仙界的奇珍异兽；此外墓内壁画中有玉璧等具有通天和灵魂升仙寓意。

因而自汉代以来才会有魂门出现于墓中，为死者提供具有生活化气息的地下世界，直到宋代魂门的雕刻技术臻于完美。人们耗尽财力修缮死者的墓葬，从古至今乐此不疲，是生者祈求心灵寄托的一种表现。"万物有灵"与"灵魂不灭"的朴素信仰给"魂门"提供了土壤，在宋代结合阴阳五行、八卦形成了独具特色的仿木砖雕的墓葬形制。

四　魂门的角色扮演

1.墓葬之装饰

墓葬中除了魂门外还有一些其他的随葬品和壁画内容，它们在随葬地下之后性质便发生了转变，随葬品成为明器，它们在墓主人死后继续承担并延续生人世界的功能，墓葬中的壁画、雕刻和随葬品均属于"再现媒介"[14]。相对于墓主人而言，墓内的"物境"

是独立于墓主人而存在的，魂门与其他"再现媒介"共同组成现实世界的"物境"展示了地下死后世界的样子。从美学角度研究，精致的魂门与色彩艳丽的壁画对美化墓葬有一定的作用，但可以肯定的是装饰作用并不是魂门被吸纳进丧葬领域里的初发点。

2.阴阳之交界

在墓葬体系中，此类灵魂之门大多设置在墓室的北部、东北部、西北部位置，并且正对墓门处居多，北是此类门式所设之主方位。其设在阴阳之交界处。在《太乙金镜试经》有载："玄女云：天有八门，以通八风也……休门直坎，位正北，主休息，安居……开，休，生三门大吉……"[15]，唐代"休门"即所谓正北的坎位，此位置是为大吉之处；另外书中有"坐北向南开坎门者……主世出魁元，子孙兴旺，富贵之宅；坐北向南开巽门者，大发富贵，子孙完备兴旺……"，而宋、金仿木砖室墓多为南北向，墓门位于墓室的南部，墓室北部正对墓门处另设一假门，将南、北方共同占据，北坎方是"福德门"为上吉。

此类最早引进墓室的是墓门，由于宋、金墓葬方位多为坐北朝南，方向200°左右，墓道朝南或西南，据《太乙金镜试经》载"死门直坤，位在西南，主死丧、埋葬"[16]，考古发掘所见墓道之走向与史料记载相一致，其作用便是主死丧、埋葬：从生人角度讲，该门的设置为生者举行逝者之祭提供通道，表达生者之思；另外为逝者寻求生者之物，实现精神沟通提供通道，希冀逝者之庇佑。历代墓门建造时仿照现实生活中的门，其或为石质或为砖封、砖雕的仿门楼结构，它们全部来自现实的生活中，是墓葬的组成部分。

墓门不同于墓室内部出现的"魂门"，因为其位于墓道的尽头并朝向外部现实世界，既是死者的亲属进行一系列丧葬仪式的通道，也是死者自己通往现实世界的通道；一系列的丧葬活动结束后，墓门被封住，墓室变成了一个全封闭的地下"中转站"，这时便开始了它在另一个世界的功能：为灵魂提供出入人间的通道，可以说墓门是阴、阳交界的起点。这种魂门具有阴、阳两性，正如前面所说，一旦生人使用完毕后，进入地下便成为死后世界的建筑，因而墓门是最早被引入墓葬中的魂门，并一直存在于有空间划分的墓葬之内。

3.门之属外

"魂门"的出现伴随着墓葬结构复杂化的进程，人们仿照现实世界在地下为墓主人建造一个临时性的灵魂栖息之所。墓室内部出现的"魂门"不同于墓道处的"魂门"（墓门），它们自丧葬仪式结束后处在一个完全封闭的地下世界，便与生人的世界失去了联系，处于隔绝的状态。以墓葬为主观视角仔细观察墓室内魂门及砖雕壁画的构造，可以发现墓壁场景并非附着于墓壁，而是影射其上，将阴界景象影射在墓室周边。墓葬壁面景象是外向型：以墓室为中心，周边呈苍穹状类似天圆地方的宇宙，这种外向型特点是斗拱朝向墓室中心呈层层延伸状，从门面上看魂门的结构特点是外向化：门砧、门额、立颊、地栿、双扉、门簪、门钉等构件，只有从门的外部才能观察得到，并以穹隆顶、攒尖顶的方式连结在一起，将墓内"笼罩"起来，形成封闭的空间，使肉体处在死后世界的大门外，灵魂徘徊于生死交界的墓室内，因而可以理解从建筑结构看门并不是墓葬系统内的部件，它是墓室空间以外的意象——死后世界的大门，门后是另一个世界。在宋金堪舆术、阴阳五行盛行的时代，人们根据其认知建造墓葬，仿造生前，并为墓主人灵魂的永生提供可能，只有通过该门才能踏上通往另一个世界的道路，门的另一侧便是灵魂所归之地，类似于生人的自家院落，并客观上起到延墓葬伸空间的作用。

五 结语

仿木砖室墓内的"启门图"是魂门的一种，其为墓主人灵魂开辟一条往来于生人世界和死后世界的通道，门中人物的有无不是关键，重要的是门的设置，墓中门形装饰的出现，背后承载着人们对生死的认知：人死之后魂归于阴，魄归于地，生者、死者各居其位，互不相扰，门为其开启归去之路，所以并非纯粹具有装饰作用。其背后反映的是生人美好的寄托，为逝者在封闭的地下打开通向往生的大门，它是灵魂观念存在下产生的一种墓葬内雕塑艺术，以祈"亡魂升，死魄温，生人福，子孙衍"。

注释：

［1］　谢尧亭等：《山西汾西郝家沟金代墓葬发掘简报》，《中国国家博物馆馆刊》2018年第12期。

［2］　常书香、曾宪平：《宜阳发现一北宋砖雕壁画墓》，《洛阳日报》2016年1月8日第6版。

［3］　王世襄：《四川南溪李庄宋墓》，《中国营造学社汇刊》第七卷第一期，1944年，第129—136页。

［4］　山东邹城市文物管理局：《山东邹城市卧虎山汉画像石墓》，《文物》1999年第6期。

［5］　张其海：《山东苍山元嘉元年画像石墓》，《考古》1975年第2期。

［6］　冯恩学：《辽墓启门图之探讨》，《北方文物》2005年第4期。

［7］　宿白：《白沙宋墓》，生活·读书·新知三联书店2017年，第55—56页。

［8］　徐文杉、谭遥、龚庭万、王新南：《四川汉代石阙》，文物出版社1992年，第32页。

［9］　高文：《四川汉代画像石棺画像集》，人民美术出版社1998年，图15。

［10］　高文、高成刚：《中国画像石棺艺术》，山西美术出版社1996年，第18页。

［11］　宜宾地区文化局：《宜宾地区出土汉代画像石棺》，《文物与考古》1991年第1期。

［12］　郑岩：《论半启门》，《故宫博物院院刊》2012年第3期；赵碧玉：《无故不窥中门——论半启门》，《文物鉴定与鉴赏》2016年第5期。

［13］　李永涛：《"启门图"相关命名浅析》，《文物鉴定与鉴赏》2019年第4期。

［14］　巫鸿：《黄泉下的美术》，施杰译，生活·读书·新知三联书店2010年，第121页。

［15］　〔唐〕王希明：《太乙金镜试经》卷二，《钦定四库全书·子部》，第4—5页。

［16］　〔唐〕王希明：《太乙金镜试经》卷二，《钦定四库全书·子部》，第5页。

论山西金代仿木构墓葬的宗教文化特点

姚 庆（河北师范大学历史文化学院）

内容摘要： 山西金代仿木构墓葬处于中原农业文化与北方游牧文化、东方文化与西方文化交融地带，其宗教文化信仰具有多样化，具体表现在墓葬壁雕、壁绘、葬具葬式、随葬品内容上。由考古材料分析，金墓宗教涉及女真族俗、汉人葬俗、佛教、道教、儒家、西域文化六个方面，并由此归纳出宗教文化的多元性、主导性、渐变性、外来性和宇宙观特点，从考古角度对于研究山西金代宗教文化的种类、信仰方式及发展演变具有实证意义。文章以此为依托，对进一步考证金代社会生活、经济活动、文化艺术、建筑技术、服饰装束等方面提供重要依据。

关键词： 山西 金代 仿木构墓葬 宗教信仰 社会文化

仿木构墓葬是在祖先崇拜和事死如事生封建伦理道德影响下，将地面建筑结构仿造于墓中，建造材料多为砖、石造，以大木作、小木作和瓦作为主要承载体，大木作如柱、枋、斗拱、额等，小木作如门、窗、水槽，瓦作如瓦、滴水、屋脊，以表达对墓主人无限敬仰和追思。金代为北方游牧民族女真族所建立，在宗教文化和信仰方面兼具本土与外来两种因素，并广泛吸收汉文化及西方文化。山西在金代属西京路、河东北路、河东南路管辖，处于南北文化、东西文化交融地，并且山西地面留有众多古建筑遗址，有"中国古代建筑宝库"美称，故反映在仿木构墓葬中也十分发达，建筑结构多样，造型精美，尤其壁画、雕刻堪称一绝。以往学界对仿木构墓葬的研究，多集中在建筑技术和壁画砖雕方面，而对其内部所蕴含的宗教文化信息方面涉及较少，同样对金代宗教文化特征的研究，也多从民族史学文献角度分析其特点，而依托仿木构墓葬结构揭示宗教文化特点尚属

首例。文章以建筑、壁画、雕刻、随葬品为依托，运用二重证据法理论，根据墓葬早晚分期特征，对山西地区金代仿木构墓葬进行研究，以窥探其宗教文化源流、特征以及发展演变规律，并由此论证反映当时社会经济、文化信仰、社会阶层、生产力等历史现状，为进一步研究山西地方史、建筑史、"一带一路"文化传播史提供实证依据。

一 宗教文化信仰表现

山西地区仿木构墓葬所体现的宗教文化，有其深刻社会背景。金代统治者为北方游牧民族，在宗教信仰方面，由早期图腾崇拜演变为对天、地、山、河的信仰，最为典型如萨满教的传播，宣扬灵魂、神灵、三界等观念，后期还表现在对多种宗教文化的包容上，实行诸教并重政策，传播佛教、道教、伊斯兰教等。政治上，实行"藩汉分治"的双轨制，反映在仿木构墓葬中，出现多种宗教文化的共融或汉化、胡化等现状。经济交流方面，中原农业与北方畜牧业融合，山西处于两种文化交汇地，具有多元经济文化因素。文化方面，处于儒教、道教、佛教、萨满教等多种文化的融合，如八角形墓室，既表现为佛塔底面造型，同样也是道教八卦形制。

由于仿木构墓葬所包含的宗教文化特点在各个区域表现较为明显，可归纳为晋北、晋中、晋东南、晋南四个区域。晋北包括今大同、朔州二地，为西京治所，明正德《大同府志》载："云中迫于边境，古今用武之地，形胜尤所急也。三面临边，最号要害。东连上谷，南达并、恒，西界黄河，北控沙漠，实京师之藩屏，中原之保障。"[1]承袭契丹、女真等游牧民族文化较深刻，有别于晋中、晋南、晋东南区域，在墓葬装饰风格上晋北以简洁、明快、实用

---

* 本文是2019年河北省高等学校人文社会科学研究项目"河北地区仿木构墓葬的建筑考古学研究"（SQ191094）成果之一。

为特色,其他三区域以华丽、繁复为主;在宗教信仰上,晋北多道教、萨满信仰,晋南、晋东南多儒家文化(如二十四孝故事);在建筑形式上,晋北、晋中多壁画墓、晋南、晋东南以雕刻为主,与地域接触中原汉人文化以及多种文化融合有关。根据墓葬壁绘、雕刻及随葬品分析,金代宗教葬俗文化信仰可大致分为佛教、道教、族(葬)俗、儒家礼仪、西域特色五个方面。

(一)佛教

金代佛教延续辽代,历代统治者对佛教也极为重视,大肆宣扬佛事,尤其在金世宗大定年间所建佛寺塔庙最多,如今地面所存佛塔有山西陵川三圣瑞现塔、浑源圆觉寺塔、应县净土寺塔幢等。随着多种宗教文化的相互融合,佛教文化因素往往与其他文化共同出现于某一器物中,分析此类现象需深掘其内部文化的嬗变。山西金代仿木构墓葬中,有关佛教文化因素主要体现在随葬品、壁绘、雕刻、葬式、墓主人信仰五个方面。

1.随葬品方面,主要有念珠、魂瓶、魂塔、罗汉枋、垂莲柱、僧帽六种。晋中正大五年墓棺内墓主人手持念珠,推测生前为佛教信徒[2]。汾阳东龙观2号及5号墓各出土有魂瓶[3],用于盛装死者魂魄,从其器身装饰而论,与佛教有一定关联;离石马茂庄金墓出土有质地为泥质灰陶的魂塔[4],葫芦形塔顶,与地面佛塔形似。侯马102号墓仿造有罗汉枋[5],砌于内外跳慢栱上面,附属于斗栱的木枋中,除井口枋、挑檐枋和正心枋之外其他的枋构件,有连接开间内各攒斗栱的作用,其名称有佛教寓意,类似此种墓葬有沁县上庄村金墓。侯马董氏墓砌造有垂莲柱,一般柱头向下,头部雕饰出莲瓣、串珠等形状[6]。大同南郊2号墓主人头戴僧帽[7],为佛教信仰。

2.壁绘方面,在金代出现较少,其类型也较为单一,主要体现在壁绘莲花(瓣)、念珠上。长子县小关村金墓室壁炉斗下绘有莲瓣,且在墓顶绘有莲花[8];长子县石哲金墓室北壁及东壁均绘有莲花[9],类似此类有大同南郊1号墓。此外,在长子

县小关村金墓门侧壁及墓室东壁均发现有墓主人手执念珠图像,此上三例反映了金墓壁绘的区域分布范围,即晋北、晋东南均有出现。

3.雕刻方面,该种形式在晋南、晋东南区域发现最多,表现形式上主要有莲花、须弥座、卍字纹、宝瓶、念珠、经卷等。永和县石棺墓棺壁雕刻有莲花[10];襄汾县曲里村金墓室北壁及东壁雕有花卉式砖,其中含有莲花纹样[11];襄汾县南董金墓前室周壁雕有莲花[12];沁县上庄金墓雕有仰莲瓣[13]等,均与佛教因素有一定关联。金墓与辽墓相比最大的不同之一即是须弥座的出现。须弥座又称"金刚座",源于印度,是安置佛、菩萨的台座,由于多种文化融合所致,须弥座常与力士柱、飞仙等内容一起使用,如新绛南范庄金墓室四壁雕有须弥座,由合莲砖、宝装莲等砖式组成[14],类似此种形式墓葬有襄汾县曲里村金墓、襄汾荆村沟村金墓、上庄村金墓、襄汾县贾罕村金墓、襄汾侯村金墓、闻喜寺底金墓、闻喜小罗庄金墓、稷山马村4号金墓、侯马31号墓、侯马29号墓、侯马董氏墓、侯马102号金墓、侯马101号金墓、稷山县化肥厂金墓等。襄汾侯村金墓室东壁格子门雕饰有卍字纹[15],为佛教专用词,象征吉祥福瑞,又如稷山马村4号金墓门楼格子门格心雕有卍字纹[16];孝义下吐京金墓室东壁格扇门雕有卍字纹[17]。宝瓶为吉祥八清净之一的净瓶,同时也是密宗修法时灌顶的法器,象征灵魂永生不死,如襄汾县南董金墓前室壁雕有宝瓶。念珠为佛教法物,侯马29号墓室北壁雕念珠、晋光药厂金墓室北壁雕念珠[18]。经卷则代表墓主人佛教信仰追求,如侯马董氏墓室北壁雕有念珠、经卷等[19]。

4.葬式方面,主要在晋北地区仍有火葬延续,而其他区域以木棺尸骨葬为主。火葬墓区别在于葬具的不同,如左权县石匣墓地M18以石匣为葬具[20],朔县M105、M106、M109以陶罐为葬具[21],大同南郊1号墓以木棺为葬具。此处需要注意区分的是女真火葬葬俗与佛教火葬的关系问题,如大同西南郊金墓葬具为石棺,将骨灰放入其内,石棺为女真特色,此处火葬则具有交叉性,具体哪种文化因素占据主

导，有待材料完善进一步考证。

5.墓主人信仰方面，则是以墓主人服饰、手持物等形式直观反映佛教文化信仰。长子县小关村金墓门东侧绘有墓主人手持念珠，晋中正大五年墓棺内墓主人手持念珠，侯马29号墓室北壁雕有念珠，侯马董氏墓室北壁雕念珠、经卷，晋光药厂金墓室北壁雕有念珠，大同南郊2号墓主人尸骨头戴僧帽，均是对墓葬宗教信仰的直观体现。

（二）道教

道教滥觞于中国古代巫术和神仙方术，在金代也得到长足发展，但金统治者对于道教传播采取怀柔政策，既限制其肆意发展，也拉拢道教上层为其所用。金代道教因素在山西仿木构墓葬中出现较多，主要体现在随葬品、壁雕、壁绘、建筑构造、墓主人信仰五个方面。

1.随葬品方面，主要有买地券、如意形支脚、道符、印章、铜镜等方面。买地券是死者在阴间买下一块栖身之所的证明，具有鲜明的道教文化特征，如垣曲东铺村金墓出土一买地券[22]，印有青龙、白虎、朱雀、真武式样，同时与传统的风水观念、信仰有着密切的关系，类似此种形式墓葬有山西孝义金墓、绛县裴家堡金墓、侯马董氏墓、晋光药厂金墓等。永和县石棺墓石棺底座为如意形支脚，有道教意蕴。阎德源墓为研究山西道教文化的典型，由其墓志载："西京玉虚观宗主大师阎公，宣和侍晨张公为职箓道士命授金坛郎，……贵戚公候大夫士庶敬之如神，朝廷累赐师号，为羽流之宗……"[23]反映了金代政权合一的宗教政策，该墓中出土有代表性的道符、印章等，如合领直襟宽袖大道袍、织锦罗交领单道袍、绒道冠、"龙山道人"印、香炉、铜镜等。

2.壁雕方面，多见于晋南、晋东南区域墓葬，内容上主要体现在武士、仙草、八仙桌、仙人、仙翁、仙女散花等。武士造型具有道教因素，如新绛南范庄金墓后室门两侧雕有武士，襄汾县曲里村金墓室东壁雕有力士，襄汾县南董金墓后室南壁雕有守门武士，闻喜寺底金墓门两侧雕力士门神，襄汾

侯村金墓室南壁墓门雕有护门卫士，上庄村金墓南壁雕有武士。八仙桌与道教八仙有一定关联，如上冯金墓M2北壁雕有八仙桌[24]。襄汾侯村金墓雕有仙草、永和县石棺墓棺壁刻有芝草等反映道家文化事物。此外，在上冯金墓M2墓室壁雕有飞驰的仙人、闻喜小罗庄4号金墓室北壁雕仙翁、侯马牛村金墓雕有仙女散花故事、侯马102号金墓室须弥座雕仙女画像、永和县石棺墓棺壁雕仙鹿等道教形象。

3.壁绘方面，主要体现在仙鹤、灵芝、二十八星宿图、奈何桥、玉兔、门神、仙童、八卦炉、仙鹿、祥云等。长子县小关村金墓室券顶绘有仙鹤飞舞于彩云和花卉之间，长治安昌金墓室壁绘有仙鹤，山西汾阳M5墓室壁绘有仙鹤。长治魏村金墓室内券绘有二十八星宿，绘有太阳、月梁、玉兔、桂树等，类似此种形式墓葬有长子县石哲金墓、长治魏村金墓。长子县小关村金墓南壁墓门左右两侧绘有道教意蕴的奈何桥图样。门神在仿木构墓葬墓门处较多出现，常与卷云伴随出现，屯留宋村金墓南壁墓门两侧绘有武士，端坐于祥云之上，类似此种形式墓葬有长治魏村金墓室南壁绘有门神、长治故漳金墓南壁墓门两侧绘有门神。稷山马村4号金墓门拱眼壁部位绘有一儿童，足踏祥云。长治李村沟金墓室南壁绘有一炉，饰有八卦纹，为道教法物。

4.建筑构造方面，主要分为宏观墓室布局和局部建筑构件两个方面，多采用雕砌手法。仿木构墓葬墓室布局上大致分为两类，一是六角形和八角形墓室，俗称八卦墓，与天干地支、五行八卦有一定联系，如阳泉古城金墓室呈八角形、襄汾侯村金墓室平面呈八角形、上庄村金墓室呈六角形、太原小井峪金墓室呈八角形、孝义下吐京金墓室呈八角形等；二是墓室呈四边形，四角砌有八角形倚柱，除从建筑构造技术考虑外，从宗教文化上推测为四位八荒之意，与道教有关，如侯马29号墓和侯马9号墓室四隅砌有八角形柱。建筑构件上，其名称与道教文化相关，主要包括角神、力士柱、金刚柱等。如长治魏村金墓室壁转角柱头斗拱上雕有角神，《营造法式》载："自四铺作至八铺作，皆于上跳之上横

施令栱，与耍头相交，以承撩檐方。至肖各于角昂之上别施一昂，谓之由昂，以坐角神。"[25]其外形类如力士。力士柱在仿木构墓葬中常有出现，并多与须弥座一同使用，如襄汾荆村沟村金墓室壁须弥座雕有力士柱、上庄村金墓室须弥基座上砌有力士柱、上冯金墓 M2 墓室壁雕有力士柱、闻喜小罗庄金墓室须弥基座砌有力士柱、稷山马村4号金墓室壁砌有力士柱、稷山县化肥厂金墓室壁须弥座雕有力士柱。金刚柱在墓葬中较为鲜见，如夏县西阴金墓室壁雕有金刚柱。

5. 墓主人信仰，是指由死者身份判断墓葬的宗教文化因素，以大同阎德源墓为代表，阎德源为西京道教势力发展的代表，墓葬出土有道袍、印章等道教实物，同时也有墓志文字材料的记载，为全面了解道教在北方的传播提供实证依据。

（三）族（葬）俗

山西金代仿木构墓葬中，族俗专指以女真族、契丹族为主的少数民族丧葬文化，葬俗则以汉人信仰为主，如镇墓石等，是生者对死者的哀悼，同时也是对社会政治、宗教、经济、文化的折射。

1. 族俗方面主要包括穹隆顶、悬镜（铜镜）、发饰、器物、葬具、葬式等。穹隆顶造型类似游牧民族蒙古包顶部样式，逐层叠涩封顶，同时墓顶处多留有圆孔，或悬镜，并覆有砖石，此类型墓葬较多，如大同阎德源墓顶嵌有大铜镜；汾阳东龙观5号墓顶为穹隆顶，以条砖盖顶；襄汾县南董金墓前室穹隆顶，顶部有口，盖有方砖；襄汾县曲里村金墓室为穹隆顶，以方砖封口；稷山县五女坟金墓为穹隆顶，顶部悬镜，并覆有砖；山西汾阳M5墓室穹隆顶，墓顶悬镜，并以方砖封盖。其中在朔县还出现一种特殊的有二层台的穹隆顶，据《北风扬沙录》记载："（女真）环屋为土床，炽火其下，而寝室起居其上。"[26]铜镜可认为是女真萨满教信仰的实物表现形式，但多与道教铜镜法物有所融合，如绛县裴家堡金墓出土有铜镜、岚县北村金墓出有铜镜、襄汾贾庄金墓出有铜镜、襄汾荆村沟村金墓出有铜镜、上庄村金墓出有铜镜、绛县裴家堡金墓出有铜镜等。

髡发以契丹人为主，女真有所承袭，如太原王家庄墓室西北壁绘有孩童，前额无发，后部蓄发；大同南郊1号墓门侍者为髡发，2号墓室北壁侍者为髡发等，但女真人流行发饰特点为男子辫发垂后，耳垂金银，以色红系之，如西关村金墓 M1 东南壁绘驼运图人物脑后拖一条发辫，以此辨别契丹和女真族发饰的异同。女真在葬具上流行石棺，有火葬也有尸骨葬，前期多限于贵族使用，至中后期与皇室有姻亲关系的汉人也开始使用，该葬式流行于晋北地区，如大同西南郊1号金墓葬具为石棺，骨灰放入石匣内，类似此种形式墓葬有大同西环路 M6、大同徐龟墓等。在器物上，主要反映在实体和壁绘两个方面，岚县北村金墓室壁绘胡床、大同徐龟墓室西壁绘骨朵、西关村金墓西壁绘有骨朵；岚县北村金墓出有鸡腿瓶、大同南郊金墓1号墓出有鸡腿瓶等，均体现了契丹、女真等游牧民族的文化信息。

2. 葬俗方面则主要包括镇墓石、铁牛、石炭等，其作用是"压胜"、镇墓、辟邪，在一定层面上与道教也有一定关联。墓中所见镇墓石与道教遗物有一定区别，在形制上简化为石头（块）替代，如左权县石匣墓地 M11 随葬石球镇墓；上冯金墓 M2 墓室东南、西南、东北角各放置卵石1块；昔阳松溪路金墓有镇墓石5块，分别放置于不同方位，4块为砂岩，1块为青石；大同西南郊13号墓棺内四角各置河卵石1小块，并涂有蓝、红等色，推测镇物之用；汾阳东龙观5号墓随葬有5块彩色椭圆石，应是镇墓五方精石；沁县上庄金墓室须弥座倚柱旁发现有呈不规则圆形或椭圆形石块5块；阳泉古城金墓室棺床位置置有5块鹅卵石，应为镇墓五色石。墓葬置铁牛为御龙之法，但单体墓葬所见数量较少，以一件为主，如孝义下吐京金墓出有铁牛，类似此种形式墓葬有山西孝义金墓、绛县裴家堡金墓、汾阳东龙观2号墓、绛县裴家堡金墓等。此外，在山西金墓中还发现有一种特殊的葬俗，用石炭辟邪，如稷山马村4号金墓棺床下铺设煤炭一层，用于防潮或辟邪。

（四）儒家礼仪

山西金墓中有关儒家文化主要体现在二十四孝

等孝子故事上，"冠冕白行莫大于孝"，将孝道置于儒家文化的首位，以雕刻形式反映在墓壁或壁砖，在数量上大多不足二十四或题材上有些许差异，以晋南、晋东南地区仿木构墓葬中出现最多，与当地的汉人文化发达有一定联系。另据考证孝子故事除与理学思想有关外，和当时全真教有着密切的关系，全真教也宣扬孝道，对于进一步研究中国古代孝文化具有实证意义。长治魏村金墓室壁雕有二十四孝故事，如赵孝宗图、田真图、鲍山图、元觉图、曹娥图、刘明达图、孟宗图、鲁义姑图等，不同区域墓葬"二十四孝故事"有所差别，类似此种形式墓葬有闻喜小罗庄金墓、绛县裴家堡金墓、长治故漳金墓、长治安昌金墓、垣曲东铺村金墓、永和县石棺墓、新绛南范庄金墓、襄汾县贾罕村金墓、襄汾侯村金墓、屯留宋村金墓、山西汾阳M5等。

（五）西域特色

山西是中西文化交流的聚集地，金代仿木构墓葬中反映西域外来文化事例较少，但从某种程度上体现了外来文化的传播和中西文化的相互融合，对于探究西来文化具有重要意义。西关村金墓室东南壁绘有驼运图，为双峰骆驼；侯马102号金墓室壁所绘力士为胡人相貌。山西繁峙南关村金墓室壁绘有红珊瑚、火焰宝珠、犀角等，具有西域文化特色，如现藏于日本京都府知恩院13世纪刺绣袈裟屏风即有此类形象[27]。

二　宗教文化信仰特点

山西处于中原农业文化、北方游牧文化的交汇地，促进南北社会政治、经济、文化的沟通与交流，金代为北方游牧民族建国，统治者推行的文化、宗教政策对于推动"西学东渐"具有开拓性意义。金代以萨满教为传统固本宗教，与佛教、道教、伊斯兰教、西域文化、儒家文化处于共生文化圈，有正统也有异端，有扶持也有对抗，有同化也有分化，此消彼长，共同构成宗教文化上的认同，常建华先生言道："国家认同的实质是政治认同，国家认同依靠文化认同来实现，并由族群认同做保障。"[28]通过对山西仿木构墓葬考古材料的深入考证，结合壁绘、壁雕、随葬品、建筑构造等实体材料，对金代宗教文化信仰特点做详细分析与归纳，以解析政治上的认同与差异。

（一）多元性

金代宗教信仰呈现出多元文化并存的局面，大致分为中原汉人宗教、北方游牧民族宗教和西来宗教三类，与统治阶层推行开放宽容的宗教政策有一定关联。山西仿木构墓葬中，宗教多元性主要体现为文化交叉、文化融合两个方面，共同构成宗教文化的多元特征。文化交叉方面，同一墓葬中由不同事物所体现的多种宗教文化的共存，如长治魏村金墓室顶绘有二十八星斗图，而在墓室壁则雕有二十四孝人物故事，体现道家文化与儒家文化的相融性。文化融合方面，体现为同一墓葬中同一事物所包含的多种宗教文化的融合，其宗教因素是相互独立的，如稷山县化肥厂金墓室壁砌有须弥座，其束腰部分以力士柱相间隔，反映了佛教、道教以及建筑构造之间的相互融合。此处需要注意的是仿木构墓葬中有一种特殊文化的融合现象，即是某一种事物代表有多种文化。例如念珠、火葬、香炉、铜镜等，并不单属于一种宗教文化，而是共有的，如念珠既是佛教的法物，也为道教所使用；火葬形式同样为佛教和游牧民族所共有；铜镜既是萨满教的反映，也是道教法器。案例如下：如大同阎德源墓顶嵌有大铜镜、侯马乔村M18出有铜镜、晋中正大五年墓棺内墓主人手持念珠、长子县小关村金墓墓门侧壁及墓室东壁均发现有墓主人手执念珠图像、侯马29号墓室北壁雕念珠、晋光药厂金墓室北壁雕念珠，以上事例均体现了多种文化信仰的相互贯通，是对金代宗教信仰多元化特征的具体表现。

（二）主导性

山西仿木构墓葬中，共存有诸多宗教文化因素，并且呈现出此消彼长的发展态势。不同时间段、不同地点墓葬中都会出现一种主导宗教，而其他文化因素则处于从属地位。但此种情形并非一成不变，根据政策、经济、文化诸多因素的变化，其主体宗教也随之改变，形成金代山西墓葬宗教信仰所特有的主导性特征。该特征通常以壁绘、壁雕、随葬品、墓主人身份等形式体现宗教等级上的差异。由于辽金元统治者均为北方游牧民族，在民族政策上具有等级差异，金代民族政策始终女真族居于主导地位，以学习汉文化巩固皇权，故而在墓葬中宗教信仰也同样具备等级性的差异。大同徐龟墓为金早期墓葬，墓主为汉人，墓室正方形穹隆顶，葬具为石棺，并刻有铭文，墓室北壁侍者髡发，西壁绘有胡床、骨朵，随葬有香炉，虽墓主为汉人，但墓葬主导宗教因素以游牧民族为主，而汉文化、道教处于从属地位。山西繁峙南关村金墓为金晚期墓葬，墓主为汉人，墓室为圆形穹隆顶，墓顶留孔并悬镜，棺床须弥座基座，墓顶绘天象图，墓门处绘有犀角、火焰宝珠、象牙、珊瑚等，西南壁、东北壁所绘侍者髡发，北壁绘仙鹤，木质棺板绘有青龙、白虎、朱雀、玄武，主导因素为道教，佛教、契丹文化、西域文化处于从属地位。

（三）渐变性

山西仿木构墓葬所共存诸如儒、佛、道、游牧文化、西域文化等宗教，表现在信仰因素主体方面产生一定渐变属性，如火葬为游牧民族或佛教所见，汉人传统意义上为木棺尸骨葬，然而在汉人墓也同样出现火葬，葬具也出现有石棺等，体现了一种文化信仰上的变迁；文化渐变性产生的实质是两种或多种宗教之间的不断斗争，即衍生出的对抗性。襄汾县南董金墓为两代家族合葬，具有一定资产的地主阶级，前室葬三人为晚辈，后室葬六人为父辈，均为砖床尸骨葬，只有前室西侧砖床有一木床，床下有黑炭，其中木床体现了汉文化的突现，而黑炭有镇墓或火葬因素，此种变化体现了汉人葬俗之间的演变。大同南郊1号墓为汉人墓，葬具为砖质棺床和木棺，葬式则采用火葬，将骨灰置于棺内，并结合墓中所出现的穹隆顶、墓壁游牧民族头饰、随葬鸡腿瓶等现象，推测为汉人葬俗向游牧民族转变的过程，但木棺的继续使用也是对汉族葬俗文化的有所保留或者民族差异的对抗。

（四）外来性

山西仿木构墓葬中，除代表墓主人宗教信仰的主导宗教外，还有其他若干文化因素的存在，按照其文化源流属性，可大致分为南北文化与东西文化两类，如以汉人为主体墓葬，其主导文化当属儒家或道教，而西传佛教、北方游牧民族葬俗（萨满教）属于外来文化传入，即宗教文化的外来性特征，共同对墓葬的文化因素产生作用。西关村金墓主人为当地豪绅，以儒家及道教文化为主体，M1墓室东南壁所绘驼运图，分别出现双峰骆驼和脑后拖一条长辫的女真人形象，体现了西来文化与北方游牧文化的传入。山西繁峙南关村金墓壁画所绘墓主为汉族官员形象，而在墓室壁绘有红珊瑚、火焰宝珠、犀角等西域物品，棺板上除绘有道教色彩的朱雀、玄武外，还有髡发的侍童，代表北方游牧民族文化。

（五）宇宙观

由仿木构墓葬建筑结构和整体布局而论，是对天、房屋、人、鬼的集中体现，将墓葬纳入天地人合一的宇宙观综合体，表现为由死到生，由生到仙的过程。从实体组成而言，墓室一般由墓顶、仿木构建筑、壁画（雕刻）、葬具、墓室平面组成。墓室顶一般为叠涩攒尖顶或穹隆顶，穹隆即为"天穹"，而"天穹"为圆形，是对"象天地""盖天说"社会观念的集中反映。根据墓葬主导文化因素的不同，墓顶装绘有所差距，如饰有星宿图、十二生肖、悬铜镜、藻井、莲花、仙鹤等，反映了多种宗教文化信仰。仿木构建筑多由柱、枋、斗拱等构件组成，是对墓主人生前房屋建筑的体现。墓室壁绘或雕刻有壁画，将墓主人生前的社会生活、生产等场景表现出来，如出行图、侍寝图等，或者二十四孝、戏剧、杂剧等表现社会文化题材。墓主人为墓葬死者，其葬具有棺床、石棺、木棺，葬式有火葬、尸骨葬等，处于墓葬宇宙观中升天由死到生的第一过程。墓室平面多为圆形、六角形、八角形，是对宇宙中"地"的象征，以六角形和八角形墓室为例，"六"和"八"取"六合""八方"之意，即天地四方和四方四隅，是对宇宙观的完整诠释。金墓中有关宇宙观题材较多，以墓顶样式为依据，大致分为三类，一类为墓顶绘莲花等花卉图案，寓意佛教信仰，其下为房屋建筑结构，墓室壁画则以人物为主，如绛县下村金墓；二类是墓顶为叠涩攒尖或穹隆顶，无其他雕饰图案，中层同样为房屋结构，墓室四壁雕砌反映墓主人社会生活场景，此类墓葬发现较多，如侯马大李金墓、侯马二级交电站金墓、山西省建一公司机运站金墓、大同徐龟墓、长治魏村金墓、闻喜寺底金墓等，三类为墓顶绘星宿图案，如太阳、月亮、星星等，如繁峙南关村金墓。

三　余论

山西地区金代仿木构墓葬依托壁画、雕刻、随葬品、建筑构造等形式除反映宗教文化主体特征外，在政治、经济、艺术、生活、建筑、社会习俗等方面均有所体现，从中发现若干与宗教信仰相关的文化信息，以考证历史缺失。金代仿木构墓葬壁雕内容丰富，除雕刻墓主人生前日常生活、生产场景外，还更多体现艺术气息，如戏曲、舞蹈、散乐、杂剧等，并由此考证历史史实。金代中期杂剧出现以旦、末主演的所谓"旦本"与"末本"的演出体制，晋光M1为旦居中，从左至右依次为副净、副末、末泥、装孤，而侯马董明墓为末泥居中，从左至右为副末、装孤、旦、副净，可证金杂剧发展流变。墓葬砖雕散乐涉及不同人物、乐器等，如拍板人、吹笛人、击鼓人等，人物服饰各不相同，演奏乐器更为多样，有鼓、笛、拍板、笙、排箫等，以打击和吹奏乐器为主，而弹拨乐器较少（弹琵琶），对于考证金代音乐史发展具有重要意义。此外，山西不同地域，艺术形式也各具区域性特点，如晋中、晋南、晋东南地区金墓砖雕以杂剧为主，而晋北地区金墓砖雕以散乐为主。金墓壁雕中常见有山西传统民俗活动"社火"，如新绛南范庄金墓壁雕"狮子舞"、"跑毛驴"等民间活动至今鲜有，对于考证山西民间文化具有重要意义。戏曲是金墓砖雕最常用题材，对于研究演出形式、人物形象、器乐具有实地依据，特别是证明一些史料未记载的戏曲形式，如"乐床子"及乐队的发现，对进一步考证戏曲艺术具有一定意义。金墓室壁雕诸多人物信息，其装束、服饰各不相同，有民族、性别、阶层方面的差异，同时

也反映出金代纺织业发展的相关信息。由墓室砖雕人物题材可知，大致分为帽饰、发饰、服饰三个方面的异同。帽饰方面：男性以幞头、直角幞头、头巾、乌帽为主，其中代表了汉族与游牧民族在帽饰上的差异，女性则多采用巾帕包裹髻的模式。发饰方面：汉族男性发饰以髻为主，有双髻、高髻，并以戴冠较为普遍，重点说明的是北方游牧民族发饰，如太原王家庄金墓室壁雕人物，前额无发，后部蓄发，两侧盘发髻，与女真族发饰类似，此外还见有契丹族流行的髡发及女真分发长辫；女性发饰以髻为特征，有双髻、高髻，髻配巾帕、花结等。服饰方面：男性以圆领（交领）袍服、交衽短袖长褂、对襟短袖黄衫、直领左衽窄袖短衫、腰束带、窄腿白裤、乌靴、平底鞋多见，其中乌靴当为游牧民族所用；女性以对襟短袖黄衫、交领衫、帔巾、宽袖上衣、窄袖长衣、白襟褙子、抹胸、襦裙、长裙、交领裙、百褶裙、尖鞋等，融合有北方游牧民族与中原汉族服饰特点，并呈现出"男戴幞头，身着圆领束带长衫"与"女包髻，上衫下裙"的服装范式。农业在墓葬雕刻中也有反映，如出现石磨、石碾、耙、铁犁、铁镰、水井、井架、轱辘、磨碾、木锥等，对于考证农业工具的造型特点具有重要意义，同时在长治魏村金墓室壁画雕有"大象耕田"，表明当时农业生产水平较之"牛耕田"有所提高，同时由"大象"的产地也反映了东西文化之间的交流。仿木构墓葬以建筑构建墓室"骨架"，对于研究金代建筑技术具有启示意义，主要分为建筑空间、建筑技术两个方面，建筑空间上形成"前厅后屋、左右厢房"的四合院或三合院布局，一是通过墓葬布局反映，如新绛南范庄金墓为四墓室，主次分明，功能明确。二是通过墓壁空间反映，如长治安昌金墓，墓室北壁为正房，使用五铺作斗拱，东西两壁为厢房，使用四铺作斗拱等；建筑技术上更是对地面建筑的反映，同时也具有"地下语言"的特性，如长子县石哲金墓斗拱之琴面昂直接放置于柱头上，与五台山佛光寺东大殿相同，长治故漳金墓使用移柱造和减柱造技术，均是对地面建筑的折射，相反墓

葬中墓门所见五铺作及墓壁七铺作斗拱在地面中较少使用，也是对金代建筑造型的有力补正。另外类如桥梁在墓葬壁绘中也常有发现，如长子县小关村金墓室所绘桥梁，与民间"奈何桥"有一定关联，造型与甘肃敦煌莫高窟61窟所绘桥梁类型，为研究我国古代桥梁建造史提供佐证。从仿木构墓葬所揭示出的社会生活现状，对于全面理解金代宗教文化的差异性消长提供发展的"沃土"，从墓葬建筑、随葬品、壁画艺术等方面出发，对重新认识金代宗教信仰提供导向性意义。

注释：

[1] 〔明〕张钦：《大同府志》，大同市地方志办公室内部资料，1987年，第409页。

[2] 王俊、闫震：《山西晋中发现金代正大五年墓》，《中国国家博物馆馆刊》2013年第10期。

[3] 山西省考古研究所、汾阳市文物旅游局：《2008年山西汾阳东龙观宋金墓地发掘简报》，《文物》2010年第2期。

[4] 商彤流、王金元：《离石马茂庄发现一座金墓》，《文物季刊》1994年第1期。

[5] 山西省考古研究所侯马工作站：《侯马102号金墓》，《文物季刊》1997年第4期。

[6] 山西省文管会侯马工作站：《侯马金代董氏墓介绍》，《文物》1959年第6期。

[7] 大同市博物馆：《大同市南郊金代壁画墓》，《考古学报》1992年第4期。

[8] 长治市博物馆：《山西长子县小关村金代纪年壁画墓》，《文物》2008年第10期。

[9] 山西省考古研究所晋东南工作站：《山西长子县石哲金代壁画墓》，《文物》1985年第6期。

[10] 解希恭、阎金铸：《山西永和县出土金大安三年石棺》，《文物》1989年第5期。

[11] 陶富海、解希恭：《山西襄汾县曲里村金元墓清理简报》，《文物》1986年第12期。

[12] 陶富海：《山西襄汾县南董金墓清理简报》，《文物》1979年第8期。

[13] 山西省考古研究所、沁县文物馆：《山西沁县上庄金墓发掘简报》，《文物》2016年第8期。

[14] 山西省考古研究所：《山西新绛南范庄、吴岭庄金元墓发掘简报》，《文物》1983年第1期。

[15] 李慧：《山西襄汾侯村金代纪年砖雕墓》，《文物》2008年第2期。

[16] 山西省考古研究所侯马工作站：《山西稷山马村4号金墓》，《文物季刊》1997年第4期。

[17] 山西省文物管理委员会、山西省考古研究所：《山西孝义下吐京和梁家庄金、元墓发掘简报》，《考古》1960年第7期。

[18] 山西省考古研究所侯马工作站：《侯马两座金代纪年墓发掘报告》，《文物季刊》1996年第3期。

[19] 山西省文管会侯马工作站：《侯马金代董氏墓介绍》，《文物》1959年第6期。

[20] 王俊、张光辉：《山西左权县石匣墓地的发掘及主要收获》，《中国文物报》2010年9月24日第4版。

[21] 宁立新：《山西朔县金代火葬墓》，《文物》1987年第6期。

[22] 吕遵谔：《山西垣曲东铺村的金墓》，《考古通讯》1956年第1期。

[23] 大同市博物馆：《大同金代阎德源墓发掘简报》，《文物》1978年第4期。

[24] 运城市河东博物馆、夏县文物旅游局：《山西夏县宋金墓的发掘》，《考古》2014年第11期。

[25] 〔宋〕李诫：《营造法式（一）》，中国书店1995年。

[26] 内蒙古文物工作队、内蒙古博物馆：《内蒙古文物考古工作三十年》，《文物考古工作三十年》，文物出版社1979年。

[27] 西岗康宏：《世界美术大全集·东洋篇（第七卷）》，东京小学馆1999年，第211页。

[28] 常建华：《国家认同：清史研究的新视角》，《清史研究》2010年第4期。

再论两晋南朝砖室墓后壁砖柱结构

任　艳（南京大学历史学院）

内容摘要： 本文重新讨论了长江中下游地区两晋南朝砖室墓后壁的砖柱结构，通过类型学分析对其性质、功能及流变进行研究，认为不同形态的砖柱结构有加固墓室、用作灯台和佛塔的不同作用，同时砖柱结构的流变体现了南朝长江中下游地区文化因素的传播交流。

关键词： 两晋南朝砖室墓　砖柱　灯台　佛塔

在长江中下游及汉江流域的两晋南朝砖室墓中，可见在墓室后壁砌筑砖柱结构的现象，目前发现的考古材料共有25座墓葬，主要集中在鄂州地区、襄阳地区[1]以及南京及其周边地区（表一）。

韦正在讨论六朝砖柱墓以及南朝墓葬中的佛教因素时都提到了此类砌于墓室后壁的砖柱结构，他

表一　两晋南朝砖室墓后壁砖柱结构发现情况表

地区	墓葬	时代	资料来源
鄂州	鄂城 M2087[2]	西晋后期	《鄂城六朝墓》
鄂州	鄂城 M2160	东晋前期	《鄂城六朝墓》
鄂州	鄂城 M2186	东晋前期	《鄂城六朝墓》
鄂州	鄂城 M2205	东晋后期	《鄂城六朝墓》
鄂州	鄂城 M2012	东晋后期	《鄂城六朝墓》
鄂州	鄂城 M2120	南朝前期	《鄂城六朝墓》
鄂州	鄂城 M2226	南朝前期	《鄂城六朝墓》
鄂州	鄂城 M3010	南朝前期	《鄂城六朝墓》
鄂州	塘角头 M3[3]	西晋后期	《考古》1996年第11期
鄂州	塘角头 M13	西晋后期	《考古》1996年第11期
鄂州	观音垅 M1[4]	南朝晚期	《江汉考古》1995年第4期
鄂州	观音垅 M2	南朝晚期	《江汉考古》1995年第4期
鄂州	郭家细湾 M8[5]	宋	《文物》2005年第10期
鄂州	郭家细湾 M11	宋	《文物》2005年第10期
鄂州	泽林 M5[6]	齐梁之际	《江汉考古》1991年第3期
鄂州	泽林 M6	梁末至陈	《江汉考古》1991年第3期
邓县	学庄墓[7]	齐至梁初期	《邓县彩色画象砖墓》
谷城	肖家营 M40[8]	齐至梁初期	《考古》2006年第11期
谷城	龙湾村 M1[9]	齐至梁初期	《文物》2012年第7期
襄阳	清水沟画像砖墓[10]	齐梁之际	《文物》2017年第11期
襄阳	柿庄 M15[11]	梁	《文物》2019年第8期
扬州	张巷画像砖墓[12]	南朝晚期	《江苏考古（2014–2015）》
南京	西善桥第二砖瓦厂墓[13]	梁	《东南文化》1997年第1期
南京	胡村墓[14]	梁后期乃至陈	《考古》2008年第6期
杭州	余杭小横山 M13[15]	南朝晚期	《余杭小横山东晋南朝墓》

认为这是受到砖柱的影响产生的，后来逐渐演变为佛塔的形象，成为墓葬中的宗教设施[16]。罗世平沿用了这一观点，并提出这些砖柱结构与长江中下游汉晋墓出土的重楼式佛饰罐和覆钵塔式罐明器是一脉相承的[17]。何志国则认为无法将这种砖砌建筑结构与佛塔相提并论，因为它没有明显的佛塔标志[18]。

值得注意的是，这些砖柱结构在形制上存在着差异，所属墓葬的文化内涵也不尽相同，或许不可一概而论。本文试图对这些材料进行分类研究，分别讨论其性质、功能与流变。

一　砖柱结构的类型学分析

根据这些砖柱结构的形态特征，将其分为A、B两型，B型又可分为Ba、Bb、Bc三个亚型（表二），以下分别进行阐述。

表二　砖柱结构的类型

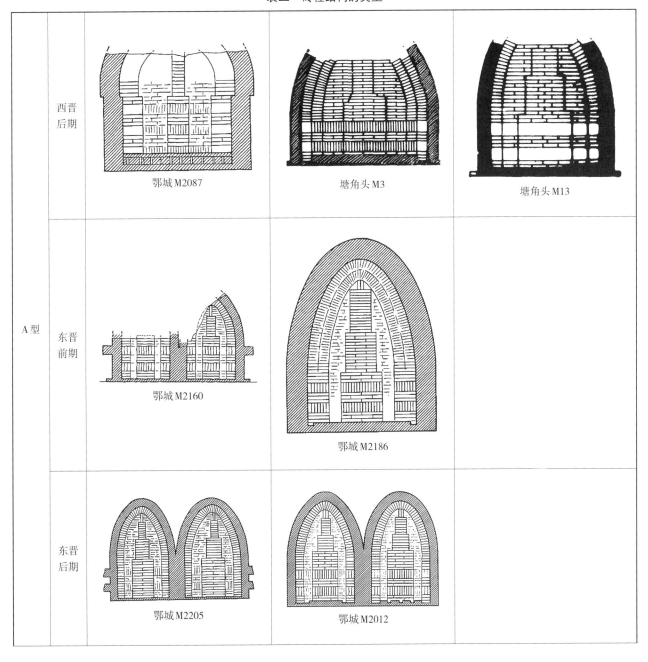

续表

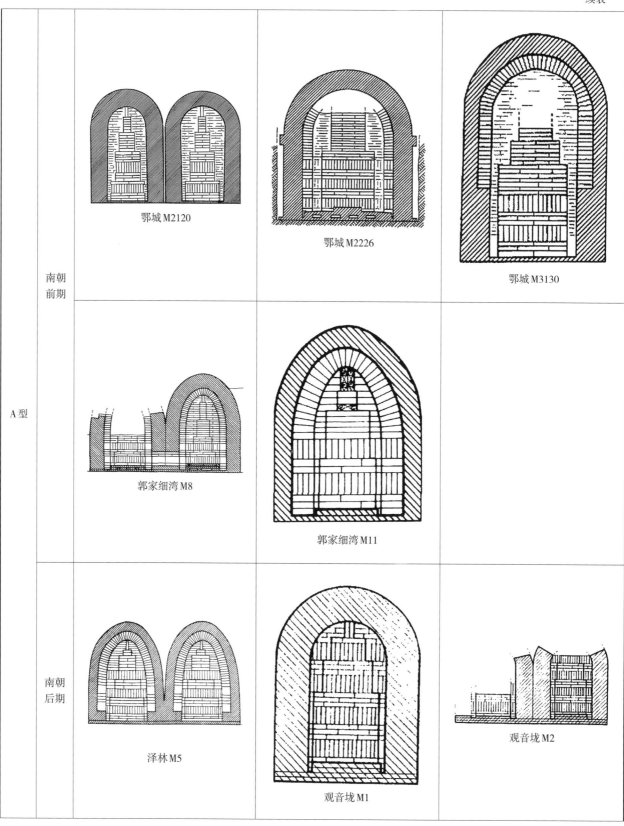

鄂城 M2120

鄂城 M2226

鄂城 M3130

郭家细湾 M8

郭家细湾 M11

泽林 M5

观音垅 M1

观音垅 M2

续表

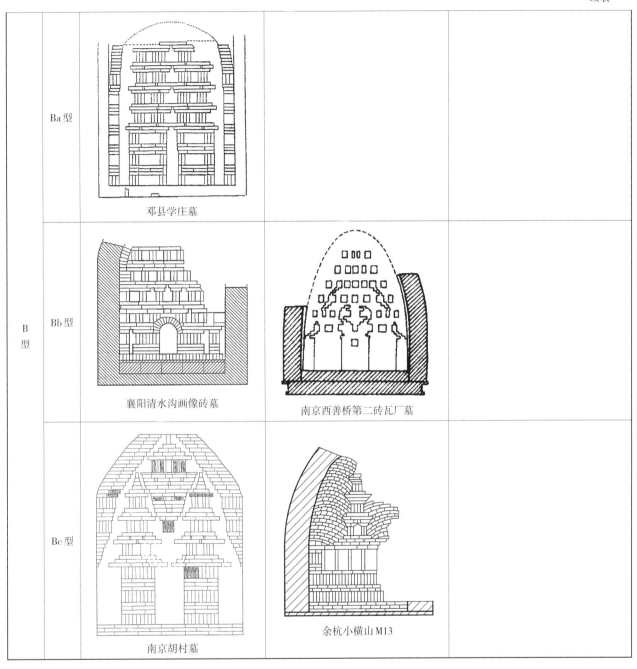

B型	Ba型	邓县学庄墓		
	Bb型	襄阳清水沟画像砖墓	南京西善桥第二砖瓦厂墓	
	Bc型	南京胡村墓	余杭小横山M13	

A型为叠座式塔形砖柱[19]，仅见于湖北鄂州地区两晋南朝砖室墓中，目前发现的有鄂城M2160、M2205、M2120、M2012、M2186、M2087、M2226、M3010，泽林M5、M6，塘角头M3、M13，观音垅M1、M2以及郭家细湾M8、M11。

此类砖柱结构从地上起砌，由下至上逐级收缩，

顶部用一到两块丁砖顶住券顶。可以肯定的是，它们都是传统砖柱的变形。砖柱始见于东汉晚期的江西地区的砖室墓中，此后逐渐扩展到长江中下游、岭南以及福建地区。鄂州地区发现的两晋南朝砖室墓大量存在使用砖柱的现象，西晋时期砖柱多为竖直式，且数量较少，仅在墓室中部两侧或后壁砌筑，

其目的一是为了划分墓室的前后室空间，二是为了承托券顶起到加固作用。西晋后期部分墓葬中的砖柱出现分级的现象，鄂城M2087和塘角头M3墓室后壁顶部虽已损毁，但是其保留的底部已呈"凸字形"，这是叠座式塔形砖柱的雏形。东晋以后，墓室两壁的砖柱越来越密集，逐渐丧失了划分空间的性质，叠座式塔形砖柱的运用越来越多。南朝时其底座变得越来越宽大，级数也越来越多。

B型砖柱结构可分为Ba、Bb、Bc三个亚型。Ba型有邓县学庄墓、谷城肖家营M40、谷城龙湾村M1；Bb型有襄阳清水沟画像砖墓、襄阳柿庄M15、扬州张巷画像砖墓、南京西善桥第二砖瓦厂墓；Bc型有南京胡村墓和余杭小横山M13。

Ba型的邓县学庄墓墓室后壁的结构，为左右并立的一对砖柱，可分为上下两个部分，下半部分砌筑方式为三组三顺一丁，丁砖层中夹一陡板，最上一组陡板上浮雕玄武图像，下面两组拼砌成一武士形象；上半部分砌筑方式仍为三顺一丁，不同之处在于不见陡板，而是空出形成小龛，顺砖之间也出现了一些较小的间隙。谷城肖家营M40和谷城龙湾村M1的墓葬形制、画像砖内容、砖铭等都与邓县学庄墓十分类似，当为同一时期墓葬，这两座墓的墓室后壁损毁较为严重，仅余底部，从残留部分来看，可能也存有与邓县学庄墓类似的一对砖柱结构。

Bb型的襄阳清水沟墓后壁以三顺一丁起底，第一组中部用楔形砖垒砌成拱形，拱形结构两侧各竖置砖7块，并错砌两砖，呈两侧龛。拱形结构及侧龛上部以三顺一丁间错砌成若干凸字形小龛。襄阳柿庄M15和扬州张巷墓墓室后壁结构残损较严重，从残存部分来看仍可见若干列整齐的小龛。西善桥墓后壁的龛以竖直的中心线为轴，成对称图形分布于后壁，龛大小不一，大龛有三个，位置较低，小龛共六行排列于大龛之上。

Bc型的胡村墓墓室后壁砌有三座塔形结构，呈"品"字形排列，底部两座塔在长方形基座上起砌，均为三层，由下至上逐渐缩小，层与层之间有梯形腰檐，顶部一座塔为一层，有倒三角形基座。余杭

小横山M13墓室后壁有一塔形结构，塔底部有基座，共三层，最下一层开有小龛，塔身有腰檐，塔尖残损。

二 砖柱结构的性质与功能分析

这些两晋南朝砖室墓后壁的砖柱结构，形态存在差异，其性质与功能不可一概而论，"佛塔"之说也仍有待商榷。

有关汉地早期佛塔形制最早的描述见于《三国志·刘繇传》以及《后汉书·陶谦传》中记载的笮融建浮屠祠，"垂铜槃九重，下为重楼阁道"[20]、"上累金盘，下为重楼"[21]，梁思成[22]、刘敦桢[23]、李崇峰[24]、孙机[25]等都据此对早期佛塔的形状和结构进行了探索，基本可以确认的是中国早期的佛塔形态，应为中国式楼阁建筑和印度相轮塔刹的结合。1986年四川省博物馆在什邡县征集到的画像砖中有一块上面绘制三座楼阁式塔（图一），2008年发掘的襄樊市菜越墓中出土了一件相轮陶楼（图二），尽管这两件遗物的具体年代仍存在争议，但它们对上述对汉地早期佛塔形态的猜测起到了参考作用。A型、Ba型、Bb型砖柱结构显然与佛塔相去甚远，从形态来看只有Bc型与佛塔存在相似之处。更为关键的是，前者这些砖柱没有"塔刹"这一佛塔的标志。依《魏书·释老志》载："凡宫塔制度，犹依天竺旧状而重构之，从一级至三、五、七、九。世人相承，

图一 四川什邡汉末至三国画像砖

（采自《佛教初传南方之路文物图录》，图版3）

图二 菜越墓出土相轮陶楼

（采自《文物》2010年第9期）

谓之'浮图'，或云'佛图'。"[26]早期佛塔的塔刹依照"天竺旧制"，为多重露盘组成的相轮，数量为一三五七等单数，这也是判断佛塔与中国传统楼阁式建筑最重要的区别之一。罗世平认为，部分A型砖柱结构在最上层用特制花纹砖垒砌，或以表示塔刹[27]。然而佛塔初传入中土之时似乎不应出现如此抽象的塔刹。

结合墓葬中的文化因素以及当时佛教传播状况来看，A型砖柱结构所在的墓葬处西晋后期至南朝前期，除了泽林M6出土莲花纹盘、观音垱M2出土莲花纹砖外，未发现其他可能与佛教相关的因素，没有直接证据可以证明墓主的佛教信仰。诚然，汉晋时期武昌佛教得到了一定的发展，高僧支谦、印度僧人维祇难与竺律炎相继来到武昌宣扬佛法，翻译

了大量的佛经；365年，随着释道安率领弟子慧远等四百余人到襄阳"复宣佛法"，江汉地区的佛教文化中心逐渐从武昌转移到襄阳地区。如此看来，A型砖柱流行的时间与武昌佛教兴盛的时间存在着错位。此外，鄂州地区三国西晋墓葬中出土的佛教因素，大多出现在铜镜、青瓷器等生活用器上，杨泓提出当时的人们还远没有像后来东晋南朝那样将佛像作为礼拜的圣象，而是看重其带有异域风格的装饰造型[28]。在这样的背景之下，A型砖柱结构所在墓葬中出现佛塔的条件并不充分。

B型砖柱结构所在墓葬都属南朝中晚期的画像砖墓，其画像砖表现的文化因素杂糅了佛教、道教、儒家等多种因素，包括四神、千秋万岁、莲花、狮子、飞天、孝子故事、出行仪仗、世俗生活等母题，佛教因素已然进入墓葬，虽并未形成完整的体系，但似乎已具备了砌筑佛塔的条件。由此可见，同时满足与佛塔具有类似的形态，且墓葬中表现佛教因素这两个佛塔出现的条件的砖柱结构只有Bc型，因此只有Bc型砖砌结构可能为佛塔。南朝地面佛塔以木塔为主，砖构的塔基本上都是高僧墓塔，据此贺云翱提出胡村墓砖塔构造形态或与墓塔有关[29]，且胡村墓三座砖塔居于中间的一座形态也与存放舍利的阿育王塔有几分相似，此种观点可备一说。

至于A型、Ba型、Bb型砖柱结构，是砖柱流变过程中形成的不同变体，也具有不同的实用功能。A型砖柱结构是在竖直式砖柱的基础上逐渐演变而成的，随着砖柱数量的增多，它们失去了划分前后墓室的功能，但是对托顶加固作用进行了一定的强化，每一个砖柱的顶部都与墓顶相接，相比于采用一根竖直式的砖柱连接地面和墓顶，将底部部分放大的措施可以减少形变，更具有支撑力。这种砖柱结构仅见于鄂州地区，是为了加固墓室的具有地域性特征的做法（图三）。

Ba型砖柱结构所在的3座墓葬均在襄阳地区，襄阳地区砖柱墓主要有两种类型，一种在甬道和墓室壁面都砌有砖柱，另一种仅在甬道和墓室后壁有砖柱，墓室两壁不见，邓县学庄墓和谷城肖家营

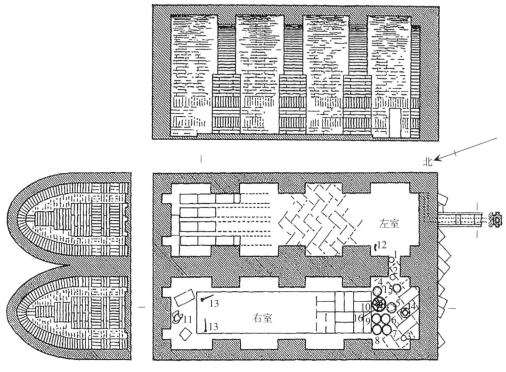

图三　鄂城M2012平、剖面图

（采自《鄂城六朝墓》，第52页）

M40属于前者，谷城龙湾村M1则属于后者。这两种类型的砖柱分布都十分密集，两砖柱之间仅容一横砖的距离（图四，1），因此墓室后壁出现两根砖柱完全符合整个墓葬中砖柱的分布规律，邓县学庄墓砖柱底部画像砖拼砌而成的武士形象更是确认了墓室后壁的砖柱属于整个墓葬砖柱体系的一部分。一般来说墓内为了加固墓室所砌的砖柱顶部都与券顶相接，或是形成若干道拱券，而邓县学庄墓的砖柱则单独砌筑于墙面上，与券顶分离（图四，2），似乎无法起到承托券顶的作用，加之每一砖柱上都有安排有序、内容丰富的画像砖，这些砖柱只是起到装饰的作用。而邓县学庄墓后壁砖柱上方出现的类似"楼阁式"的结构，可能是由于券顶的影响对其砌筑方式进行的调整。小龛部分原来应该和下部一样放置在丁砖层一块陡板，但是由于墓室接近顶部空间逐渐缩小，砖柱顶部又不与券顶直接相连，只能去除陡板，保留丁砖，丁砖适当向内移动、顺砖错位向外突出，以保证砖柱结构的稳定性。

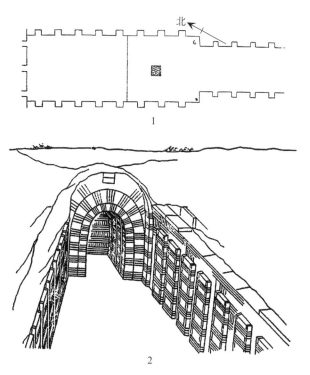

图四　邓县学庄墓（采自《邓县彩色画象砖墓》，第2、3页）

1.平面图　2.透视图

Bb 型砖柱结构较为复杂，布满整个墓室后壁壁面，且分布有排列整齐、数量众多的小龛，值得注意的是，这几座墓后壁之下都发现了若干青瓷盏，其位置十分特殊。以扬州张巷墓为例，棺床与墓室后壁之间仅 0.32 米间隙，却出土了三十余件青瓷盏（图五），似乎不太可能是有意放置，推测这些青瓷盏很有可能原本放置在后壁的若干小龛内，由于后壁的坍塌损毁而掉落在地上。事实上，在墓室内放置灯盏的做法在两晋南朝极为常见，由于墓室的封闭性，其中往往是暗无天日的，魏晋文学中常有对此的表达，阮瑀的《七哀诗》："冥冥九泉室，漫漫长夜台"[30]，沈约《太宰卿任昉墓志铭》"幽光忽断，穷钉黯灭"[31] 等，都表现了对幽闭、黑暗的恐惧。因此在墓室中设置照明设备是极为常见的做法，

图五 扬州张巷墓棺床下出土遗物
（采自《江苏考古（2014—2015）》，第156页）

尽管这种照明设备在实际作用上具有局限性，但仍然成为一种流行，象征对光明世界的向往。前文所述鄂州地区墓室后壁两角砌有角柱或羊角砖用作灯台，长江下游东吴到西晋也使用悬空灯台，南朝时期则常以凸字形或桃形灯龛放置灯盏，或与直棂假窗组合使用，位置在墓室两侧或后壁，Bb 型砖砌结构所建的若干凸字形小龛在功能上或许与灯龛一致。一般来说，灯台或灯龛距地面大约 1 米左右，Bb 型砖砌结构下部的三个较大的龛高度也大致在 1 米，如此来看，它们也许不是壁龛，而是砌筑的两个方形底座。

三 砖柱结构的流变

虽然本文将研究的砖柱结构分为了两型三亚型，各型的功能也不尽相同，但是它们之间并非毫无关联，从形态上可见诸多相互影响的迹象。A 型和 Ba 型显然是在砖柱由赣江流域向周边不同地区流变的过程中形成地域性特征后的产物。Ba、Bb、Bc 三种类型的砖柱结构则在形态上或多或少存在相似之处。Bb 型与 Ba 型相比，下半部分同样砌有两个基座，上半部分后者似在前者的基础上演化而成，由无意设置的间隙转变为有意砌筑的若干小龛；Bc 型胡村墓砖塔的结构似乎也已在 Bb 型的西善桥第二砖瓦厂墓后壁的下半部分初见雏形，或者说它应该也是在墓室后壁砌筑砖柱结构的做法的基础上产生的创新。B 型三种砖柱结构所在墓葬年代大体上前后相继，结合这几座墓葬所在地区以及墓葬形制、画像砖的关联性，很有可能是来自襄阳地区的文化因素逐渐影响到了长江下游的建康及其周边地区的结果。

过去对南朝画像砖的大量研究，已充分证明了襄阳与建康之间文化因素的交流与影响。南朝早期画像砖墓一般都是大中型墓，建康地区和襄阳地区的画像砖在砌筑方式和内容上都存在较大的区别，建康常见大型拼镶砖画，主题主要是狮子、羽人戏龙虎、竹林七贤等；而襄阳地区则以一砖一画为主，内容庞杂，佛教、道教、儒家因素等母题均有出现，并无突出的主题，装饰性较强，具有明显的地域特色。然而南朝中晚期以后，随着萧衍就镇襄阳，带

来襄阳政治地位的提高以及与建康交流的密切，建康及周边的画像砖墓，越来越多地表现出襄阳地区的特征，如常州戚家村墓[32]、邗江1、2号墓[33]以及本文讨论的扬州张巷墓、南京胡村墓等，其画像特征、浮雕技术等都与襄阳地区的十分类似。

同时从墓葬形制来看，来自赣江流域的砖柱墓深刻地影响了长江中游包括汉江流域，而对长江下游的影响是比较小的。因此鄂州地区、襄阳地区同样以砖柱加固墓室，而建康及其周边地区却几乎不见砖柱墓，仅见扬州张巷墓和南京油坊桥墓两例，应该都是受到襄阳地区的直接影响。长江下游用于加固墓室的方式主要是将两壁或后壁外弧，南京西善桥第二砖瓦厂墓采用外弧墓室的同时，出现了来自襄阳地区的Bb型灯龛结构，可见墓室后壁的砖砌结构此时俨然已经完全脱离了砖柱，成为单独的文化因素，随着画像砖一起进入建康地区的墓葬中。

四　结语

综上所述，目前所发现的两晋南朝砖室墓后壁的砖柱结构的性质不可一概而论，它们的源头是来自江西地区的砖柱，但在流变的过程中形态、功能都发生了巨大的变化，其中A型和Ba型是砖柱直接演变的结果，保留了砖柱加固墓室的原始功能。Bb型和Bc型分别用作灯龛和佛塔，已经完全脱离了砖柱，成为墓葬中单独的文化因素，但是通过它们与Ba型砖柱结构在形态上的相似性，以及墓葬中其他文化因素之间的关联，可以得出这是南朝襄阳地区和建康地区文化传播交流的又一产物。

南朝以后，用作加固墓室和灯台的砖柱结构随着砖室墓形制的转变而逐渐消失，而1982年发掘的郴州5号隋墓[34]，墓室后壁仍发现了佛塔结构，这说明墓室后壁砌佛塔的做法可能一直延续到了隋唐时期，但是进一步的研究需要更多考古材料的发现。

注释：

[1]　本文将以南阳盆地为中心的区域称作广义上的"襄阳地区"。

[2]　南京大学历史系考古专业、湖北省文物考古研究所、鄂州市博物馆：《鄂城六朝墓》，科学出版社2007年。

[3]　湖北省文物考古研究所、鄂州市博物馆：《湖北鄂州市塘角头六朝墓》，《考古》1996年第11期。

[4]　鄂州市博物馆：《鄂州市观音垴南朝墓发掘简报》，《江汉考古》1995年第4期。

[5]　黄义军、徐劲松、何建萍：《湖北鄂州郭家细湾六朝墓》，《文物》2005年第10期。

[6]　武汉大学历史系考古专业、鄂州市博物馆：《鄂州市泽林南朝墓》，《江汉考古》1991年第3期。

[7]　河南省文化局文物工作队：《邓县彩色画象砖墓》，文物出版社1958年。

[8]　襄樊市考古队、谷城县博物馆：《湖北谷城县肖家营墓地》，《考古》2006年11期。

[9]　谷城县博物馆：《湖北谷城六朝画像砖墓发掘简报》，《文物》2013年第7期。

[10]　襄阳市文物考古研究所：《湖北襄阳麒麟清水沟南朝画像砖墓发掘简报》，《文物》2017年第11期。

[11]　襄阳市文物考古研究所：《湖北襄阳柿庄南朝画像砖墓发掘简报》，《文物》2019年第8期。

[12]　南京博物院、扬州市文物考古研究所：《扬州市杨庙镇双墩村墓葬发掘》，《江苏考古（2014-2015）》，南京出版社2017年，第152—157页。

[13]　南京博物院：《南京西善桥南朝墓》，《东南文化》1997年第1期。

[14]　南京市博物馆：《南京市江宁区胡村南朝墓》，《考古》2008年第6期。

[15]　杭州市文物考古研究所、余杭博物馆：《余杭小横山东晋南朝墓》，文物出版社2013年。

[16]　韦正：《六朝墓葬的考古学研究》，北京大学出版社2011年，第140页；韦正：《试谈南朝墓葬中的佛教因素》，《东南文化》2010年第3期。

［17］ 罗世平：《仙人好楼居：襄阳新出相轮陶楼与中国浮图祠类证》，《故宫博物院院刊》2012年第4期。

［18］ 何志国：《从襄樊出土东汉佛塔模型谈中国楼阁式佛塔起源》，《民族艺术》2012年第2期。

［19］ 《鄂城六朝墓》中将此型砖柱称为"塔式砖柱"或"塔柱"，泽林南朝墓和观音垅南朝墓发掘简报则称为"叠座式塔形砖柱"，本文统一为"叠座式塔形砖柱"。

［20］ 〔西晋〕陈寿：《三国志》卷四十九《吴书·刘繇传》，中华书局1973年，第1185页。

［21］ 〔南朝宋〕范晔：《后汉书》卷七十三《陶谦传》，中华书局1965年，第2368页。

［22］ 梁思成：《中国的佛教建筑》，《清华大学学报》1961年第2期。

［23］ 刘敦桢：《覆艾克教授论六朝之塔》，《中国营造学社汇刊》第4卷第1期，中国营造学社1934年，第138页。

［24］ 李崇峰：《中印佛教石窟寺比较研究——以塔庙窟为中心》，北京大学出版社2003年，第42页。

［25］ 孙机：《关于中国早期高层佛塔造型的渊源问题》，《中国历史博物馆馆刊》1984年。

［26］ 〔北齐〕魏收：《魏书》卷一百一十四《释老志》，中华书局1974年，第3029页。

［27］ 罗世平：《仙人好楼居：襄阳新出相轮陶楼与中国浮图祠类证》，《故宫博物院院刊》2012年第4期。

［28］ 杨泓：《跋鄂州孙吴墓出土陶佛像》，《考古》1996年第11期。

［29］ 贺云翱：《六朝都城佛寺和佛塔的初步研究》，《东南文化》2010年第3期。

［30］ 〔唐〕欧阳询等：《艺文类聚》卷三十四《人部十八》，中华书局1965年，第596页。

［31］ 〔唐〕欧阳询等：《艺文类聚》卷四十九《职官部五》，中华书局1965年，第877页。

［32］ 常州市博物馆：《常州南郊戚家村画像砖墓》，《文物》1979年第3期。

［33］ 扬州博物馆：《江苏邗江发现两座南朝画像砖墓》，《考古》1984年第3期。

［34］ 李荆林：《湖南彬州发现两座隋墓》，《考古》1985年第8期。

涉笔成趣的明代青花瓷碗

王瑞钢（苏州博物馆）

内容摘要： 在元代基础上，明代青花逐步走向鼎盛，在我国瓷器历史上写下了浓墨重彩的一笔。随着对其器型、纹饰、青料、用笔等研究的深入，为我们欣赏、断代奠定了基础。就藏量较大的瓷碗来看，不论是丰满、端庄的官窑，还是天机勃发的民窑，都凝聚着制瓷匠人最淳朴的气息和审美，值得我们细细品味。

关键词： 明代青花　官窑瓷碗　民窑瓷器　云龙纹装饰笔法

一　明代官窑、民窑青花瓷的特点

瓷器是中国最伟大的发明创造之一，而青花瓷又是绚烂多姿的瓷海世界中最闪亮的一颗明珠。元代由于民族传统文化的影响，以及对伊斯兰文化的崇尚，导致推崇蓝色、白色，成为青花瓷走向主流的时代背景。明朝制瓷技术的提高，以及郑和下西洋所带来的文化交流，为明代青花瓷的发展注入了新的活力。

青花瓷器达到鼎盛的明朝有着官窑、民窑两条并行的发展轨道。严谨、精致的官窑，随意、洒脱的民窑各有千秋。官窑青花与民窑瓷青花最大的区别在青花的发色上。明代青花所用的青料分为进口回青料和国产石子青料两种[1]。匠人通过对比，熟悉了两种青料特征。嘉靖时期的官窑将色彩艳丽但是易发散的回青料与稳定性好但发色灰暗的国产青料搭配使用，使青花发色变得可控。此外，相比风格相近的民窑，官窑青花时代特征鲜明。例如，成化年间的清雅秀丽，嘉靖年间的热烈浓艳。纹饰上，明代青花瓷的主题纹饰中尤其以龙纹为特色，展现出气韵生动，活力无限的中华龙的图腾，成了当时官窑瓷器纹饰中不可撼动的主角。加之明代中晚期随着外销瓷器的大量扩展，对官窑青花瓷器的纹饰产生了刺激和促进作用，纹饰创新繁多。

在明代官窑青花瓷器发展的洪流中，民窑青花瓷器却保持着难得的纯粹和本真，别有一番情趣。对比官窑的气派恢宏，民窑瓷器简练的纹饰、流畅的笔法也让整个器物充满拙朴之美[2]。装饰技法上，民窑青花也将"分水"与"留白"的技法运用其中[3]。这样可以呈现出浓淡相宜深浅不同的立体效果，达到中国国画的水墨晕染，"虚室生白"的效果。民窑青花的纹饰有炫纹、福字、兔纹、海螺纹、卷草纹、云气纹、蕉叶纹、海草纹、几何纹等，寥寥几笔却趣味盎然。

二　明代青花瓷碗赏析

青花瓷碗作为一种极具烟火气息的饮食器具，上至帝王将相、下至黎民百姓，可谓是最实用、最常见的一种瓷器器型。作为原平原省博物馆的新乡市博物馆，收藏着所辖华北平原南部五十多县市的出土、传世文物。其中馆藏的明代民窑青花瓷碗线条飘逸，画面随性，无拘无束，古趣横溢，极具北方民窑特色。与之形成鲜明对比的官窑青花瓷碗则是撷取了以苏沪为代表的江南的馆藏。

青花碗，通高6.5、口径15.4、底径6厘米。为明代早期文物，敞口，腹部较为平直，圈足。内口沿饰装饰带，碗心所绘似海螺纹以及六朵变形的花卉纹，美观别致，较为少见。外壁被写意的装饰纹填充。圈足上二道弦纹。釉面呈卵青色，青花发色蓝中泛灰。釉面出现较为明显的开片。根据其砂底，粘砂情况判断其应是洪武时期的瓷器。明代初期进口青料很少见，官窑民窑都使用发色灰暗的国产料。这件瓷碗展示出了圆弧的线条较多，流畅，毫无滞碍，婉转流利是其特点。该瓷碗的主体纹饰还与青花月季纹[4]很像，即把花朵画成圈，叶子画成点状。通过这些涉笔成趣的纹饰和奥妙无穷的笔法，让我们感受到古趣横溢（图一）。

图一　青花碗（明洪武民窑，现藏于新乡市博物馆）

致推断其为永乐时期的民窑青花。由于永乐时期郑和下西洋带回的"苏泥麻青"十分珍贵，所以民窑青花中很难使用到[6]（图二）。

图二　青花碗（明永乐民窑，现藏于新乡市博物馆）

青花碗，通高7.5、口径17.2、底径7.1厘米。口沿有磕损，口至腹部裂纹，部分损腐。敞口，弧腹，圈足。内口沿一道弦纹，碗心青花双圈内饰月华纹，这种形似菊花花瓣，连绵不绝的纹饰也被称为"旋水纹"或"天象纹"，常见于宣德、景泰年间。外腹部主体纹饰为云气纹和海草纹，圈足上二道弦纹。用笔随意挥就，龙飞凤舞如书狂草有疾速感，线条粗细变化明显。云气纹为明早期尤其是洪武时期最常见的纹饰之一。洪武时期的云气纹构图随意草率，永乐宣德时期的云气纹较丰满，但画法均为流畅的一笔点画[5]。碗外壁施青釉，碗内与底部施白釉。釉面呈卵青色，青花发色蓝中泛灰。釉面出现较为明显的开片。青花呈灰青色，且有蓝黑色斑点。较为明显的是该碗有仿定窑的包口，芝麻酱口，加之胎土淘炼得精细，胎里的杂质较少，胎壁较薄，修胎工艺讲究，很少有粘砂现象，器底细腻光滑，可以大

青花碗，通高6.6、口径14.6、底径6.2厘米。旧藏、基本完整，口至腹部有裂纹。为明代中期文物，敞口，弧腹，圈足。圈足向内斜收，挖足已过肩。胎色米灰，釉面呈卵青色，青花发色青中带灰，应该是国产青料。内口沿饰二道弦纹，碗心青花双圈内饰月华纹。外壁用简练的笔墨绘制大朵云气纹，象征高升与事事如意。绘画将云朵和如意纹结合，饱满而动感。圈足上弦纹晕散。釉面出现较为明显的开片。此件瓷碗不同于大多数民窑的单线平涂，其纹饰绘制采用深浅两种颜色，笔划粗细结合，彰显了独特设计美感。装饰技法一笔勾画，执笔连贯、一气呵成；笔法简洁、风格古朴；用单纯的笔墨表现手法达到了丰富的艺术效果（图三）。

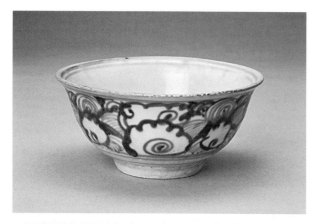

图三 青花碗（明中期民窑，现藏于新乡市博物馆）

图四 景德镇窑青花夔龙纹碗
（明成化官窑，现藏于上海博物馆）

青花夔龙纹碗，通高9、口径17.1、足径7.4厘米，重310克。撇口，鼓腹，腹部斜直，圈足。胎质细白坚密，透明釉细润，具有成化轻巧俊秀的造型特点。外腹部绘有四条"夔龙"，呈首尾相接的排列，口吐蕃莲，属于明清时期较多的"含花龙"[7]。夔纹造型清晰，有三爪双足、无鳞、卷草尾、龙身较短等特征。最早在明宣德年间瓷器上发展出各种夔龙，在成化时期成为典型图案。瓷器上的夔龙纹饰传承着汉以前青铜器，玉器上的夔龙纹饰。在画工的笔下将金石上抽象的夔龙纹更加具象地表达出来，飘逸洒脱。青花的发色清新淡雅，匀净自然是典型的成化后期采用的景德镇陂塘青的发色。碗底有带双方框的"大明成化年制"青花楷书款，加之构图设计精心，绘制严谨，属于官窑中的精品。这件瓷碗将成化至正德时期流行的钩线、染水法运用自如，以细而均匀的线条勾勒后填色，将夔龙绘制的立体、生动、惟妙惟肖（图四）。

青花云龙纹碗，通高14.4、口径32.5、底径15厘米。口沿处有磕损，口至腹部有裂纹，有多个早年间修补的铜钉。圈足缺块，部分损腐。敞口，弧腹，圈足。内口沿和圈足饰二道弦纹，碗心圆形炫纹中有两条首尾相连的龙纹。外壁上半部绘行龙纹，碗底部绘变形莲瓣纹，两朵莲瓣之间有一个较窄的方形装饰共同组成了环形的装饰带，别具一格。碗底"大明嘉靖年制"六字两行楷书款。绘画写意，釉面呈卵青色，青花发色蓝中泛灰。龙纹根据细节和姿态又可以分为多种，此件云龙纹青花瓷碗中的龙纹属于行龙，整体为横向绘制，在云纹中穿梭，极具动感。龙的躯体绘制为鱼鳞状，有五爪，龙嘴较为突出，形似象鼻。头方眼圆、龙爪无力是明代嘉靖时期龙纹的特色[8]，绘制比较粗糙，与明代中晚期国力衰退的背景有关。腹部三条龙和云纹组合在一起形成了疏密有秩、气势磅礴的云龙纹主题纹饰（图五）。

明代嘉靖时期除了有青料的混合使用外，瓷器生产也发生巨大变化，景德镇官窑开始施行"官搭民烧"制度[9]，由于民窑"钦限"器的烧造促进了制瓷技术进步，缩小了官窑器和民窑器之间的差别，嘉靖民窑精瓷已与官窑器十分接近。此外，嘉靖朝时间较长，所以早中晚期青花色泽并不一致。

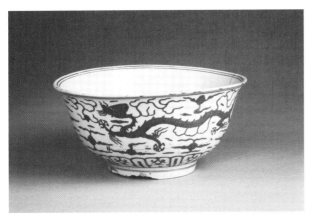

图五 青花云龙纹碗

（明嘉靖早期官搭民烧，现藏于新乡市博物馆）

这件青花云龙纹碗应是嘉靖早期"官搭民烧"的作品。

青花寿桃云龙纹碗，通高9.5、口径16.9、底径7.4厘米。胎体坚致厚重，敞口，深腹，圈足。通体施白釉，釉面肥润亮泽。青花发色艳丽，推测是回

青和石子青搭配使用的结果。口沿内外及圈足处绘二道青花弦纹一周，碗心青花双圈内绘五爪云龙纹。外壁以青花缠枝莲托寿桃纹作为主体装饰，寿桃之间是带圆圈的"寿"字。纹饰古朴雅致，绘画工整，气势粗犷飘逸。外底署"大明嘉靖年制"六字二行青花楷书款。在明清景德镇窑瓷器上，图案化、装饰性的"寿"字大量出现[10]。嘉靖和万历皇帝崇尚道教，祈求长生，生动形象的庆寿图像更为普遍，反映了人们热爱生活、珍爱生命、期盼长寿的追求。笔法上，小笔勾画、中笔描绘与侧笔平涂相结合。嘉靖官窑瓷器烧造以江西景德镇为中心，存量大，为我们提供了较为丰富的研究样本（图六）。

图六 青花寿桃云龙纹碗（明嘉靖官窑，现藏于苏州博物馆）

青花花鸟纹碗，通高6.1、口径12、底径4.2厘米。同样瓷碗有两件，这对青花碗是明嘉靖朝官窑青花器中的代表作。形作直口、弧形深腹、圈足微内敛、碗心微突。胎体厚薄均匀，胎质细腻。碗心绘折枝牡丹纹，器外壁以两组石榴花鸟纹为主题纹样。石榴果圆叶茂，枝上两只小鸟相依相偎，鸟首朝向同侧，活泼可爱。枝叶间蜂蝶飞舞，近圈足绘丛丛青草，整幅画面生机勃勃。碗底青花双圈内有"大明嘉靖年制"六字两行楷书款，六字结构较为紧凑，笔画较粗。"靖"字的偏旁"立"在其左上部分，符合当时的普遍特征[11]。釉面晶莹滋润，青花呈色浓艳深沉，微泛紫色，在白瓷胎映衬下给人以耳目一新的感觉。此件为嘉靖晚期青花瓷，回青料配以石青料产生了"青金蓝"的呈色效果（图七）。

青花八仙大碗，高8.4、口径17.4、足径6.4厘米。胎质洁白细腻，直口微侈，斜壁，圆弧腹，圈足内收，足内底心微凸。内壁绘缠枝灵芝花托"福如东海，寿比南山"八字，内心在双圈中画五趾团龙纹，器外壁绘八仙图。器底圈足内有青花"大明万历年制"六字二行双圈楷书款。八仙主题既是道教文化也是长寿的表达。由于受到宗教影响，明代瓷器纹饰有不同的风格和特点，呈现出包罗万象的面貌。特别是明代万历时期的道教和正德年间盛行的伊斯兰教，还有成化年间的佛教文化都在瓷器上有明显的体现[12]。在明代中晚期，尽管瓷碗使用者不尽相同，但是对于八仙一类的道教纹饰的情感寄托上基本一致[13]。从装饰技法上看，这件瓷碗具有典型的万历青花特征，表现为纹饰繁缛，线条无力，密不透风。青料采用回青，呈色蓝中闪紫。绘制技法采用双勾浅分水法，颜色有明显的深浅变化（图八）。

图八　青花八仙大碗（明万历官窑，现藏于苏州博物馆）

三　明代青花瓷碗的笔法意趣

通过明代青花瓷碗中窑口的民窑、官窑，地域上的南方、北方，时间上的明代初期、中期、晚期的对比来探究明代青花瓷碗的工艺，不仅可以反映出当时的生产条件、生活方式、社会政治环境、社会经济文化发展程度；还可以从中感受到当时人们的审美取向和匠人精神。

总体上看，官窑精美别致，民窑自由奔放，有各自独特的艺术价值和表现力。在青料使用上，官

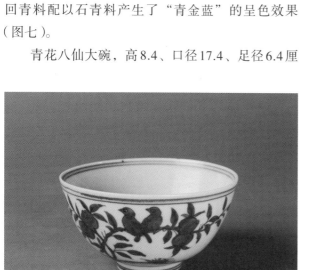

图七　青花花鸟纹碗（明嘉靖晚期官窑，现藏于吴文化博物馆）

窑有优质材料的使用权，比如苏麻离青，而民窑大多使用国产青料。在纹饰上，官窑比较严谨规范，而民窑更加简洁、流畅、生活化。其根本原因在于生产上面追求省工省料以及提高产量来满足普通老百姓日常使用所需。明代官窑青花瓷碗通过对胎釉配方、窑温等进行改进和控制，使器物更加精美。

以往大家对明代青花瓷的研究着重于官窑，对民窑青花很少涉及。究其原因，一方面是人们认为明代民窑青花大多制作粗陋，釉色、工艺、纹饰都简单无规律可循。另外一方面是大多没有年款，缺乏标准器，很难断代。那么，明代民窑青花瓷碗真的乏善可陈么？这些通过明代普通工匠神来之笔绘制的日用品，到底隐藏着怎样的时代风貌？

实则明代民窑青花瓷器也有很多地方可圈可点，其流畅、简洁的纹饰；其简练娴熟、豪放生动的笔法；其随意洒脱、自然天成、偶然成趣的意韵，都呈现出洒脱清淡之美。特别是在用笔方面，以少胜多、以简胜繁，每一落笔便是一片天地，极具书法意味。这与精细秀丽、规整严格的官窑器纹饰形成鲜明对比。虽然民窑青花瓷器显得难登大雅之堂，但它洒脱的形象、简单的构图、浓缩的笔法却更加贴合人心，人们能够感受到这份纯真宁静和自由。不事雕琢的民窑青花日益显示出强大的魅力。这些青花瓷碗过往所承载的一粥一饭似乎残有余温。穿越时光，回首看来，不论官窑、民窑，一方水土孕育下的三餐四季已然没有了等级之分，留给我们的也许是"人间烟火味，最抚凡人心"的慰藉。

注释：

［1］ 陆明华：《元明景德镇进口青花料研究》，《上海博物馆集刊》，上海书画出版社2008年，第250—264页。

［2］ 吴庆文、田德毅、詹伊梨、张弛衡：《景德镇明代民窑青花写意笔法简约风格探析》，《陶瓷学报》2020年第1期。

［3］ 何建华：《青花分水肌理在瓷画中的运用》，《陶瓷研究》2020年第4期。

［4］ 张为彬：《中国文化元素在陶瓷绘画中的运用》，《陶瓷研究》2019年第2期。

［5］ 朱单群、陈亚东：《浅议宋元明清时期的云气纹》，《上海艺术家》2009年第6期。

［6］ 霍华：《浅议青花瓷生产工艺》，《收藏家》2010年第12期。

［7］ 萱草园主人：《元明清官窑瓷器上的龙纹》，《收藏》2012年第1期。

［8］ 邱雪婷：《从景德镇龙纹瓷器看明代社会变迁》，《文化艺术研究》2013年第4期。

［9］ 刘毅：《论"官搭民烧"与明嘉靖民窑青花发展及艺术新风》，《中国陶瓷》2011年第12期。

［10］ 蓝旻虹：《明清景德镇窑寿文化纹饰的研究》，景德镇陶瓷学院，2011年。

［11］ 吕成龙：《明晚期官窑瓷器的年款》，《收藏家》1998年第2期。

［12］ 黄宁馨：《明清时期陶瓷装饰中八仙人物纹饰的比较研究》，景德镇陶瓷大学，2018年。

［13］ 吴峰：《明代嘉靖陶瓷器物上的道教纹饰图像符号研究》，景德镇陶瓷大学，2019年。

北宋进士谢景温仕宦稽考

陆青松（吴江博物馆）

内容摘要：本文通过《宋史·谢景温传》《续资治通鉴长编》《宋会要辑稿》等古籍和相关地方志的记载，对北宋进士谢景温的仕宦履历进行了校补和复原，梳理出谢景温相对完整的仕宦履历，并通过其履历揭示了北宋士人与党争之间的关系。

关键词：谢景温　仕宦　北宋党争

谢景温（1021—1098），字师直，谢绛次子，祖籍杭州富阳。其高祖谢崇礼"因官中吴军节度使推官"而定居苏州吴江，故《民国垂虹识小录》和《震泽县志续》将谢涛、谢绛、谢景温等祖孙三代纳入吴江人，然对"谢景温"的生平记载甚为简略，其他历代吴江地方县志也无"谢景温"生平履历之记载。《宋史·谢绛传》后有其子谢景温传记，为我们研究谢景温提供了文献依据。

然通过相关文献比对，《宋史·谢景温传》所记载的谢景温生平履历亦存在着讹误和遗漏之处。谢景温仕仁宗、英宗、神宗和哲宗四朝，历任知县、通判、知州、知府、转运使等地方官和侍御史、礼部侍郎、刑部尚书等京官。其中，在地方任职最为频繁，京官任职最短。在其仕宦生涯中，多次遭到弹劾和外贬。谢景温的这些仕宦和屡遭外贬、弹劾的经历，反映了北宋士人与北宋党争之间的关系，为我们研究北宋党争提供了典型案例。

本文将谢景温的仕宦履历分为仁宗英宗、神宗和哲宗三个时期，通过《续资治通鉴长编》（以下简称《长编》）以及《宋史·谢景温传》《宋会要辑稿》和其他相关地方志的比勘，以期得出谢景温相对完整和准确的履历，并对其履历所反映的北宋士人与党争之间的关系进行分析。

一　仁宗英宗时期（1022—1067）

谢景温在仁宗、英宗时期的履历，《宋史·谢景温传》载："中进士第，通判汝、莫二州，江东转运判官。兴宣城百丈圩，议者以为罪，降通判、知涟水军"[1]。

通过查考宋元时期的地方志文献，谢景温在皇祐元年（1049）进士及第之前，曾任华亭知县。《（绍熙）云间志》卷中《知县题名》："谢景温，庆历四年"[2]。"云间"，出自于《晋书·陆云传》。唐天宝十年（751），吴郡太守赵居贞奏割昆山、嘉兴、海盐3县地始置华亭县，后人以"云间"代指"华亭县"。北宋时期，华亭县隶属秀州。庆历四年，即公元1044年。谢景温曾于庆历四年知华亭县，庆历六年（1046）离任，由泉州同安县人宋宜接任华亭知县，"宋宜，庆历六年"[3]。

"降通判"一事，《宋会要辑稿》卷三千三百八十四载："（治平元年）十月二十八日，江东路转运判官、屯田员外郎谢景温降通州通判，坐修万春圩不当也。"[4]"万春圩"在芜湖县，北宋属太平州。《宋史·谢景温传》则记载"百丈圩"，在宣城县，北宋属宣州。"万春圩"抑或"百丈圩"，可以通过北宋张问撰写的《宋授中散大夫致仕上轻车都尉南阳县开国食邑八百户赐紫金鱼袋张公墓志铭》（以下简称《张颙墓志》）[5]进行查证。

《张颙墓志》："发运使杨佐奏：宣州有久废百丈圩，广袤与万春圩等，愿下本路修筑，诏许之。公时为转运使，与其佐谢景温实董其事，……圩成，公代去。江淮大水，州县启闭不以时，闸破圩决，谏官疏其事，有旨遣使按之。使至，迎谏官意，风民归罪于圩。民噪于田，曰：'圩之为利，愿与子孙保之；江涨失闭，州县过也，圩则何罪？今可亟完，何至废耶？'使竟以为非便，奏之。公坐是谪知峡州……"[6]《宋史·谢景温传》与《张颙墓志》的记载相符合，因此《宋会要辑稿》所载"万春圩"，当为"百丈圩"之误也。根据周生春先生的考证，《张颐墓志》中的"谏官"为吕诲，"使"为刘汝言[7]。民众受灾，乃州县在洪水来临启闭闸门不及时致使"百丈圩"决口所导致，而非兴修"百丈圩"所导致。刘汝言却迎合谏官吕诲之意，将民众受灾归罪于"百丈圩"的修筑，使张颐、谢景温获罪贬官。

通过相关文献比勘和梳理，谢景温在仁宗、英宗期间的任职履历应为：初仕华亭知县，进士及第后历任汝、莫二州通判，擢江东转运判官，因"修百丈圩不当"降通州通判，后知涟水军。

二　神宗时期（1067—1085）

神宗初年，谢景温知真州、提点江西刑狱，历京西转运使和淮南转运使。《宋史·谢景温传》："神宗初，知谏院邵亢直其前事，徙真州，提点江西刑狱。历京西、淮南转运使"[8]。"前事"，指谢景温因"修百丈圩不当"降通州通判一事。《长编》："淮南转运使、屯田郎中谢景温为工部郎中兼侍御史知杂事"[9]，宋朝职官制度实行差遣制度，"屯田郎中"为本官，"淮南转运使"为差遣官。

熙宁三年（1071）四月至熙宁四年（1071）正月，谢景温历任工部郎中兼侍御史知杂事、知审官西院和东院。《长编》："癸亥，工部郎中兼侍御史知襟事、知审官西院谢景温知东院"[10]。《宋史·谢景温传》亦载"乃骤擢为侍御史知杂事"[11]，但未载"知审官西院、东院"之职。其中，"侍御史"为本官，"知杂事"和"知审官西院、东院"为差遣官。

熙宁四年（1071）正月至熙宁八年（1075）五月，谢景温出京知邓州，寻权陕西都转运使，转知襄州，再改曹州、越州、澶州，擢永兴东路转运使。《长编》："乙未，工部郎中兼侍御史知杂事谢景温直史馆兼侍读。景温辞，乃罢侍读知邓州"[12]，《长编》："工部郎中、直史馆谢景温权陕西都转运使"[13]，知谢景温于熙宁四年正月出知邓州，三月改陕西都转运使，两事仅差三个月。《宋史·谢景温传》亦载"但改直史馆兼侍读。不敢拜，出知邓州。逾年，进陕西都转运使"[14]，然《宋史·谢景温传》所载之"逾年"，误也。"直史馆"为"职名"。"职名"无职事，仅为差遣时所带官衔，亦无品级。

《长编》："陕西都转运使、工部郎中、直史馆谢景温知襄州"[15]，《长编》又载："戊申，度支副使、兵部郎中楚建中为天章阁待制、陕西都转运使。王安石以谢景温害王韶事欲罢之。上问：'谁可代景温者？'王珪言：'建中可用。'……故有是命。寻命景温知襄州，又改曹州"[16]，知谢景温知襄州后，又改知曹州。

嘉泰《会稽志》卷二："谢景温，熙宁六年正月以工部郎中、直史馆知，七年三月除直龙图阁，移澶州"[17]，知熙宁六年正月至熙宁七年三月，谢景温任越州知州，后出任澶州知州。因此，《宋史》记载"改知邓、襄、澶三州"[18]，乃"襄、曹、越、澶四州"之误也。"龙图阁直学士"，职名，乃越州知州任上所加。《长编》："制置永兴、秦凤两路交子事赵瞻言：'乞令东路都转运使谢景温、西路转运判官刘定各兼制置交子事'"[19]，知谢景温熙宁八年（1075）二月前后，任永兴东路转运使。

熙宁八年（1075）五月至熙宁十年（1077），谢景温回京判将作监，并充任过辽主生辰使和高丽使。《长编》："工部郎中、直龙图阁谢景温为江、淮等路发运使。景温辞行，留判将作监"[20]，《长编》："丙申，工部郎中、直龙图阁、判将作监谢景温为辽主生辰使"[21]，《长编》："诏差近上内臣一员管勾同文馆，遇高丽入贡，依都亭西驿例排办。从馆伴高丽使谢景温等请也"[22]。

熙宁十年（1077）至元丰五年（1082），谢景温知潭州兼荆湖南路安抚使。《长编》："辛卯，上谓新知潭州谢景温曰：'已令张山甫于潭州团练五千人，且须招填足之。……'"[23]"荆湖南路安抚使"，简称"湖南安抚使"。《宋史》卷八八《地理四》："潭州，上，长沙郡，武安军节度。乾德元年，平湖南，降为防御。端拱元年，复为军。旧领荆湖南路安抚使。大观元年，升为帅府"[24]，元丰四年，谢景温由太中大夫进通议大夫。《长编》："乙巳，太中大夫知潭州谢景温为通议大夫"[25]，因此谢景温未担任过《宋史·谢景温传》所记载的"右谏议大夫"一职。

"右谏议大夫"，应为"太中大夫"之误也。

元丰五年（1082）四月，谢景温入京任户部侍郎，寻改礼部侍郎。《长编》："通议大夫知潭州谢景温，太中大夫、知制诰、知应天府李定，并守户部侍郎"[26]，《长编》："改新守户部侍郎谢景温守礼部侍郎"[27]。

元丰五年（1082）十一月，谢景温以礼部侍郎知洪州。"复出知洪州、应天府、瀛州"[28]，《长编》："礼部侍郎谢景温以本官知洪州"，因"景温奏疏陈边事，所言多上与执政密议，外人无知者。尚书左丞王安礼，景温妹婿也。上疑安礼泄之，恶景温交结迎合，故令出守"[29]。应天府，唐代时为宋州。景德三年（1006），升为应天府。据李之亮考证，谢景温知应天府的时间为1084—1085年[30]，知瀛洲的时间为1085—1086年[31]。知瀛洲期间，谢景温进正议大夫。

根据宋代地方志和《续资治通鉴长编》等相关文献比勘，谢景温在神宗时期的履历为：知真州、提点江西刑狱、权京西转运使，屯田郎中淮南转运使，工部郎中兼侍御史知杂事，知审官西院，改东院、直史馆，出知邓州，转陕西都转运使，改襄州、曹州、越州，除龙图阁直学士，移知潭州，擢永兴东路转运使，判将作监、辽主生辰使、高丽使，进太中大夫，知潭州，领荆湖南路安抚使，进通议大夫，守户部侍郎、改守礼部侍郎，以礼部侍郎知洪州、应天府、瀛洲，进正议大夫。

三　哲宗时期（1086—1098）

元祐元年（1086）二月，谢景温进宝文阁直学士、太原府知府，仅二十天后改知开封府。《长编》："正议大夫、知瀛州谢景温为宝文阁直学士，知太原府。景温寻召入知开封府"[32]，《长编》："宝文阁直学士谢景温权知开封府"[33]，《宋史·谢景温传》亦载："元祐初，进宝文阁直学士、知开封府"[34]。又十个月后，谢景温遭御史弹劾，罢为蔡州知州。《长编》："宝文阁直学士、权知开封府谢景温知蔡州，坐为御史所劾也"[35]。"宝文阁直学士"，职名。

此后，谢景温历任颖昌府知府，知成都府未赴，寻改任扬州知州。《长编》："宝文阁直学士、知蔡州谢景温知颖昌府"[36]，《长编》："宝文阁直学士、知颖昌府谢景温知成都府"[37]，《长编》："己酉，资政殿学士、知扬州王安礼知成都府，宝文阁直学士、新差知成都府谢景温知扬州"[38]。

元祐三年（1088）十二月，谢景温入京任刑部尚书。《长编》："宝文阁直学士、知扬州谢景温为权刑部尚书"[39]。三个月后，谢景温再次贬官，出任郓州知州。《长编》："二月壬寅朔，宝文阁直学士、新除刑部尚书谢景温知郓州"[40]，《宋史·谢景温传》亦载："三年初，置权六曹尚书，以为刑部。刘安世复论之，改知郓州，再历永兴军"[41]。

知郓州后，谢景温再知郑州、真定府、扬州、寿州、邓州，知永兴军，官终孟州知州。《长编》卷四百四十三："宝文阁直学士、知郑州谢景温知真定府"[42]，《长编》："宝文阁直学士、知成德军谢景温知扬州"[43]（按："成德军"，"真定府"的旧称。），《长编》："宝文阁直学士、知扬州谢景温知寿州"[44]，《长编》："宝文阁直学士、知寿州谢景温知邓州"[45]，《长编》："知永兴军、宝文阁直学士谢景温知河阳"[46]，《长编》："宝文阁直学士、知河南府谢景温请老，迁一官致仕，未受命卒"[47]。（按："河南府"，"河阳府"之误也。李昌宪先生据《宋本历代地理指掌图》之《圣朝升改废职州郡图》考证，"河阳府"由"孟州"改，时间在1119年，宋徽宗宣和元年前后[48]。今从李说，"河阳府"此时为"孟州"。）

通过梳理，谢景温在哲宗时期的履历为：宝文阁直学士，知太原府、开封二府，贬蔡州知州，再知颖昌府、成都府二府，扬州知州，权刑部尚书，郓州、郑州知州，知真定府，扬州、寿州、邓州三州知州，知永兴军，官至孟州知州。

结　语

通过文献校勘，可将谢景温的仕宦履历复原如下：初仕华亭知县，皇佑元年进士及第后，历任汝、莫二州通判，擢江东转运判官，因"修百丈圩不当"降通州通判，后知涟水军。神宗初年，知真州、提点江西刑狱、权京西转运使，屯田郎中淮南转运使，工部郎中兼侍御史知杂事，知审官西院，改东院，直史馆，出知邓州，寻转陕西都转运使，改知襄州、曹州、越州，除龙图阁直学士，移知澶州，擢永兴东路转运使，判将作监，充辽主生辰使、高丽使，进太中大夫，知潭州兼荆湖南路安抚使，进通议大夫，守户部侍郎、改守礼部侍郎，以礼部侍郎知洪州，后知应天府、瀛洲，进正议大夫。哲宗即位后，进宝文阁直学士，知太原府、开封二府，贬蔡州知州，再知颍昌府、成都府二府，扬州知州，权刑部尚书，降郓州、郑州知州，真定府知府，扬州、寿州、邓州三州知州，知永兴军，官至孟州知州。

从北宋仁宗朝开始，围绕着"祖宗之法"和革新，北宋统治阶级内部分化出两大阵营——改革派（新党）和保守派（旧党），两党势力此消彼长，一直延续到北宋末年，深刻地影响了北宋中后期的政治格局。尤其神宗、哲宗期间，两大派别斗争最为激烈。谢景温在神宗、哲宗朝的仕宦履历，打上了北宋党争的烙印：

神宗初年，谢景温为王安石所擢，成为御史。时值王安石变法，遭到当时许多士大夫反对。为感谢王安石的"提拔之恩"，谢景温弹劾反对变法的苏轼回乡路上贩卖私盐，后经御史台查验，并无实据。虽无实据，但得到了王安石的垂青，并欲以"御史中丞"除之[49]。然因谢景温反对王安石提拔王广渊、贾青、薛向等变法派人物，逐渐失去了王安石的信任，并导致其外放。后在陕西转运使任上，又因反对新法中的某些举措，被上司扣以"不奉司农约束"和"黜法不职"[50]的罪名。谢景温从此被排除在变法派之外，"刺史刘述、刘琦、钱顗、孙昌龄、王子韶、程颢、张戬、陈襄、陈荐、谢景温、杨绘、刘挚，谏官范纯仁、李常、孙觉、胡宗愈皆不得其言，相继去"[51]。谢景温先降襄州知州，后在曹州、越州、澶州、潭州多地任职。

在潭州任上，适值章惇征讨五溪，谢景温"取徽、诚"[52]，受到变法派人物章惇的赏识。此即《宋史·谢景温传》所载"章惇开五溪，景温协力拓筑"[53]之事，为后来入朝做了铺垫。及元丰五年，章惇入京任职，谢景温亦入京师，先任户部侍郎，寻改礼部侍郎。后因奏疏内容受到宋神宗猜疑，谢景温再次外放知州。

哲宗亲政之后，重启变法。谢景温虽再次得到重用，擢升"刑部尚书"，遭到旧党代表人物刘安世的弹劾。刘安世收罗谢景温在侍御史任上诬陷苏轼和任职地方时的不法行径，并诋毁其在潭州的政绩，又以设"刑部尚书"与"祖宗之法"不合为由，上疏《论谢景温除刑部尚书不当》[54]，反对其擢升。最终导致三个月后，谢景温再次外贬。

谢景温由扬州知州改知寿州，亦为党争的产物。"再知扬州，通判王巩与宰相刘挚姻家，朋附苏辙等为奸邪，还朝除知宿州，人言在扬尝赃滥，罢之。巩自诉，得密州，复以人言而罢。景温荐其有政事材，因明其在扬无罪，坐是谪知寿州"[55]。

哲宗亲政后，新党代表人物章惇为相，"景温言元祐大臣改先帝之政，并西夏人偃蹇终未顺命，宜罢分画，以马迹所至为境"，受到章惇赏识，"徙知河阳，卒，年七十七"[56]。

因其与新、旧两党人物之间的关系和对变法的态度，使谢景温在神宗、哲宗两朝处于党争的漩涡之中，是导致其任职频繁的主要原因。

注释：

［1］〔元〕脱脱等：《宋史》，中华书局1985年，第9847页。

［2］〔宋〕杨潜：《（绍熙）云间志》，续修四库全书第687册，上海古籍出版社2002年，第39页。

［3］〔宋〕杨潜：《（绍熙）云间志》，第39页。

［4］〔清〕徐松：《宋会要辑稿》之《职官六十五》，中华书局1957年，第3858页。

［5］ 墓志铭拓片见熊传新：《湖南常德北宋张颙墓》，《考古》1981年第3期；墓志铭文载于曾枣庄、刘琳主编：《全宋文》第48册，上海辞书出版社、安徽教育出版社2006年，第8—12页。

［6］ 曾枣庄、刘琳主编：《全宋文》第48册，第9—10页。

［7］ 周生春：《论百丈圩的兴废》，《浙江大学学报》1992年第1期。

［8］ 〔元〕脱脱等：《宋史》，中华书局1985年，第9847页。

［9］ 〔宋〕李焘撰：《续资治通鉴长编》（以下注释简称李焘：《长编》）卷二百一十"熙宁三年庚戌夏四月辛巳"，中华书局2004年，第5104页。

［10］ 李焘：《长编》卷二百一十六"熙宁三年庚戌冬十月"，第5252页。

［11］ 〔元〕脱脱等：《宋史》，第9847页。

［12］ 李焘：《长编》卷二百十九"熙宁四年辛亥春正月"，第5321页。

［13］ 李焘：《长编》卷二百二十一"熙宁四年辛亥三月庚戌"，第5393页。

［14］ 〔元〕脱脱等：《宋史》，第9848页。

［15］ 李焘：《长编》卷二百三十"熙宁五年壬子二月辛亥朔"，第5585页。

［16］ 李焘：《长编》卷二百二十九"熙宁五年壬子春正月"，第5581页。

［17］ 〔宋〕施宿：《会稽志》，景印文渊阁四库全书第486册，台北成文有限责任公司1975年，第49页。

［18］ 〔元〕脱脱等：《宋史》，第9848页。

［19］ 李焘：《长编》卷二百六十"熙宁八年乙卯二月辛卯"，第6348页。

［20］ 李焘：《长编》卷二百六十四"熙宁八年乙卯五月戊寅"，第6475页。

［21］ 李焘：《长编》卷二百六十七"熙宁八年乙卯八月"，第6545页。

［22］ 李焘：《长编》卷二百八十"熙宁十年丁酉春正月丁酉"，第6865页。

［23］ 李焘：《长编》卷二百八十四"熙宁十年丁巳八月"，第6953页。

［24］ 〔元〕脱脱等：《宋史》，第2198—2199页。

［25］ 李焘：《长编》卷三百一十二"元丰四年辛酉五月"，第7576页。

［26］ 李焘：《长编》卷三百二十五"元丰五年壬戌夏四月甲戌"，第7825页。

［27］ 李焘：《长编》卷三百二十五"元丰五年壬戌夏四月乙亥"，第7827页。

［28］ 〔元〕脱脱等：《宋史》，第9948页。

［29］ 李焘：《长编》卷三百三十一"元丰五年壬戌十一月己丑"，第7972—7973页。

［30］ 李之亮：《北宋京师及东西路大郡郡守考》，巴蜀书社2003年，第331页。

［31］ 李之亮：《宋河北河东大郡守臣易替考》，巴蜀书社2003年，第94页。

［32］ 李焘：《长编》卷三百六十八"元祐元年丙寅闰二月庚寅"，第8855页。

［33］ 李焘：《长编》卷三百六十九"元祐元年丙寅闰二月庚戌"，第8911页。

［34］ 〔元〕脱脱等：《宋史》，第9848页。

［35］ 李焘：《长编》卷三百九十三"元祐元年丙寅十二月庚寅"，第9552页。

［36］ 李焘：《长编》卷四百〇一"元祐二年丁卯五月戊辰"，第9766页。

［37］ 李焘：《长编》卷四百〇一"元祐二年丁卯五月乙亥"，第9770页。

［38］ 李焘：《长编》卷四百〇二"元祐二年丁卯六月"，第9794页。

［39］ 李焘：《长编》卷四百一十九"元祐三年戊辰闰十二月丁卯"，第10159页。

［40］ 李焘:《长编》卷四百二十二"元祐四年己巳",第10209页。

［41］〔元〕脱脱等:《宋史》,第9848页。

［42］ 李焘:《长编》卷四百四十三"元祐五年庚午六月己未",第10675页。

［43］ 李焘:《长编》卷四百六十五"元祐六年辛未闰八月壬申",第11111页。

［44］ 李焘:《长编》卷四百六十八"元祐六年辛未十一月壬辰",第11170页。

［45］ 李焘:《长编》卷四百七十四"元祐七年壬申六月庚午",第11307页。

［46］ 李焘:《长编》卷四百八十七"绍圣四年丁丑五月辛酉",第11568页。

［47］ 李焘:《长编》卷四百九十"绍圣四年丁丑八月丁酉",第11638页。

［48］ 李昌宪:《中国行政区划通史》(宋西夏卷),复旦大学出版社2007年,第315页。

［49］ 李焘:《长编》卷二百三十"熙宁五年二月辛亥朔"条引林希《野史》,见《长编》第5585页。

［50］ 事见李焘:《长编》卷二百三十"熙宁五年壬子二月辛亥朔",第5586页。

［51］〔元〕脱脱等:《宋史》,第10546页。

［52］〔元〕脱脱等:《宋史》,第2095页。

［53］〔元〕脱脱等:《宋史》,第9848页。

［54］ 刘安世:《尽言集》卷七《论谢景温除刑部尚书不当》,景印文渊阁四库全书第427册,台北成文有限责任公司1975年,第250—255页。

［55］ 李焘:《长编》卷四百六十八"元祐六年辛未十一月壬辰",第11170页。

［56］〔元〕脱脱等:《宋史》,第9848页。

吴大澂致顾潞信札考释

——兼说怡园画社

李文君（故宫博物院故宫学研究所）

内容摘要：故宫博物院藏有吴大澂致顾潞信札4通，此前从未对外发布。从时间上看，信札主要作于光绪十七年至二十二年（1891—1896）；从内容上看，主要涉及苏州传统画家群体的活动，高级官员与普通文人的交游等；从文献价值上看，对补充《吴愙斋年谱》《潘钟瑞日记》等，都有一定的意义。

关键词：顾潞　吴大澂　潘钟瑞　吴昌硕　怡园画社

故宫博物院藏有吴大澂致顾潞信札4通，系20世纪50年代从国家文物局划拨入藏，此前从未对外刊布，不为学界所知。现以书写年代为序，将其整理发布，并作简单考释，以惠学林。

一　寄信人与收信人

寄信人吴大澂（1835—1902），江苏吴县（今苏州）人，字清卿，号愙斋，又号白云山樵。同治七年（1868）进士，历任翰林院编修，陕甘学政，河南河北道，吉林三边帮办大臣，广东巡抚，河东河道总督，湖南巡抚等职。吴大澂毕生留心古物的搜集与研究，精篆籀，善绘画，撰有金石学与古文字学著作多种，是晚清著名的金石学家。

收信人顾潞，一名恩潞，字子衡，一作子素，号茶邨（村），江苏元和（今苏州）人，家住醋库巷[1]。关于顾潞的生年，在其好友潘钟瑞的日记中有详细的记载。光绪十一年（1885）七月初二日，潘钟瑞等人"为茶村预祝五十寿，盖先期一月也"[2]。同年八月初二日，潘钟瑞"至醋库巷拜茶村五十寿"[3]。古人以虚岁记年龄，从1885年上推50年，则可知顾潞生于道光十六年（1836）八月初二日。对顾潞的卒年，目前未见文献材料的直接记载，但顾潞在其所绘的《草堂品茗》扇面的款识中说："丁未花朝，为铭之大兄大人雅嘱并正，顾潞年七十有三。"[4]丁

未为光绪三十三（1907），花朝在二月，则顾潞至少应卒于光绪三十三年二月之后。

对顾潞家世，文献记载较少。顾氏为苏州大族，人口众多，声望卓著。相较而言，顾潞一支，并不显赫。目前所知，顾潞与吴大澂乡试同年顾肇熙（缉庭）为本家，按辈分论，顾潞为顾肇熙叔祖[5]。《吴县志》记载："顾潞，号茶村，沄（顾沄）族昆季，善山水花果。"[6]则顾潞与画家顾沄亦为本族兄弟。顾潞能诗擅绘，但科名不顺，没能在举业上更进一步。除跟随吴大澂赴湖南长沙任幕员外，顾潞一生，主要在以苏州为中心的江南地区活动。顾潞的绘画，以山水花果最为精彩，绘有《白莲子扇》《柳营图》等作品[7]。故宫博物院收藏有顾潞应吴昌硕之请，临摹任伯年的《杨岘像》一幅，很能代表其绘画风格（图一）。

吴大澂与顾潞，关系算不上密切。虽然均是苏州人，年龄相近，都喜好绘画，但一个高中进士，官至封疆大吏，一个科场不第，寂寂无名，悬殊的身份，限制了二人的交往。目前所见，二人的密切往来主要有两个阶段，一是吴大澂在籍守制与罢职回乡期间，二人一起参加怡园雅集等书画活动；如光绪十六年（1890）五月十三日，吴大澂为母守丧期间，顾潞与潘钟瑞"至南仓桥吴家，以扇面求愙斋书画，已他出，留下即行"[8]。又如光绪二十二年（1896）正月十一日，刚刚开缺回乡的吴大澂约顾潞（茶邨）、顾肇熙（缉庭）、徐熙（翰卿）、王同愈（胜之）等赴邓尉山探梅[9]。二是光绪十八年至二十一年（1892—1895），顾潞作为吴大澂的幕员，随任于湖南巡抚的幕府。如庚子（1900）三月上旬，顾潞在题《洞庭秋月》扇面款识云："余于光绪甲乙间（1894—1895）往来湘中，颇有此景，追

图一　顾潞临任伯年杨岘像轴（故宫博物院藏）

忆旧游，不禁惘然。"[10]光绪二十一年四月，吴大澂夫人陆氏病故于长沙，其灵柩由侄子吴本善与顾潞从长沙送回苏州[11]。目前所见，对顾潞记载最为详细的是其好友潘钟瑞的日记，潘钟瑞去世于光绪十六年（1890），对此后顾潞的情况，缺乏相应的文献材料。吴大澂这4通信札作于光绪十七年至二十二年（1891—1896），正好可以弥补《潘钟瑞日记》记载的不足。对顾潞其人，目前学界还没有专文进行研究，本文拟通过对信札的考释，对顾潞生平及其艺术创作进行简单梳理，不妥之处，尚祈方家教正。

二　信札考释

（一）

> 朱苹华公祖现委代理琴川，拟为令郎荐一书启，乞交名条一纸，当托广庵转荐也。茶邨表兄大人，弟制大澂顿首。新正十一日（图二）。

此札于光绪十七年（1891）正月十一日作于苏州，主要是为顾潞之子顾森卿推荐文书差事。吴氏生于道光十五年（1835）五月十一日，顾潞生于道光十六年（1836）八月初二日，吴氏年长一岁，但在信中，以兄尊称顾潞，以弟自称，至于吴氏与顾潞的表亲关系，还有待进一步考察。因吴氏在为母守丧期

图二　吴大澂致顾潞信札一（故宫博物院藏）

内，故自称中用"制"字。当时，吴大澂丁忧在籍，顾潞亦在苏州。琴川，常熟县的别称。朱苹华，指朱镜清，字至堂，号苹华，浙江归安（今湖州）人，光绪二年（1876）进士，光绪十七年（1891）代理常熟知县[12]。广庵，指吴承潞，收藏家吴云次子，吴大澂的结义兄弟。吴云曾任苏州知府，是吴大澂外祖父韩崇的故交，太平军占领苏州期间，吴大澂曾随吴云至上海，从事文字笔墨工作；回到苏州后，因同好金石，两家关系非常亲近。吴承潞任苏松太道期间，吴大澂曾把侄子吴本齐推荐给他，吴承潞安排吴本齐帮办洋务，月支薪水银五十两。吴承潞卸任后，又将吴本齐转荐给继任道台蔡钧，让其继续在上海任职[13]。朱镜清妻为吴云第十女，吴承潞胞妹[14]。因朱镜清代理常熟知县，吴大澂托其妻兄，也就是自己的义弟吴承潞，为顾潞之子顾森卿在常熟谋一文书职位。顾森卿，一作森玉，生于同治八年（1869）七月十七日[15]，光绪十三年（1887）考中文童[16]，同年十二月初三日完婚[17]。顾森卿此时刚23岁，正是从事文书抄写，积累从政经验的适合年龄，受顾潞之托，吴大澂给予举荐。甲午战争时，吴大澂督师辽南，顾森卿曾在其幕府任职[18]。

（二）

> 茶邨老表兄侍史：别后傍晚登舟，两日船窗，酷暑闷人。幸弟精神尚好，昨为心兰书两联两扇，今日又写少詹大屏条四幅。《卷阿》之诗，甚吉利，而字数恰好，尚不恶也。手渖敬颂暑祺，弟制大澂顿首。七月八日。
>
> 外篆屏四幅，绢联一副，乞转寄常熟（图三）。

此信作于光绪十七年（1891）七月八日，主要是吴氏托顾潞将自己的书法作品转寄到常熟。当时，吴大澂在从苏州赴南京的船上，顾潞在苏州。侍史，本为掌管文书的人员，此处是对没有出仕的读书人的尊称。当时，吴大澂乘船送侄子吴本齐、吴本善赴南京应乡试，顺道至九江，与顾沄同游庐山。在船上，吴氏兴致很浓，挥毫泼墨，偿还友人

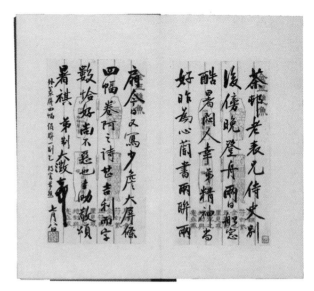

图三　吴大澂致顾潞信札二（故宫博物院藏）

的笔墨债。心兰，指画家金溎；少詹，指任詹事府少詹事者，其人待考。《卷阿》，《诗经》篇名，是召公劝勉周成王礼贤下士的名篇，全诗10章，共216字，吴氏将其写成大条屏四幅，无论是内容，还是字数，均非常适合。吴氏擅长篆书，给潘祖荫、江标等人写信，有时全用篆书[19]。他用篆书书写的《论语》与《孝经》，得到广泛认可，流传很广，甚至引起了久居宫禁的光绪帝的关注[20]。因此，吴氏所到之处，向其求书者众多，吴氏颇有应接不暇之势[21]。

据《吴愙斋年谱》记载，光绪十七年（1891）五月下旬至六月二十八日，吴大澂曾赴常熟，拜访曾之撰（号君表，曾朴之父），在曾氏虚廓园中消暑。六月廿九日才返回苏州[22]。吴氏托顾潞转寄常熟之篆屏与对联，很可能就是寄给曾之撰的。顾潞对常熟非常熟悉，在常熟有姚福堃（芝生）、赵宗建（次公）等友人，且经常赴常熟游览，如光绪十四年（1888）与光绪十六年（1890）四月，顾潞就与潘钟瑞等人从苏州赴常熟游览[23]。

（三）

> 嘱书扇面，已带入场，拟作紫薇一小枝，旁书七律一首，较有别趣。乞代购画绢六尺，交士虎附入公事箱内，明日点名后，可送入闱也。即

颂茶邨表兄大人秋祺，弟大澂顿首。初十日。

题系"子曰：敬事而信"两章。"人力所通""《春秋》，天子之事也"三句。诗题："岣嵝山尖神禹碑"（图四）。

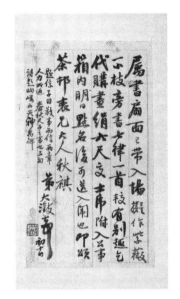

图四 吴大澂致顾潞信札三（故宫博物院藏）

此信作于光绪十九年（1893）八月初十日，主要是吴氏托顾潞捎画绢到乡试考场内。当时，吴大澂任湖南巡抚，顾潞在吴氏幕府中。本年八月初六日，癸巳恩科湖南乡试如期举行，巡抚吴大澂循例入闱，监临试事[24]，直到八月二十四日才出闱[25]。在八月初六日入闱当天致其兄吴大根的信中，吴大澂说："今日午刻入闱场中，事虽繁琐，皆有专司之员，不过提纲挈领而已。惟三场点名，均须起早，亦有帮点之候补道二员，尚可随时休息也。"[26]进入考场后，与外界暂时隔离，公务不多，俗事不扰，反而有时间经营爱好。在八月初十日致陆恢的信中，吴大澂说："初六日入闱无事，偶作紫薇花横卷，题七律一首。画不甚惬，拟再以绢本重作一幅。日内竟无暇晷，须过中秋方得稍闲也。并乞大笔亦作绢幅，他日合装一卷。"[27]托顾潞送画绢入闱内，吴氏就是要再绘一幅紫薇花图。吴氏在图上题七律一首，题为《对庭花写照》，收入《愙斋诗存》，诗前小序说："癸巳（1893）八月六日，入闱监临试事。

庭事前有紫薇一本，花开极盛，道光乙未年（1835）吴荷屋中丞荣光所手植，屈指六十年矣。翌日晨起，对花写照，题诗一律，兼呈黄、秦两主试。"[28]原湖南巡抚，金石学者吴荣光在长沙贡院手植之紫薇，引发出同样喜好金石的吴大澂的画意诗情，为两位湖南乡试考官黄绍第、秦绶章作画写诗。

士虎指曾炳章，字辛庵，号士虎，江苏常熟人，副贡出身，此时在吴大澂幕府中[29]。后又跟随吴氏出关，赴辽南作战[30]。宣统年间至民国初年，曾炳章曾任河南新安县知县，后调任洛阳[31]。

在信札末尾，吴氏向场外的顾潞介绍了乡试考题：出自《论语》的"子曰：敬事而信"，出自《中庸》的"人力所通"，出自《孟子》的"《春秋》，天子之事也"，出自韩愈诗作的《岣嵝山》。在当时，读书人视举业为入仕的不二途径，官员能有机会主持科考，也是无上荣光之事，吴氏向顾潞提及考题，既回应了场外人的关切，也不无自矜之意。

（四）

茶邨表兄大人手启：病起口占和次公韵："一缄书至一诗来，小病新痊百念灰。象笋初肥蚕豆熟，老夫笑口为谁开。"近作录呈茶村表兄指正，白云山樵（图五）。

图五 吴大澂致顾潞信札四（故宫博物院藏）

此札作于光绪二十二年（1896）初夏，主要是吴氏抄录自己的诗作，请顾潞欣赏。当时，吴大澂与顾潞均在苏州。因已归隐，所以吴氏自号"白云山樵"。次公指赵宗建，一作次侯，常熟人，著名藏书家，在常熟城北宝慈里筑旧山楼藏书，是翁同龢的好友。吴大澂与常熟人曾之撰关系密切，几次应邀到常熟，登虞山，观长江大海，在曾氏的虚廓园中消暑。后经曾氏引荐，与赵宗建也熟悉起来。光绪十六年（1890）八月，吴大澂与赵宗建、徐熙（翰卿）三人，曾一同游览宜兴的张公洞、善权洞[32]。光绪二十一年（1895）吴大澂从长沙回到苏州后，为排遣开缺后的烦闷，于十一月二十日"放棹琴川"，去常熟散心。在常熟期间，吴氏住在曾之撰的虚廓园中，与赵宗建等人往来不断[33]。

此诗见于《愙斋诗存》，题为《赵次侯书来，见和原韵，再叠前韵答之》[34]。前一年十一月，吴氏卸任湖南巡抚，回到苏州。开春后大病一场，初夏时节，刚刚好转[35]。与此诗同时，吴大澂还有两首诗寄赠曾之撰（君表），三首诗声韵相同。第一首为《病起寄赠君表同年》："一春无事病魔来，顾念时艰百事灰。花市匆匆三月尽，牡丹已谢紫荆开。"第二首为《君表书来，惠寄象笋，叠前韵》："迢迢双鲤尺书来，道我忧时志未灰。终日药炉相对久，饱餐新笋笑颜开。"[36]

三 吴大澂、顾潞与怡园画社

吴大澂曾仿吴梅村的《画中九友歌》，作《画中七友歌》七古，描述了顾沄（若波）、许铺（子振）、顾潞（茶村）、陆恢（廉夫）、金溎（心兰）、倪宝田（墨耕）、顾麟士（鹤逸）七人，其中，描绘顾潞的诗句云："茶村古道犹热肠，家有玉山旧草堂。挥毫尺幅酒十觞，我醉欲眠须眉苍。"[37]在诗中，吴大澂用元代文学家顾瑛的玉山草堂来喻顾潞的才华。吴大澂笔下的画中七友，均是光绪后期活动在苏州地区的知名绘者。这些人以怡园为活动场所，不定期进行雅集，有学者称其为怡园画社[38]。怡园画社最早出现于光绪十七年（1891），当时，由丁忧在籍的吴大澂牵头，选择顾麟士的怡园为雅集场所，开

始活动。画社成员，除画中七友外，还有吴昌硕、王同愈、翁绶祺等人。吴大澂在给好友顾肇熙的信中说："愙斋近日与画友六七人结社于怡园，廿五日第一集，笔歌墨舞，逸兴遄飞。画品以陆廉夫为最，超出刘彦冲之上，倪墨耕次之。似此清兴，直可上追衡山（文徵明）、雅宜（王宠）、老复（陈淳）诸公。六月初二日为第二集，园主人（顾麟士）欲绘《怡园集册》，当有可观。"[39]光绪十八年（1892）五月，吴大澂守制期满，从上海乘海轮北上京城，临行之前，作《壬辰北上留别》组诗，其中的第六首云："申江饯别酒盈樽，犹展新图细讨论（廉夫在沪寓，为余临吴墨井[吴历]巨幛）。翰墨交游情缱绻，诗人不见顾茶邨（心兰、墨耕、仓硕、秋农[吴毂祥]、翰卿[徐熙]同集申江寓所，惟茶邨以移居未来）。"[40]除顾潞之外，画社诸人多到沪上为吴氏饯行。吴氏进京面圣之后，授湖南巡抚，陆恢、顾潞等人，又先后赴长沙，进入吴氏幕府。光绪二十一年（1895）十月，吴氏罢职回乡，顾潞等亦返回苏州。光绪二十一年（1895）十二月十九日，吴大澂"设宴祝东坡诞，集画友分图东坡事迹"[41]。怡园主人顾麟士在画册题识中也说："丙申、丁酉（1896—1897）间，愙斋世丈结画社于怡园，同人每有摹古之作相酬赠。"[42]光绪二十四年（1898）正月，吴大澂离开苏州，赴上海龙门书院就任山长，后来又体弱多病，遂逐渐退出怡园画社的活动。

相较吴大澂，因个人身份及作品风格的差异，顾潞参与怡园雅集的情况并不多。在画社诸人中，顾潞与吴昌硕的关系最为密切。光绪十年（1884）二月初五日，顾潞、吴昌硕、沈翰（号藻卿，沈钧儒之父）三人，还结为异姓兄弟[43]。吴昌硕在苏州居住期间，顾潞对其给予了多方关照[44]。吴昌硕曾作《怀人》组诗，怀念顾潞的一首云："满眼沧洲壁上观，闭门风雨发长叹。鞠花看罢寻梅去，草木邨人耐岁寒。"[45]其次是金溎与陆恢，从《潘钟瑞日记》中，时常可见他们一起活动的记载。光绪二十八年（1902），吴大澂去世，随后，吴昌硕与陆恢移居上海，成为海上画派的名家；顾潞与金溎年

老多病，以儒雅文人画为主的怡园雅集，也随之式微了。

总之，吴大澂致顾潞的4通信札，对研究文献记载相对较少的画人顾潞，对研究高级官员与普通文人的交游，对研究苏州传统画家群体的活动，均有一定的价值，值得我们深入研究。

注释：

［1］〔清〕潘钟瑞：《潘钟瑞日记》，尧育飞整理，凤凰出版社2019年，第469页。

［2］〔清〕潘钟瑞：《潘钟瑞日记》，第279页。

［3］〔清〕潘钟瑞：《潘钟瑞日记》，第286页。

［4］雅昌艺术网：https://auction.artron.net/paimai-art5039750157/，访问时间：2021年10月1日。

［5］故宫博物院藏"顾肇熙致茶村札"，文物号：新00151956-4/61。

［6］曹允源、李根源：《民国吴县志》，《中国地方志集成·江苏府县志辑12》，江苏古籍出版社1991年，第622页。

［7］〔清〕潘钟瑞：《潘钟瑞日记》，第344页，第360页。

［8］〔清〕潘钟瑞：《潘钟瑞日记》，第701页。

［9］顾廷龙：《王同愈集》，上海古籍出版社1998年，第200—201页。

［10］雅昌艺术网：https://auction.artron.net/paimai-art26140135/，访问时间：2021年10月1日。

［11］〔清〕吴大澂：《愙斋公家书》，李军整理，上海图书馆历史文献研究所编：《历史文献》第二十一辑，上海古籍出版社2019年，第136页。

［12］〔清〕郑忠祥、张瀛、庞鸿文等：《光绪常昭合志》，《中国地方志集成·江苏府县志辑22》，江苏古籍出版社1991年，第278页。

［13］张之望：《过云楼藏吴大澂致吴承潞尺牍四通考》，《中国文物报》，2020年2月4日，第007版。

［14］来新夏：《清代科举人物家传资料汇编》，学苑出版社2006年，第8册，第143页。

［15］〔清〕潘钟瑞：《潘钟瑞日记》，第532页。

［16］〔清〕潘钟瑞：《潘钟瑞日记》，第460页。

［17］〔清〕潘钟瑞：《潘钟瑞日记》，第475页。

［18］故宫博物院藏"吴大澂手札册"，文物号：新00092816—9/27。

［19］〔清〕潘钟瑞：《潘钟瑞日记》，第453页。

［20］顾廷龙：《吴愙斋年谱》，上海辞书出版社2016年，第293页。

［21］〔清〕潘钟瑞：《潘钟瑞日记》，第404—406页。

［22］顾廷龙：《吴愙斋年谱》，第287页。

［23］〔清〕潘钟瑞：《潘钟瑞日记》，第511—516页，第687—690页。

［24］顾廷龙：《吴愙斋年谱》，第303页。

［25］顾廷龙：《吴愙斋年谱》，第304页。

［26］〔清〕吴大澂：《愙斋公家书》，李军整理，第112页。

［27］顾廷龙：《吴愙斋年谱》，第303页。

［28］〔清〕吴大澂：《愙斋诗存》，印晓峰点校，华东师范大学出版社2009年，第111页。

［29］顾廷龙：《吴愙斋年谱》，第295页。

［30］〔清〕翁同龢：《翁同龢日记》，翁万戈编，翁以钧校订，中西书局2012年，第2511页，2779页，2785页。

［31］ 张钫、李希白：《民国新安县志》，台北成文出版社有限公司1975年，第372页。

［32］ 顾廷龙：《吴愙斋年谱》，第283页。

［33］ 顾廷龙：《吴愙斋年谱》，第342页。

［34］ 〔清〕吴大澂：《愙斋诗存》，第140页。

［35］ 顾廷龙：《吴愙斋年谱》，第343—344页。

［36］ 〔清〕吴大澂：《愙斋诗存》，第140页。

［37］ 〔清〕吴大澂：《愙斋诗存》，第139页。

［38］ 张仲和、樊宁：《怡园画社记事》，《苏州杂志》，2008年第4期，第68—72页。

［39］ 顾廷龙：《吴愙斋年谱》，第286页。

［40］ 〔清〕吴大澂：《愙斋诗存》，第85页。

［41］ 顾廷龙：《吴愙斋年谱》，第342页。

［42］ 顾廷龙：《吴愙斋年谱》，第345页。

［43］ 〔清〕潘钟瑞：《潘钟端日记》，第167页。

［44］ 李军：《光绪时期吴昌硕在苏事迹补考——以潘钟瑞＜香禅日记＞稿本为主》，《艺术工作》2016年第4期，第50—57页。

［45］ 吴昌硕：《吴昌硕诗集》，童音点校，华东师范大学出版社2009年，第43页。

高丽国《夹注名贤十抄诗》所选张籍诗校补

郭殿忱（北华大学文学院）

金成林（北华大学外国语学院）

内容摘要： 高丽国佚名所编《十抄诗》，选苏州唐贤张籍七言律诗十首。从域外汉字研究角度看，既有正、俗字之别，也有今日法定的正异体字之分，另有碑别字、或体字等，均逐一标出。对释子山之夹注，前人已指出：多鲁鱼亥豕之讹误。今据其他文献，删衍文，补夺文，正讹勘误。又据日本学者芳村弘道所编夹注刊本，比勘复旦大学查屏球所据夹注抄本，对一些是非优劣之处，亦加按断。张籍以乐府诗名世，限于该书只选七言律诗，而致有"遗珠之恨"，此事在文中点到为止。张籍个别诗句，还被高丽著名集句学者林惟正选入《百家衣集》，可惜又误署吴仁壁名下。亦应予以匡正。

关键词： 十抄诗 夹注 张籍 校补

《新唐书·韩愈传》载："张籍者，字文昌，和州乌江人。第进士，为太常寺太祝。久之，迁秘书郎。（韩）愈荐为国子博士。历水部员外郎、主客郎中。当时有名士皆与游，而愈贤重之。"[1] 当代学者撰《中国诗史》评论张籍道："他的作品与杜甫、白居易为近，有三点可以证明：第一，他很钦佩杜甫。《云仙杂记》载一段故事：张籍收杜甫诗一帙，焚取灰烬，副以膏蜜，频饮之，曰：'令我肝肠从此改易'。第二，白居易很钦佩他，其《读张籍古乐府》曰：'张君何为者？业文三十春。尤工乐府辞，举代少其伦。……上可裨教化，舒之济万民。下可理性情，卷之善一身。'第三，后代批评家亦以他与元、白并论：'张司业诗，与元、白一律，专以道得人心中事为工，但白才多而意切，张思深而语精，元体轻而词躁尔。'"[2]

就是这样一位诗人，其作品传到新罗国，广受关注。到高丽初期，佚名学者将其十首七言律诗编入《十抄诗》中。其后又有名僧子山予以夹注，成《夹注名贤十抄诗》一书。对两国文化交流作出贡献。

为继踵前贤并发扬光大之，对《十抄诗》中的俗体字、异体字、碑别字等加以规范（在规范字下加横线标识，并附原文书影供比照）。对前人评为"多鱼鲁"之讹的夹注则予以校补。

作者简介："张郎中诗"下，夹注引《唐书》："张籍，字文昌，第进士，迁秘书郎，韩愈荐为国子博士。历水部员外郎、主客郎中。籍为诗长于乐府，多警句。仕终国子司业。"[3] 校补：按夹注体例，《唐书》指《旧唐书》，内容与上引《新唐书》雷同。但张籍当时与后世被称为"张水部"或"张司业"，鲜见"张郎中"之称谓。

一 赠孔尚书（图一）

> 能将直道历荣班，事著元和实录间。
> 三表自陈辞北阙，一家相逐入南山。
> 买来侍女教人嫁，赐得朝衣在箧闲。
> 宅近青门高静处，时归林下蹔开关[4]。

诗题下，夹注引韩公《孔公墓志》："孔子三十八世孙，字君严，事唐为尚书左丞。年七十三，上书去官，天子以礼部尚书禄之终身。"校补：《全唐文》收录韩愈《正议大夫尚书左丞孔公墓志铭》"上书"前有"三"字。此与《新唐书》所载有异。按唐制，官员七十致仕，故孔戣（kuí）答韩愈"公尚壮，上三留，何去之果？"的发问曰："吾岂要君者？吾年，一宜去；吾为左丞，不能进退郎官，二宜去。"《孔戣传》称："卒，年七十三（按：同先祖孔子之寿终年龄）。赠兵部尚书，谥曰贞。"[5] 韩愈为其同僚，所作《墓志铭》称其七十三岁时三次上书求退，穆宗未采纳韩愈上疏，恩准其致仕，翌年，孔戣辞世。应以此为准。

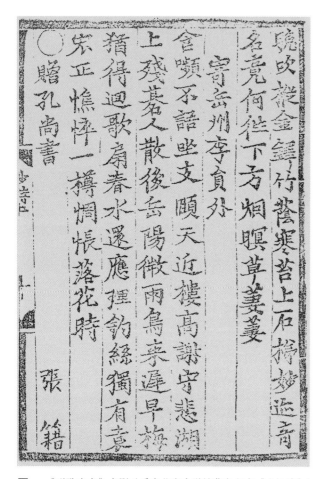

图一 《赠孔尚书》书影（采自北京大学馆藏白文本《十抄诗》）

首联下，夹注称："元和，宪宗年号。"又引《魏志》："王肃对明帝曰：'司马迁记事不虚美，不隐恶。刘向、扬雄服其叙事有良史之才，谓之实录。'"校补：此语出自《三国志·魏书·王肃传》[6]。而非《魏志》。

"一家"句下，夹注引《十道志》："雍州终南山。"校补：终南山，又名中南山、秦山、南山，即今陕西秦岭山脉。唐代为著名的隐居胜地。又"相逐"，《全唐诗》作"相送"[7]。按："相逐"，应理解为一家人相互追逐地到南山隐居。较"相送"更能表现孔尚书家风之高尚。

"宅近"句下，夹注又引《十道志》"雍州有瓜园"注："东陵侯邵平，秦破，为布衣，种瓜青绮门外。"阮籍诗："昔闻东陵瓜，近在青门外。"校补：《史记·萧相国世家》载："邵平者，故秦东陵侯。秦破，为布衣，贫，种瓜于长安城东，瓜美，故世

俗谓之'东陵瓜'，从召平以为名也。"[8]又，青门即霸城门。汉代长安东南城门，因门为青色，俗称青门。故知《全唐诗》作"青山"，实误。上引阮籍诗，见《文选》卷二十三《咏怀》诗[9]。

末句中的"蹔"为"暂"的异体字。

二　寄和州刘使君（图二）

离朝已久犹为郡，闲向春风倒酒瓶。
送客时过沙口堰，看花多上水心亭。
晓来江气连城白，晴后山光满郭青。
到此诗情应更远，醉中高咏有谁听[10]？

诗题下，夹注引《十道志》："淮南道有和州。"校补：《新唐书·地理志（五）》："淮南道，盖古杨州之域……和州历阳郡，上（即列辅、雄、望、紧

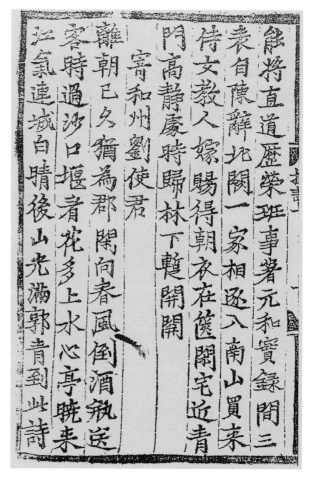

图二 《寄和州刘使君》书影
（采自北京大学馆藏白文本《十抄诗》）

之后，中、下之前的第五等州郡）。县三：历阳，上。乌江，上（即列赤、畿、望、紧之后，中、下之前的第五等县，此即上引文所言张籍之故里）。"[11]

"离朝"，《唐音评注》（以下简称《唐音》）作"别离"[12]。《全唐诗》从之[13]。校补："离（开）朝（廷）"，专指刘使君，而"别离"，兼及彼此，似更佳。

"闲向"句中的"酒瓶"，《全唐诗》作"酒鉼"。按："瓶、鉼"今为正异体字。

"送客"句下，夹注引沈休文诗："东出千金堰"，李善注："《广雅》曰：'堰，潜堰也。'谓潜筑土以壅土也。堰，一種反。"校补：诗句出自《三月三日率尔成篇一首》。李善注先引"杨佺期《洛阳记》曰：'千金堰在洛阳城西，去城三十五里。堰上有穀水坞。朱超在与兄书中曰：千金堤旧堰穀水。魏时更修，谓之千金坞。'"[14]又，《广雅》为曹魏博士张揖所撰的词典。"一種反"是当时注音的一种方法，即取第一字的声母，第二字的韵母与声调相拼而成。汉末至唐初称"某某反"，唐人忌讳"反"字，改称"某某切"，合称"反切注音法"。又，"时过"，《唐音》与《全唐诗》均作"特过"。按：与对句中的"多上"相契合，增加了主观能动性。较"时过"的纯客观叙述为佳。

明末清初的文坛怪杰金圣叹评点此两联云："'别离已久'，无限眼泪。下二、三、四句便含泪直写'犹为郡'人一肚皮牢愁也。言每日只是'倒酒瓶'也，'送客'也，'看花'也，'沙口堰'也，'水心亭'也，总以一言蔽之曰：'闲向春风'也。'闲'字中有'犹为郡'意，'春风'字中有'别离已久'意。此等诗俱是唐人细意新裁，最要多吟。"[15]

"晴后"，《唐音》《全唐诗》均作"雨后"。按："雨过天晴"乃常见之事，"雨、晴"似两可。然从格律角度看，此诗为首句平起（朝或离），不入韵（郡）格式，第六句应为仄仄平平仄仄平，第一字应仄（雨），可平（晴）。"雨"字佳。

金圣叹评点后两联曰："五、六纯写手板揹（支）颐、西山看爽意思。七以'到此'二字总之，言

（刘）使君气色如此，即诗情岂在郡中？'远'字妙，'更'字又妙，言不但远，而且更远；此不关彼中人不能听，本意亦初不与彼中人听也。写尽'犹为郡'人满肚牢愁。"[16]

三　题王秘书幽居（图三）

不曾浪出见公侯，唯向花间水畔游。
每着新衣看药灶，多收古器在书楼。
有官只作山人老，平地能开洞穴幽。
自领闲司无别事，得来君处喜相留[17]。

诗题，《全唐诗》作《赠王秘书》[18]。同卷还有一首同题诗，首句为"早在山东声价远"[19]。

"见公侯"，上引书作"谒公侯"，更加准确。当时士人拜谒公侯，希冀赏识提携乃是一种风气。

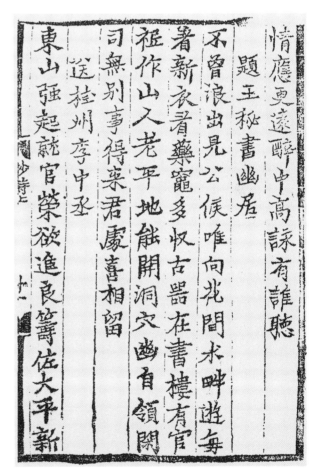

图三　《题王秘书幽居》书影
（采自北京大学馆藏白文本《十抄诗》）

"每着新衣"，《全唐诗》注作："每酌新泉"，似与煎药更切合。又"着"，上引书作"著"。按：对穿衣而言，二词一义。

"无别事"，上引书作"了无事"，更能表现心境闲适。

四　送桂州李中丞

东山强起就官荣，欲进良筹佐太平。

新史尽应书直事，当时无不说清名。

玉阶近久螭头立，桂岭遥将豹尾行。

惆怅都门送君后，贫居春草满庭生[20]。

诗题下，夹注引"十道志"："南道有桂州。"校补：《新唐书·地理志（一）》载："唐兴，高祖改郡为州，太守为刺史，又置都督府以治之。然天下初定，权置州郡颇多。太宗元年，始命并省，又因山川形便，分天下为十道。"[21]据两唐书载，梁载言所撰《十道志》记叙颇详博。然而有河南、山南、淮南、江南、剑南、岭南六道，并无"南道"，爬梳各道得知：桂州隶属岭南道[22]。

"玉阶"句下，夹注引《西都赋》："玉阶彤庭"。校补：李善注引《汉书》曰："昭阳舍中庭彤朱，……黄金涂，白玉阶。"[23]夹注又引《新唐书·百官志》："起居舍人分侍左右，秉烛随宰相入殿，若仗入紫宸内阁，夹香按分殿下，直第二螭首，和墨濡笔，皆即坳处，时号螭头。"校补：今本《新唐书·百官志（二）》秉烛，作"秉笔"，仗入作"仗在"，香按，作"香案"，"分殿下"作"分立殿下"[24]，均胜夹注引文。但夹注引文"坳处"，原误作"动处"，整理本谊正之。

"桂岭"句下，夹注引《十道志》："连州桂阳有桂岭"注："岭有桂，因名之。"校补：《新唐书·地理志（七）》载："连州连山郡，……县三：桂阳，上。有桂阳山，本灵山，天宝八载更名。"[25]夹注又引《古今注》："周公作豹尾车，象丈夫有豹变之志。"校补：《古今注》为晋代崔豹所撰考据学专著。"豹变"，典出《易经》"君子豹变，其文蔚也。"疏曰："亦润色鸿业，如豹文之蔚缛，故曰君子豹变

也。"[26]系用豹纹变美喻比润色事业。夹注又引右军赋："立之乘舆得立今。"校补：王羲之曾任右军将军，世称王右军。但《全晋文》只收其一篇《用笔赋》未见此引文。另，《夹注名贤十抄诗》刻本也与整理本所据抄本不同："赋"作"武"，"得立"下无"今"字。确如权擥跋语所云"注多鲁鱼"。按：即"鲁成鱼，亥成豕"之类的讹误。又，"右军"句引文与"桂岭"句并无关联。

"惆怅"句下，夹注引《楚辞》："惆怅兮私自怜。"校补：句出宋玉《九辩》："惆怅兮而私自怜"。洪兴祖补注引五臣（注）云："惆怅，悲哀也。"[27]夹注又引《前汉书音义》："长安东郭城北头第一门。"校补：《汉书音义》为唐代刘伯庄撰。已散佚，赖夹注拾得只言片语，可供辑佚之用。

五　寒食内宴诗二首（图四）

其一：

朝光瑞气满宫楼，彩仗鱼龙四面稠。

廊下御厨分冷食，殿前香骑逐飞毬。

千官尽醉犹教坐，百戏皆呈亦未休。

共起拜恩侵夜出，金吾不敢问行由[28]。

诗题下，夹注引《荆楚岁时记》："去冬节一百五日即有疾风甚雨，谓之寒食。"校补：今整理本"冬节"作"冬至节"为是。又云："据历，合在清明前二日，亦有去冬至一百六日者。"[29]

"彩仗"句下，夹注引鲍明远《芜城赋》："鱼龙爵马之玩"注："鱼龙爵马皆假为饰，以为玩乐。"校补：《文选》李善注引"《西京赋》曰：海鳞变而成龙。又曰：大雀踆踆。又曰：爵马同辔。"[30]按：古汉语"爵"是"雀"的通假字。又，"彩仗"，《唐诗纪事》（以下省作《纪事》）作"彩纛"[31]。按：帝王乘舆上羽、毛类的饰物称"纛"。这样更切"内宴"之诗题，且与宫楼、御厨、殿前等词语相和谐。又"仗、纛"均为仄声字（纛为入声字），互换于格律无碍。

"廊下"句后，夹注引陆翙《邺中记》："并州俗，冬至后一百五日为介子推断火，冷食三日，作干粥，

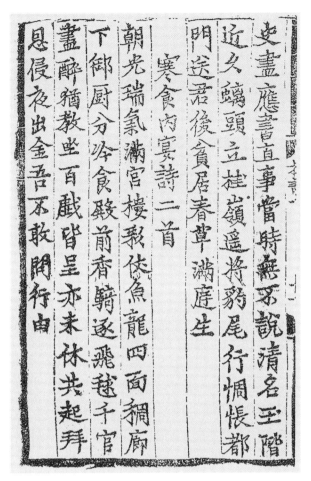

图四 《寒食内宴诗二首》书影
（采自北京大学馆藏白文本《十抄诗》）

即今之糇也。"校补:"陆翙",整理本改正抄本"陆岁"之讹,很好。夹注刊本正作"陆翙"。又,"邺中记"质疑《左传》《史记》未载介子推绵山殉难事,详见拙文《唐人咏寒食诗考异》一文[32]。

"殿前"句下,夹注引《初学记》"寒食打球"注。校补:《初学记》为盛唐时代徐坚等人所编类书。"球"字,刊本夹注仍作"毬"。又,此句中"香骑"似与马有关,显然与一般游戏的"蹴鞠"不同。疑为近似今日"马球"的游戏。

"百戏"句下,夹注:一作"未放休"。《纪事》正作"未放休"。足见释子山是读过《纪事》的。又引《隋书·礼仪志》:"始,齐武平中,有鱼龙、漫衍、俳优、侏儒、山车、巨象、祓井、种苽、杀马、剥驴等奇怪异端,有余物谓百,名为百戏。"校补:

此段文字载《隋书·音乐志(下)》(并不在《礼仪志》):"始齐武平中,有鱼龙烂漫、俳优、朱儒、山车、巨象、拔井、种瓜、杀马、剥驴等,奇怪异端,百有余物,名为百戏。"[33]其中"鱼龙烂漫",亦即鱼龙漫衍,亦名鱼龙杂戏。

尾联下,夹注引《通典》:"秦有中尉,掌徼循京师。"注:如淳曰:"所谓游徼,徼清禁,备盗贼也。"师古曰:"徼,谓遮绕。音工钓切。""汉武帝太初元年改名执金吾。"注:"应劭曰:'执者,御也,掌执金革以御非常。'"师古曰:"金吾,鸟名也,主辟不祥。天子出,职主先导以备非常,故执此鸟之象,因以名官。"崔豹《古今注》:"金吾,车辐棒也。汉朝执金吾,金吾亦棒也。以铜为之,黄金涂两头,谓之金吾。御史大夫、司隶校尉亦执焉。"校补:"汉沿秦制置中尉,掌京城之巡察缉捕,后改名执金吾。"[34]又据同书卷四,知两汉、三国吴设执金官职。魏、晋、隋已不设,唐代此职务分别称左右金吾卫上将军、大将军、将军、翊府中郎将、翊府左右郎将、翊府果毅等。夹注又引《西清诗话》:"张籍《寒食内宴》诗云云,乃知唐代清明亦宴百官,皆冷食。又见宴设有至夜而罢者。唐人多喜言荣遇古事,此诗是已。"校补:《西清诗话》为宋人蔡絛所撰,已佚。今本为郭绍虞辑佚本。"至夜而罢者",回应此联出句中的"侵夜出"三字。

其二:

> 城阙沉沉向晓寒,恩当冷节赐余欢。
> 瑞云深处开三殿,春雨微时引百官。
> 宝树楼前分绣幕,彩花廊下映朱栏。
> 宫筵戏乐年年别,已得三回对御看[35]。

"城阙"句下,夹注引《前汉书·陈胜传》注:"沉沉,宫阙深邃之貌。"校补:《汉书》原文为陈胜与佣耕之故人所言:"夥,涉之为王沈沈者!"[36]注文为颜师古撰。《唐诗品汇》(以下省作《品汇》)正作"沈沈"[37]。《全唐诗》从之[38]。古代汉语中"沈"与"沉"相通,但作姓氏时要读shěn。

"恩当"句下,夹注引《诗史》:"几年逢熟食"

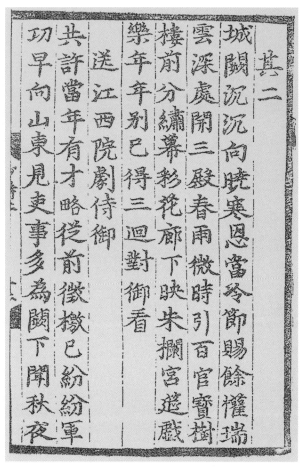

图五 《送江西院剧侍御》书影
（采自北京大学馆藏白文本《十抄诗》）

补注："曰熟食，即曰寒食节也。秦人以寒食日为熟食，言其不动烟火，糇辫熟食物过节也。齐人呼为冷节，又云禁烟。"校补：《事物纪原·禁火》载："后汉周举迁并州太原。旧俗以介子推焚骸，一月断火，举移书庙云：'寒食一月，老小不堪，今则三日而已。'"[39]周举值得赞扬。又，"冷节"，《全唐诗》作"令节"，实在欠佳。

"瑞云"句下，夹注引《诗史》："诏从三殿出。"赵注云："麟德、西廊、东廊谓之三殿。"校补：杜甫《送翰林张司马南海勒碑（相国制文）》原句作"诏从三殿去"。麟德殿在大明宫中。赵注，应为赵次公所作。又，"云深"，《唐音》作"烟入"，欠佳。不动火，何来烟？与"香雨"对举，"瑞云"也胜于"瑞烟"。

"宝树"句中的"绣幕"，《全唐诗》注：一作"翠幙"。"绣、翠"各有所指，且均仄声，故曰两可。"幕、幙"今为正异体字。

彩花，《唐音》作"缓花"[40]，欠佳。《全唐诗》作"綵花"，今"彩、綵"已为正异体字。又"朱栏"，《唐音》作"华栏"。如上句用"翠幕"，此处应作"朱栏"。又"映"，《全唐诗》作异体字"暎"。

六 送江西院剧侍御（图五）

> 共许当年有才略，从前征檄已纷纷。
> 军功早向山东见，吏事多为阙下闻。
> 秋夜楚江舩上月，晴天庐岳寺中云。
> 旧来此处经过熟，今日南行更羡君[41]。

诗题下，夹注引《天下州府图》："江南西路有洪州。"校补：此同《新唐书·地理志（五）》[42]。

首联下，夹注又引《东观汉记》："毛义少时家贫，以孝行得称。南阳张奉慕其名，往候之。坐定而府中檄适至，以义庐江令，义奉檄而入舍，喜动颜色，张奉见而薄之，固辞去。后母丧，去官行服，数辟县令，举贤乃止。公事数征之，皆不应，奉闻之叹曰：'贤者！不测往日之喜乃为亲屈居禄。'"校补：《东观汉记》为东汉官修纪传体史书，但大多散佚，今有陶栋辑佚本。夹注又引《前汉·高纪》："吾以羽檄征天下兵。"注："檄者，以木简为书，长尺二寸，用征召也。"校补：注文为颜师古所作。其下尚有"其有急事，则加以鸟羽插之，示速疾也。"即羽檄。

"军功"句下，夹注引《汉书·李广传》："以军功取侯者数十人。"校补：此即王勃在《滕王阁序》中所感叹的"李广难封"。

"吏事"句下，夹注引《前汉·萧何传》："高祖布衣时，数年以吏事护高祖。"校补：此句出自《史记·萧相国世家》。司马贞索隐引《说文》云："护，救视也。"[43]

"秋夜"句中"舩"，夹注作"船"。"船、舩"今为正异体字。

"晴天"句下，夹注引《十道志》云："江州庐山，一名匡山。周武王时有匡俗先生，字季，兄弟七人有道术，结庐于此山，仙去后，空庐尚存，故名之。"校补：《舆地纪胜·江南西路·江州》引《郡国志》云："周武王时有康俗兄弟，兄弟七人皆有道术，结庐于山，今庐尚存，故曰庐山。汉武帝时封俗为大明公，称庐君焉。"[44]同书"风俗形胜"条下引《白乐天集》亦载："左康庐，右江湖，土高气清，富有佳境。"[45]

"羡君"，夹注整理本作"羡君"，是。《说文·次部》收"羡"字，释义为"贪欲也。"[46]是个从次（涎）从羊，次亦声的会意兼形声字：意即见到鲜美的羊肉就馋得流口水。而今简化一笔，成了二等羊或羊排队，就失去了汉字的神韵，实为工作中的一处失误。

七　寄苏州白使君（图六）

　　三朝出入紫薇臣，头白金章未在身。
　　登第早年同座主，题书今日是州人。
　　昌门柳色烟中远，茂苑莺声雨后新。
　　此处吟诗向山寺，知君忘却曲江春[47]。

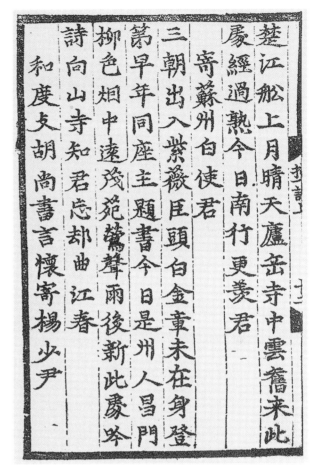

图六　《寄苏州白使君》书影
（采自北京大学馆藏白文本《十抄诗》）

诗题，《品汇》"白"下有"二十二"三字[48]。《全唐诗》从之[49]。"二十二"为白居易"行第"。即他在同一曾祖父兄弟间的排行位置。唐人好以此相称呼，如董大庭兰、杜二甫、李十二白等。

诗题下，夹注云："见上《白舍人》注。"又"三朝"句下，夹注云："见上《紫微星动》"注。校补："紫微"，是。而"紫薇"，误！因天象"三垣"，除紫微外，尚有太微、天市二垣。

"头白"句下，夹注引《隋书·礼仪志》："二品以上并金章紫绶，三品银章青绶。"校补：原文出自《礼仪志（六）》"二品"前有"印绶"二字[50]。"章"，即官印，绶，为其上之绶带。

"未在身"，《唐诗别裁集》（省作《别裁》）作"未老身"，误。句意为头发都熬白了，官班也未升至二品。

"登第"句下，夹注引《唐讳行录》："籍，贞元十五年擢进士第。"又引《唐书·白居易传》："贞元十四年，始以进士就试。礼部侍郎高郢下擢升甲科。"校补：据《登科记考》载：张籍比白居易早一年进士及第。贞元十五、十六两年主持考试的同为礼部侍郎（文化教育部副部长）高郢。而贞元十四年主考官则为尚书左丞顾少连[51]。夹注又引《抚［摭］言》（整理本匡正）："有司之谓座主。"校补：夹注刊本正作《摭言》，是《唐摭言》之省称。语出《唐国史补》[52]。后出之《唐摭言》只是引用而已[53]。

"题书"句下，夹注引韩公云："吴郡张籍"。《通典》："吴郡，今苏州。"校补：韩公，指韩愈，他与张籍是好友。《通典》为唐代杜佑所撰，今，即指唐代。苏州人张籍寄诗给任职苏州的白居易，故曰"题书今日是州人"。难怪金圣叹评点此两联云："一二（句）本专叹白，却因三四（句）'同座主' '异（从《品汇》之误）州人'语，夹入自己，于是言外便有两头白、两未金章人，此又是别样手法。"[54] 又，"题书"，《别裁》作"莅官"[55]。句意证明《品汇》的"异"对上句之"同"虽工稳，但仍属"以文害义"。不可取也！又"人"，《别裁》作"民"，是推想唐人为避太宗讳而改"民"为"人"。

昌门，夹注引《吴趋行》"吴趋自有始，请从昌门起"注："吴王阖庐立昌门，象天阊阖门。"校补：《文选》李善注："《吴越春秋》曰：'大城立昌者，象天通阊阖风，亦名破楚门。'"[56] 又"昌门"，上引诸书皆作"阊门"，是。

"茂苑"句下，夹注引《十道志·淮南道杨［扬］州》"茂苑"注："吴王所作。"又引《吴都赋》："佩长洲之茂苑。"校补：《文选》李善注："修治上林，圈守禽兽，不如长洲之苑。"[57]

"知君"句下，夹注引《西京杂记》："朱雀街、东第五街、皇城之第三街，升道坊、龙华泥寺南有流水屈曲，谓之曲江。"《松窗录》："曲江地本秦时隑州，唐开元疏凿为胜境，南则紫云楼芙蓉，北则杏园慈恩寺。花卉周环，烟水明媚，都人游赏盛于中和。上巳节，即赐宴臣寮会于山亭，赐太常教坊乐。池备彩舟，唯宰相、三事、北省官、翰林学士登焉，倾动皇州，以为胜观。"校补：上文引自韦浚所撰《枫窗杂录》裴休条下，"隑"作"岂"，"芙蓉"下有"苑"字，"北则"作"西即"，"中和"下有"上巳节"，"三事"作"三使"[58]。又，句下，《别裁》评注："有不满意。"金圣叹评点亦云："五六（句）写苏州景物，即七（句）之'此处'二字。言白久滞彼中，应已忘我，'曲江春'之为言占籍至今亦复头白矣。"

八　和度支胡尚书言怀寄杨少尹

> 早年声价满关东，科艺传家得素风。
> 正色曾持天宪重，公材更领地官雄。
> 性怀每寄荣名外，居处还移静里中。
> 犹忆旧山云水好，请归期与故人同[59]。

诗题下，夹注引《唐六典》："度支郎中、员外郎掌支度国用、租税多少之数、物产丰约之宜、水陆道路之利，每岁计其所出，支其所用。"校补：《唐六典》为官修史书，署玄宗撰，李林甫等注。实为张说等主持，徐坚等撰写。上述引文被《新唐书·百官志（一）》所采用，"所出"下，有"支调之，以近及远，与中书门下议定乃奏。"十六字[60]。

"科艺"句下，夹注引傅季［友］《为宋公修楚元王墓教》曰："素风道业，作范后昆。"校补：《文选》收此文，惜目录中，楚元王墓误作"楚元王庙"[61]。李善注："《三国名臣赞》曰：'素风愈鲜'。习凿齿《襄阳耆旧志》：庞统曰：'方欲兴长道业。'邵正《释识》（按：依《三国志》《全晋文》应作《释讥》）'创制作范，匪时不立。'《尚书》曰：'垂裕后昆'。"[62]

"正色"句下，夹注引《隋（书）》："柳彧为侍御史，当朝正色敬惮。上嘉之曰：'柳彧正直之士，国之龟宝。'"《宦者（传）论》："口含天宪"注："天宪，谓帝王法令也。"校补："口含天宪"，并非出自首立《宦者传》的《后汉书》。此《传论》，而是出自此书的《朱穆传》："当今中官近习，窃持国柄，手握王爵，口含天宪，……颜化为桀、跖。"[63] 为此作注者，先后有南朝梁刘昭、唐章怀太子李贤。

"公材"句下，夹注引《晋［梁］书》："王暕年数岁，而风神耸拔。时祖［父］俭作宰相，宾客盈门，见暕曰：'公材公望复在此矣。'"校补：夹注不仅原抄本误"梁"为"晋"，"父"为"祖"，芳村弘道所编夹注刊本亦误。今翻拣《梁书》："耸拔"作"警拔"，"公材"作"公才"[64]。夹注又引《周礼·地官》："大司徒之职，掌立邦土之图与其人民之数，以佐王安扰邦国。"校补："扰"，古代于此语境，作安抚解。《尚书》："司徒，掌邦教，敷五典，扰兆民。"[65]

九　送李司空赴襄阳（图七、图八）

> 中外兼权社稷臣，千官齐出拜行尘。
> 再调公鼎勋庸盛，三受兵符宠命新。
> 商路雪开旌旆远，楚堤梅发驿亭春。
> 襄阳风景犹来好，重与江山作主人[66]。

诗题下，夹注引《十道志·山南道》："襄州，魏武置襄阳郡。”注：“汉县在襄水之阳。”校补：《新唐书·地理志（四）》山南道：襄州襄阳郡，望（列辅、雄之后第三等州郡）。县七：襄阳，（望—即列赤、畿之后的第三等县。）另据《文献通考·舆地五》，汉时襄阳县，隶属南郡，为十八属县之一[67]。夹注又引《（旧）唐书》：“李夷简，元和时赐金紫，以户部侍郎判度支（相当财政部长）俄检校礼部尚书（文化教育部长）、山南道节度使（大军区司令）。初，贞元时取江西兵五百戍襄阳。”校补：当代学者张国光著《唐乐府诗人张籍生平考证》，郭文镐《张籍生平二三事考辨》均认为所送之人为李逢吉而非李夷简。郭文称：“宝历二年（826）十一月李逢吉再镇襄阳，张籍有《送李司空赴镇襄阳》（卷三八五——《全唐诗》题下注：“一本无‘赴’字。”）云：‘商路雪开（略）。’可知张籍时在京。逢吉至任，即在大和元年（827）初春。”[68]

“中外”句下，夹注引《汉书》：“绛侯时为丞相，朝罢趋出，上礼之，尝目送之。袁盎进曰：‘丞相何如人也？’上曰：‘社稷臣。’盎曰：‘勃所谓功臣，非社稷臣。主存与存，主亡与亡。’又曰：‘古有社稷之臣，至于汲黯，近之矣。’”校补：《史记·袁盎列传》于“主亡与亡”下有云：“方吕后时，诸吕用事，擅相王，刘氏不绝如带。是时绛侯为太尉，主兵柄，弗能止。吕后崩，大臣相与共畔诸吕，太尉主兵，适会其成功，所谓功臣，非社稷臣。”[69]这段《汉书》转述《史记》的话不录，就说不清事由。另寓目之《汉书》袁盎作“爰盎”[70]。又，此句在高丽国林惟正《百家衣集》中，竟然误署吴仁

早年聲價滿關東科藝傳家得素風正
色曾持天憲重公材更領地官雄性懷
每寄榮名外居處還移靜里中猶憶舊
山雲水好請歸期與故人同
送李司空赴襄陽
中外兼權社稷臣千官齊出拜行塵再
調公鼎勳庸盛三受兵符寵命新商路
雪開旗旆遠楚堤梅發驛亭春襄陽風

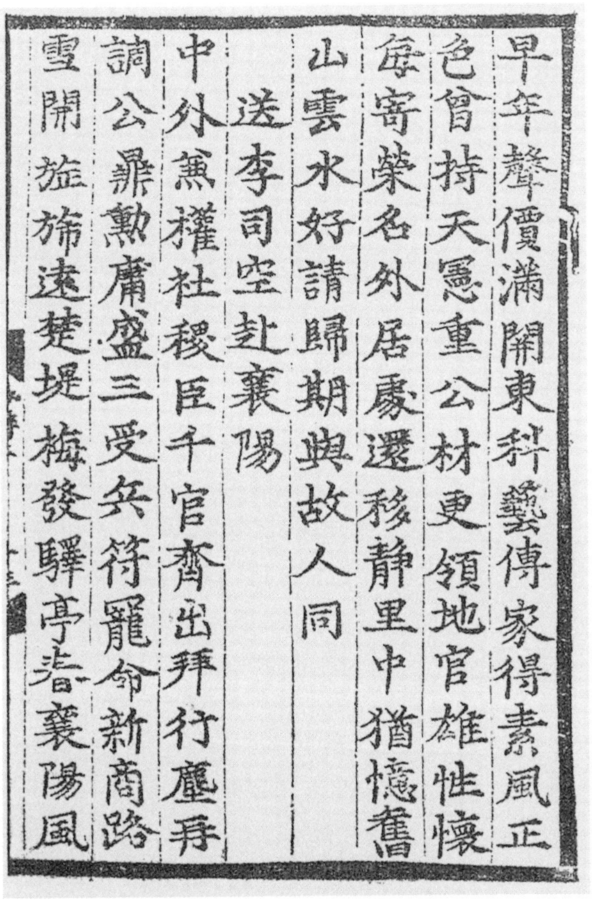

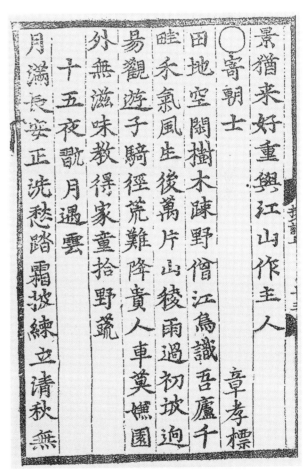

图七 《送李司空赴襄阳》书影

（采自北京大学馆藏白文本《十抄诗》）

景猶来好重與江山作主人
○寄朝士　章孝標
田地空閑樹木踈野僧江為識吾廬千
畦禾氣風生後萬片山稜雨過初放迥
易觀遊子騎徑荒難降貴人車莫嫌園
外無滋味教得家童拾野蔬
十五夜翫月遇雲
月滿長安正洸愁踏霜披練立清秋無

图八 《送李司空赴襄阳》书影

（采自北京大学馆藏白文本《十抄诗》）

璧之名。

"千官"句下，夹注引《晋书》："潘岳，性轻躁，趋世利。与石崇等（谄）谄事贾谧，每候其出，辄望尘而拜。"校补：潘岳的此类丑行，就连其母亲都看不下去了，"数消之曰：'尔当知足，而乾没不已乎？'而岳终不能改。"[71]

"再调"句下，夹注引《后汉》："显宗永平六年，王雒出宝鼎。诏曰：'鼎象三公，岂公卿奉职其得理也？'"校补：显宗，为汉明帝刘庄的庙号。《后汉书》载："（永平六年）二月，王雒山出宝鼎，……诏曰：'昔禹收九牧之金，铸鼎以象物，使人知神奸，不逢恶气。……《易》曰：鼎象三公。（略）'"[72]

"三受"句下，夹注引《史记》："侯嬴谓魏公子无忌曰：'嬴闻晋鄙兵符常在魏王卧内，而如姬出入卧内，力能窃之。'"此语出自《史记·魏公子列传》，结果是："公子从其（侯嬴）计，请如姬。如姬果盗晋鄙兵符与公子。"[73]此即信陵君窃符救赵故事的"底版"。

"商路"句中"旌旆远"，《全唐诗》作："旗旆展"[74]。校补："旌、旗"近义，且均平声，故曰两可。又"旆"为"旆"之碑别字，见《唐皇甫诞碑》[75]。另"远、展"虽均为仄声，互换于格律无碍，但从对仗角度看：与下句"驿亭春"对举，"旌旆展"略胜"旌旆远"。

"襄阳"句中"犹来好"，《全唐诗》作"由来好"。校补："犹、由"在古汉语中为通假字。《孟子·公孙丑上》："然而文王犹方百里起，是以难也。"朱熹注曰："'犹'方之犹，与'由'通。"[76]又，《孟子·梁惠王下》："今之乐，由古之乐也。"[77]下注："古本'由'作'犹'。"

诚如开篇所言，张籍以乐府诗名世。文学史家将其与王建并举，称"张王乐府"。历代选家亦多收录其乐府名篇《野老歌》《征妇怨》《废宅行》等。《十抄诗》限于体裁未选其乐府诗，但从以上十首七律中，亦可由另一角度表现出其思想境界与艺术追求。

注释：

[1]〔北宋〕欧阳修等：《新唐书·韩愈传》，中华书局1975年，第5266页。

[2]陆侃如等：《中国诗史》，人民文学出版社1956年，第509页。

[3]〔高丽〕释子山夹注、查屏球整理：《夹注名贤十抄诗》，上海古籍出版社2005年，第24页。

[4]〔日本〕芳村弘道：《十抄诗·夹注名贤十抄诗》，日本名古屋汲古书院2011年，第24页。

[5]〔北宋〕欧阳修等：《新唐书·孔戣传》，中华书局1975年，第5010页。

[6]〔西晋〕陈寿：《三国志》，上海古籍出版社2002年，第379页。

[7]〔清〕彭定求等：《全唐诗》，上海古籍出版社1986年，第961页。

[8]〔西汉〕司马迁：《史记》，中华书局1959年，第2017页。

[9]〔南朝梁〕萧统编、〔唐〕李善注：《文选》，中华书局1977年，第324页。

[10]〔日本〕芳村弘道：《十抄诗·夹注名贤十抄诗》，日本名古屋汲古书院2011年，第25页。

[11]〔北宋〕欧阳修等：《新唐书·地理志》，中华书局1975年，第1053页。

[12]〔元〕杨士弘：《唐音评注》，河北大学出版社2010年，第435页。

[13]〔清〕彭定求等：《全唐诗》，上海古籍出版社1986年，第961页。

[14]〔南朝梁〕萧统编、〔唐〕李善注：《文选》，中华书局1977年，第434页。

[15]〔清〕金圣叹：《金圣叹评点唐诗六百首》，浙江古籍出版社1985年，第234页。

[16]〔清〕金圣叹：《金圣叹评点唐诗六百首》，浙江古籍出版社1985年，第235页。

［17］〔日本〕芳村弘道：《十抄诗·夹注名贤十抄诗》，日本名古屋汲古书院2011年，第26页。

［18］〔清〕彭定求等：《全唐诗》，上海古籍出版社1986年，第959页。

［19］〔清〕彭定求等：《全唐诗》，上海古籍出版社1986年，第960页。

［20］〔日本〕芳村弘道：《十抄诗·夹注名贤十抄诗》，日本名古屋汲古书院2011年，第27页。

［21］〔北宋〕欧阳修等：《新唐书·地理志》，中华书局1975年，第959页。

［22］〔北宋〕欧阳修等：《新唐书·地理志》，中华书局1975年，第1105页。

［23］〔南朝梁〕萧统编、〔唐〕李善注：《文选》，中华书局1977年，第26页。

［24］〔北宋〕欧阳修：《新唐书·百官志》，中华书局1975年，第1208页。

［25］〔北宋〕欧阳修等：《新唐书·地理志》，中华书局1975年，第1107页。

［26］〔清〕阮元：《十三经注疏》，中华书局1980年，第61页。

［27］〔宋〕洪兴祖：《楚辞补注》，中华书局1957年，第304页。

［28］〔日本〕芳村弘道：《十抄诗·夹注名贤十抄诗》，日本名古屋汲古书院2011年，第28页。

［29］〔南朝梁〕宗懔撰、〔隋〕杜公瞻注：《荆楚岁时记》，中华书局2018年，第29页。

［30］〔南朝梁〕萧统编、〔唐〕李善注：《文选》中华书局1977年，第167页。

［31］〔宋〕计有功：《唐诗纪事》，上海古籍出版社2008年，第526页。

［32］郭殿忱：《唐人咏寒食诗考异》，《晋中学院学报》2021年第1期。

［33］〔唐〕魏徵等：《隋书》，中华书局1973年，第380页。

［34］〔清〕黄本骥：《历代职官表》，上海古籍出版社2005年，第17页。

［35］〔日本〕芳村弘道：《十抄诗·夹注名贤十抄诗》，日本名古屋汲古书院2011年，第29页。

［36］〔东汉〕班固：《汉书》，中州古籍出版社1996年，第609页。

［37］〔明〕高棅：《唐诗品汇》，上海古籍出版社1988年，第743页。

［38］〔清〕彭定求等：《全唐诗》，上海古籍出版社1986年，第960页。

［39］〔北宋〕高承：《事物纪原》，中华书局1983年，第305页。

［40］〔元〕杨士弘：《唐音评注》，河北大学出版社2010年，第433页。

［41］〔日本〕芳村弘道：《十抄诗·夹注名贤十抄诗》，日本名古屋汲古书院2011年，第30页。

［42］〔北宋〕欧阳修等：《新唐书·地理志》，中华书局1975年，第1072页。

［43］〔西汉〕司马迁：《史记》，中华书局1959年，第2013页。

［44］〔南宋〕王象之：《舆地纪胜》，中华书局1992年，第1328页。

［45］〔南宋〕王象之：《舆地纪胜》，中华书局1992年，第1303页。

［46］〔东汉〕许慎：《说文解字》，中华书局1963年，第180页。

［47］〔日本〕芳村弘道：《十抄诗·夹注名贤十抄诗》，日本名古屋汲古书院2011年，第31页。

［48］〔明〕高棅：《唐诗品汇》，上海古籍出版社1988年，第743页。

［49］〔清〕彭定求等：《全唐诗》，上海古籍出版社1986年，第961页。

［50］〔唐〕魏徵等：《隋书》，中华书局1973年，第724页。

［51］〔清〕徐松撰、孟二冬补正：《登科记考》，燕山出版社2003年，第604页。

［52］〔唐〕李肇：《国史补》，上海古籍出版社1979年，第55页。

［53］〔五代〕王定保：《唐摭言》，上海古籍出版社2012年，第3页。

［54］〔清〕金圣叹：《金圣叹评点唐诗六百首》，浙江古籍出版社1985年，第235页。

［55］〔清〕沈德潜：《唐诗别裁集》，上海古籍出版社1979年，第502页。

［56］〔南朝梁〕萧统编、〔唐〕李善注：《文选》，中华书局1977年，第399页。

［57］〔南朝梁〕萧统编、〔唐〕李善注：《文选》，中华书局1977年，第87页。

［58］李格非等：《唐五代传奇集》，中州古籍出版社1997年，第830页。

［59］〔日本〕芳村弘道：《十抄诗·夹注名贤十抄诗》，日本名古屋汲古书院2011年，第32页。

［60］〔宋〕欧阳修：《新唐书·百官志》，中华书局1975年，第1193页。

［61］〔南朝梁〕萧统编、〔唐〕李善注：《文选》，中华书局1977年，第15页。

［62］〔南朝梁〕萧统编、〔唐〕李善注：《文选》，中华书局1977年，第506页。

［63］〔南朝宋〕范晔：《后汉书》，中州古籍出版社1996年，第461页。

［64］〔唐〕姚思廉：《梁书》，中华书局1973年，第321页。

［65］〔清〕阮元：《十三经注疏》，中华书局1980年，第235页。

［66］〔日本〕芳村弘道：《十抄诗·夹注名贤十抄诗》，日本名古屋汲古书院2011年，第33页。

［67］〔元〕马端临：《文献通考》，中华书局1986年，第2505页。

［68］郭文镐：《张籍生平二三事考辨》，《唐代文学研究》第一辑，山西人民出版社1988年，第297页。

［69］〔西汉〕司马迁：《史记》，中华书局1959年，第2735页。

［70］〔东汉〕班固：《汉书》，中州古籍出版社1996年，第723页。

［71］〔唐〕房玄龄等：《晋书》，中华书局1974年，第1504页。

［72］〔南朝宋〕范晔：《后汉书》，中州古籍出版社1996年，第18页。

［73］〔西汉〕司马迁：《史记》，中华书局1959年，第2380页。

［74］〔清〕彭定求等：《全唐诗》，上海古籍出版社1986年，第962页。

［75］秦公：《碑别字新编》，文物出版社1985年，第123页。

［76］夏启良等：《通假字典》，河南大学出版社2000年，第241页。

［77］〔清〕阮元：《十三经注疏》，中华书局1980年，第2671页。

嘉靖"大倭寇"初期明廷海防困境研究

——以"倭寇南京"事件为例

芮赵凯（盐城工学院）

内容摘要： 发生在嘉靖三十四年六至八月的"倭寇南京"事件，集中暴露了嘉靖"大倭寇"初期明廷在倭寇应对中的诸多困境。其一，尺籍尽耗的卫所军及流于形式的民壮佥发导致的兵源不足问题；其二，兵器落后、战术不精以及蔓延的恐倭心理导致的战斗力低下问题；其三，县治无城或旧城坍圮未修导致的城池防御失效问题。

关键词： 嘉靖"大倭寇" 海防困境 倭寇南京

目前学术界对明代倭寇的分期倾向于三期说，以嘉靖三十一年（1552）倭寇攻陷浙江台州府黄岩县及隆庆开海作为两个历史节点，将明代倭寇分为前、中、后三期，前期为洪武、永乐朝倭寇，中期为嘉靖朝倭寇，后期为万历朝"壬辰倭乱"[1]。嘉靖三十一年四月，"漳、泉海贼勾引倭奴万余人，驾船千余艘，自浙江舟山、象山等处登岸，流劫台、温、宁、召间，攻陷城塞，杀虏居民无数"。随后五月，"海寇攻浙江黄岩县，破之，留城中纵掠七日乃去"。自此开启了明代倭患的中期阶段，史称嘉靖"大倭寇"。嘉靖三十二年（1553）闰三月，"海贼汪直斜漳、广群盗，勾集各枭倭夷，大举入寇，连舰百余艘，蔽海而致，南自台、宁、嘉、湖以及苏、松至于淮北，滨海数千里同时告警"。自此时起，倭寇开始密集进攻浙江及南直隶地区，几乎无一日无警。面对猝然而至的倭寇，沿海地区却是"海上承平日久，人不知兵，一闻贼至即各鸟兽窜，室庐为空，官兵御之，望风奔溃"[2]。可以说，在嘉靖"大倭寇"爆发之初，堕坏已久的海防系统无法有效地抵挡气焰汹涌的倭寇入侵，明朝的海防应对是混乱且无力的。发生在嘉靖三十四年（1555）六月的

"倭寇南京"事件，因其跨境范围广、杀伤官民人数多，从而在根本上暴露出明朝海防体系的诸多漏洞。针对这一事件的分析，可以管窥明廷在嘉靖"大倭寇"初期倭寇应对的诸多困境[3]。

一 "倭寇南京"事件始末

嘉靖三十四年六月，一支百余人规模的倭寇在浙江省绍兴府上虞县爵溪所城登陆，随后抵达会稽县高埠，占据一处居民楼房抵抗。绍兴知府刘锡，所千户徐子懿分别率兵包围敌楼，但是倭寇趁夜色制作木筏由东河突围而出，正巧在蛏浦塘遭遇返乡的御史钱鲸，钱鲸惨遭杀害。之后，倭寇流劫杭州府于潜、昌化二县，杭州城内大为恐慌。

七月，倭寇持续向西行进，至严州府淳安县时，因一路奔袭作战，百余人仅剩六十余人。此后，倭寇由濠岭盘山进入南直隶徽州府歙县，在歙县关隘黄柏源口，徽州府防守该处隘口的官兵、民壮合计五百余人，见到倭寇后全都逃窜。于是，倭寇自歙县流劫至宁国府旌德县。典史蔡尧佐率领兵士千余人抵御，未获成功。倭寇便由旌德县南门攻入，屠掠县城后继续向北流窜。路过宁国府泾县时，知县丘时庸率兵追击，在埠塘与倭寇作战，再败于倭寇。倭寇继续向北往宁国府南陵县行进，南陵县丞莫逞派三百人防守关隘分界山，此三百人望见倭寇后亦全部逃窜。于是倭寇得以进入南陵县城，大肆屠掠。此时，建阳卫指挥缪印、太平府当涂县丞陈一道、太平府知事郭樟等各自奉命引兵前来救援，在南陵县东门与倭寇遭遇作战。"印等引弓射之，贼悉手接其矢，诸军相顾愕贻，遂俱溃"[4]，唯独陈一道率领的皆是芜湖的骁勇兵士，未尝崩溃逃窜，独自与

---

* 本文为江苏省社科基金项目"嘉靖'大倭寇'与南直隶海防建设研究"（19LSD002）研究成果。

贼作战，却全部为倭寇所杀。

南陵作战之后，倭寇北上行进至太平府芜湖县，街市内的商贩、义勇与倭寇展开了激烈的战斗，"各商民义勇登屋以瓦石灰礶击之，贼多伤者，遂奔去，各商兵下屋生缚二倭，斩首十级"[5]。余贼五十余人奔太平府城而去，当时操江都御史史褒善正好驻扎在太平府，遂派遣千户曾□督率乡兵前往御敌，在马厂与倭寇作战，大败于倭寇。于是倭寇直逼太平府城，因城中斩断护城河桥以作防守，故倭寇放弃进攻太平府城，转而往北进逼应天府外围江宁镇。指挥朱襄、蒋升率兵前往抵御，结果"不能御，襄战死，升被创堕马，官兵死者三百余人"[6]。南京城外围的阻击失败，于是倭寇直逼南京城外，"其酋衣红乘马，张黄盖整众犯大安德门"[7]在留都城外如此肆意，气焰嚣张达到顶峰。最后因明军在城楼上用火铳攻击以及倭寇在城内所遣间谍被抓获而放弃攻城，转而南下。

八月，倭寇自南京南下，到达秣陵关，此处本由应天府推官罗节卿、指挥徐承宗率领兵士千余人防守，然而却在倭寇到来前即望风逃窜。于是倭寇顺利度过关隘，到达应天府溧水县杨林桥，典史林文景率兵抵御，依旧未能成功。县丞赵珠臣竟然不积极组织城防，反而弃城逃窜。倭寇遂由小北门入城，在居民家中宴饮住宿后方才离去。其后，倭寇继续南下，一路流劫应天府溧阳县，向常州府宜兴县进发。因听闻官兵从太湖登岸来援，于是跨越常州府武进县，抵达常州府无锡县慧山寺，一昼夜间竟然奔走一百八十余里。最终在官兵的追击下，到达苏州府浒墅关，被赶来救援的巡抚应天都御史曹邦辅率官兵围困。

当时，曹邦辅督率常镇兵备副使王崇古、苏松海防金事董邦政、苏州知府林懋举、吴县知县康世耀等共同御敌，并语诸人曰："此贼势孤，数千擎敌，我地形兵力为彼所窥，他日大举入寇，何以支之！誓灭此而后入城"[8]。于是：

> 分授信地，申主客应援之规。以崇古、邦政、宇率指挥张大纲、武生车梁蹑贼所向，遇

敌先登，为正兵；懋举、世耀各领兵屯吴林庙之左，北护郡城，南扼贼冲，为援兵；生员陈淮等与严家兵、沙兵分突冲截，为奇兵；度贼走太湖，募水兵于湖滨东山巡检，领船数十艘往来探哨，为游兵。又度贼不走太湖，必分踪以牵制我师，或弃金帛于道饵我，严谕毋离伍，毋拾遗。士皆股栗，殊死战[9]。

即便已作如此充分的准备，剿灭此五十三人也颇费周折：

> 是夜（十三日），官兵射死五贼，贼畏官兵难犯，从间道沿山夜行，擒二人欲导出海。二人故导之过阊门，谓城上曰："吾往绝地，可来击之。"遂引至实带桥，郭巷三面阻水，官兵围困，贼忿胹二人；十六日夜，溃围过五龙桥奔梅湾；二十日，奔灵严山；二十一日，官兵搜伏斩首七级，贼夜奔凤凰池；二十五日，奔木渎，复奔前马桥；二十七日，邦辅亲督副使王崇古、海防金事董邦政合并击贼，贼死战，我兵奋勇，严家父子五人当其前锋，斩二十七级，指挥张大纲、昆山生员陈淮皆战死。贼夜遁之黄墅沙，欲渡湖，巡船阻之，奔杨家桥，仅存二十一贼伏田野中。官兵追逼，武生车梁独以兵张两翼，鼓噪索之，贼遂出，梁招官兵还击，贼遗金帛诱我兵，陷一绝巷中，官兵围之，矢炮丛发，贼灭无遗[10]。

至此，此部倭寇方被全歼。这支倭寇"不过六七十人，流劫杭、严、徽、宁、太平至犯留都，经行千里，杀戮及战伤无虑四五千人，凡杀一御史、二指挥、二把总，入二县，历八十余日始灭"[11]。这一事件在当时产生了深远的影响，督率剿灭此寇的巡抚应天都御史曹邦辅在上疏朝廷时称：

> 连年倭患，其来必斜连大众，多者数千，少亦千不下数百，其登岸劫掠近则百里，至远不过千里，未有以五六十余之贼深入内地，转战数千

里，直瞰都门，无所顾忌若此贼者，且所过屠戮极其惨烈，使不即殄灭，得以遁归，彼已习之内地虚实，将来招引丑类为祸，殆永可量[12]。

从其上疏内容来看，曹邦辅一则被此倭的破坏力震惊，二则因构想此倭如顺利遁归所带来的后果而心有余悸。而明廷对这一事件的后续处理，则在更大程度上体现了"倭寇南京"这一事件对明朝上下的巨大冲击。

"倭寇南京"事件发生之后，时任南京户科给事中朱文汉、南京浙江道御史侯东莱将此事上疏朝廷，并参劾南京守备武臣抚宁侯朱岳，南京守备太监郭□及南京兵部尚书张时彻等。而张时彻亦上疏汇报此事，但是"词多隐护，中有信宿之间遂尔潜遁城外，地方无所伤等语"[13]。于是，刑科给事中丘橓上书：

> 留都根本重地，祖宗陵寝在焉，以数十余遁逃之穷寇，来自千里之外，时彻等闭门塞窦，听其游遨□阓，冲突金汤，两阅昼夜而后解去，则已不啻久矣？而犹曰信宿之间遂尔潜遁耶？其来莫御，其去莫追，红衣黄盖，鼓噪而行，熟略长驱，所向无梗，又何潜遁之有？岂一离都城便可谓之遁，而大司马之职掌仅止婴城自保己耶？江南倭过之处，未有不残破者，乃谓负郭居民都无一罹焚戮者哉？将官已见杀矣，军士已俱殁矣。城外孤悬而无所援，城中栗息而不敢出，地方之绎骚甚矣，而曰一无所伤，然则必何如而始可谓之有伤耶[14]？

丘橓上书之后，嘉靖帝命张时彻、南京兵部侍郎陈洙罢官回乡。此外，整个事件中涉及的相关地方官员、卫所军官皆有处置，先后处罚兵部尚书一人，兵部侍郎一人，知府三人，府通判一人，府推官一人，府知事一人，知县三人，县丞一人，卫所军官四十六人，文武官员累计五十八人。遍览《明世宗实录》中有关御倭功罪处置的记载，此次处罚所涉官员级别之高、人数之多，皆为仅见。

二 "倭寇南京"事件所见明廷御倭困境

"倭寇南京"事件给明朝军民带来了巨大的人身及财产损害，此次入侵无法逃避的一个根本问题是，为何以此区区六七十余人，得以跨境纵横三千余里，杀伤军民四五千人？仅就倭寇所取得的"战果"来看，这在世界军事史上也可堪称"奇迹"。根据《明世宗实录》的相关记载，试将明朝军民与倭寇作战明细表列如下（表一）。

表一　明军与倭寇部队作战情况一览表

作战地	作战力量	领导力量	作战结果
绍兴府会稽县	不详	知府刘锡 千户徐子懿	（倭寇）溃围而出
徽州府歙县	官兵、民壮五百余人	不详	见贼悉奔溃
宁国府旌德县	兵千余	典史蔡尧佐	御之不克
宁国府泾县	不详	知县丘时庸	败绩
宁国府南陵县	三百人	县丞莫逞	见贼悉奔窜
宁国府南陵县	不详	建阳卫指挥缪印 当涂县丞郭映郊 芜湖县丞陈一道 太平府知事郭樟	诸军俱溃 芜湖骁健为贼所杀
太平府芜湖县	商民义勇	不详	生缚二倭 斩首十级
太平府	乡兵义勇、杀虎手	千户曾□	大败
应天府江宁镇	不详	指挥朱襄 指挥蒋升	不能御 襄战死 升被创落马 官兵死者三百余人
应天府秣陵关	兵千余	应天推官罗节卿 指挥徐承宗	望风崩溃
应天府溧水县	不详	典史林文景	不能御
苏州府浒墅关		都御史曹邦辅 常镇兵备王崇古 苏松海防金事董邦政 苏州知府林懋举 吴县知县康世耀 把总娄宇	全歼

资料来源：《明世宗实录》

从表一可清晰看出，明朝军民与倭寇大小十二战，却屡屡败北。除去浒墅关一役全歼倭寇以外，其余作战仅在芜湖县取得一胜，且此战并非由府县或卫所的官员领导，而是由芜湖市场内商民自发组织形成的抵御[15]。可以说，在浒墅关一役前，明廷针对这支倭寇部队的十次防御作战完全失败。这之中暴露出明廷在倭寇应对中存在的诸多问题，此处试析如下。

（一）兵力不足

倭寇自绍兴府上虞县登陆，先后经过杭州府、严州府、徽州府、宁国府、太平府、应天府、常州府、苏州府。根据上表作战力量统计情况，历次作战中官军数量很少，反而大量依靠民壮、乡兵及商民的力量来抵御倭寇。浙江沿海海防卫所、徽州府、宁国府、太平府的驻防卫所，乃至作为留都南京城所在地的应天府，数额理应相当巨大的卫所军竟未参与作战，其中缘由何在？为解决这个问题，有必要回溯明代卫所军缺伍的历史演变情状。

早在宣德年间，卫所军堕坏已现端倪：

> 内外都司卫所管军军官，全不用心整治，惟务贪贿以自肥身家。凡有征差，则差贫卖富；有征办，则倍加需索；而又多占伴当，或办纳月钱，纵放买卖；或以应答上司为由勒除月粮；或指操备名色克减布花。生事科扰，千端万状，以至军士窘于衣食，妻子不能管顾，不得安身，累累外窜。其该管都司及亲临风宪，明知军士被害，纵容不举，甚者与不才军官交结，受其贿赂[16]。

可见，宣德年间卫所军官贪贿之风已盛，军士惨遭盘剥，痛苦万状。正统年间，以广东海防卫所为例，"广东缘海地方，设卫所城堡于要害之处，专备倭寇。比闻都司卫所官不得其人，贪污暴虐，玩法欺公，或侵用月粮，或卖放军士，或私下海捕鲜，或令营干家务，以致军伍空阙，兵备废弛"[17]。可见正统时因卫所官员持续腐化，卫所军伍已逐步空缺。到了弘治元年，兵部尚书马文升曾疏：

> 惟我太祖高皇帝创建之初，设卫籍兵，天下之军共有数百余万，即今百十余年而逃亡死绝者过半，盖由里老埋没而无册籍之可查，卫所作弊而无文卷可凭。虽有清军御史，而清出者百无二三，虽解到卫，而随逃者十常有八九。若再加百年，绝故愈多，此军士消耗之弊如此也。其现存之军，江南者俱各守边备倭，漕运粮储；江北者俱赴京边轮班操备，而在卫守城不过老幼数百人，都司操练止有余丁一二千名，居重驭轻。京师军士虽有二十余万，南京官军虽有五万之上，然多有名无实，况骑射之未精，什物之未备，加以连年做工，疲困已极，轮班往返，艰难尤甚，此军士现存之弊如此也。消耗之军既不能复现在之数，又不堪用，兵戎诚为不足，遇警何以调用[18]。

从马文升此疏可见，当时卫所军伍逃亡已过半，仅存的卫所军，在江南只堪防倭与漕运，在江北只堪赴京轮班。就连南北两京驻守部队，也大多虚存名籍，且兵器不全，训练不精。加上连年被占役做工，疲惫不堪，几无战斗力可言。

至嘉靖年间，卫所军的堕坏情况便更加恶劣了。嘉靖十三年（1534）四月，南京兵部侍郎刘龙上疏："一，南京各卫所原额正军逃亡者宜严勾补伍，见在舍余军余精壮堪以补掺者亦量为选用……一，营掺军名以纸盔木刀之类虚应故事，请于兵仗局所贮库军器给之，仍如例五年一兑换"[19]。可见，至嘉靖十三年，连原先人数尚能保证的南京卫所，逃军现象亦已十分严重。尤其值得注意的是，弘治年间兵器未备，训练不精的情况愈发恶劣，直接演变为用纸质盔甲和木制刀具糊弄了事。

嘉靖"大倭寇"爆发后，从亲历御倭的官员奏疏中可以知晓卫所军伍空缺已至不可收拾的地步。嘉靖"大倭寇"期间首任浙直福总督张经曾于嘉靖三十三年（1554）疏奏："国初洪武间，以倭夷不靖，遣信国公汤和经略海防，凡闽浙滨海之区，陆有成守，水有战舡，故百余年来寇不为害。其后法弛毙生，军士有纳料放班之弊，于是强富者散遣，老弱者哨守，战舸损坏亦弃不修，以致寇得乘之而入"[20]。凤阳巡抚唐顺之指出："国初沿海建设卫所，联络险要。今军伍空缺，有一卫不满千余，一所不满百余者。宜备查缺额之数而补足之。其运粮、班操等项原因海上无事拨借别用者，可悉还之原卫所，使自为守卫所之兵"[21]。海防卫所缺额情状触目惊心，一卫军士人数原应五千六百人，所剩竟不满千余；一所军士人数原应千一百二十人，所剩竟不满百余。

由上可知，明代卫所军政持续废弛，至嘉靖"大倭寇"爆发时，卫所军无论在数量上还是在战力上，皆已无法成为抵御倭寇的可靠力量。于是，在嘉靖"大倭寇"爆发初期，东南沿海诸省面临的首要问题便是无兵可用的困境。

倭寇自浙江登岸，浙江可用的作战军队在嘉靖三十四年五月由浙江巡按御史胡宗宪、按察司副使董士弘、金事王询率领在南直隶吴江县附近与倭寇会战。所以，在六月这支百余人小部队自爵溪所登岸西历之时，浙江军队仍在南直隶松江地区，再加上这支小部队只是一意西进，并未长期驻扎，故而在浙江地区并未能得到有效阻击。

进入南直隶后，兵力不足的问题进一步显现，倭寇所经府县，原驻卫所军额持续削减，可堪作战的兵力更是捉襟见肘。徽州府于洪武二十三年（1390）设立新安卫，"分置五千户所，每千户各置十百户所，每百户立总旗二名，小旗十名，合一百一十二人为一百户，一千一百二十人为一千户，五千户为一卫，大小相维，以成队伍。"然而"天顺而后，军渐凋耗，遂省去后千户所，为四千户所。其印俱空贮在官，而前千户中亦空贮百户印七，各无军士可管。故弘治志所载仅云本卫所见在旗军二千二百二十名而已"[22]。宁国府设宣州卫，"中、前二千户所旗军七百二十人，每军十设总小旗各一人，总旗十设百户一人，百户统于千户，千户统于指挥，惟百户以上不置员额……宣州卫不能五所，兵才一千二百人。洪武二十四年（1391），复调补北

边，兵籍益削，又以其太半驱之于漕，余多役于班局，而屯田率以余丁，其见兵操守者不能五十人，几于唐之无兵可交者矣"[23]。太平府设立建阳卫，"卫以五千人为率，理屯田，习营伍，驻郡地，属操江守城防护等调遣"[24]。除太平府建阳卫未明确记载军士数额变更以外，徽州府新安卫在弘治年间仅剩军士二千余名，宁国府宣州卫早在洪武年间操守兵士便仅剩五十余人，无法想象至嘉靖三十四年三卫堪战军士所剩几许。

除卫所军士以外，地方防御另一重要群体便是州县民壮。民壮的征发与卫所军政堕坏、军伍空缺密切相关。正是因为军伍空虚，无力应对战事，方才征集民壮填补武装力量。民壮的起源颇有争议，史料记载亦不一。据笔者目前所见，在宣宗朝时应已存在民壮群体，但是规模很小，范围也有限。正统前期也仅见零星记载。真正大规模征募民壮作战应在正统后期。

正统十二年（1447），浙江以叶宗留为领导的矿工起义军与福建以邓茂七为领导的农民起义军势头逐渐到达顶峰，双方在浙江与福建遥为呼应，东南地区大为震动。朝廷为平息起义军，除调动京军、漕军等作战以外，还在州县开始金发民壮，随军作战。《明英宗实录》记载："巡按浙江监察御史李俊言：'处州府东山等坑、坑首、匠丁俱因贼寇生发选充民壮，有妨采办，请减免今年冬及明年春夏银课之半，俟贼宁息仍旧煎办。'从之"[25]。其后，"巡按浙江监察御史李俊奏：'处州府强贼五百余人，自江西永丰县来，至遂昌县界，杀死巡捕官军、民快。今各处军少贼多，难以抵敌，乞调征进福建官军前来剿灭。'上命：'巡抚浙江少卿张骥及三司御史等官，先调各卫巡海代回官军及在营精壮余丁，并招募民快，设法剿捕，敢有怠慢畏缩，俱处死不宥'"[26]。随后，又有"敕左都督刘聚，俟灭福建贼邓茂七毕，移师浙江灭叶宗留。仍命右少卿张骥及浙江三司御史榜示各府、州、县，凡贼盗生发之处，其该管官司及里老亲邻俱有其罪，或曾为盗今已改过者不许妄拿激变，止擒剿贼首及重犯者械京。有功者，不

拘官军、民壮悉加官赏，胁从为盗及逃军、逃囚有能生擒贼首重犯及斩首来献者，悉宥前罪，仍加官赏"[27]。在当年七月还有"浙江处州府知府张佑统领民快王应参、王金礼率众杀贼一千余徒，生擒首从八十余人，获贼皮甲八百余领"[28]。可见当时因邓茂七、叶宗留起义导致的郡县金发民壮已较多出现。

除去为平息邓茂七、叶宗留起义需金发民壮以外，正统十四年（1449）八月，"土木之变"发生，正统帝被掳，郕王（即景泰帝）在当月有过选发民壮的命令："户科给事中李侃启三事……今虏得利而强，我失利而馁。况新选军余舍人平昔率皆嬉游，未历艰辛，少有可用。乞差廉干京官驰往北直隶、山东、河南、山西、陕西各处选操民壮，每府五千名，俟其操习可用，选二千名赴京听调杀贼……启入，王嘉纳，令该部议行"[29]。至弘治年间，专门制定了金发民壮法令："弘治七年（1494）立金民壮法，州、县七八百里以上，里金二人；五百里，三；三百里，四；百里以上，五。有司训练，遇警调发，给以行粮，而禁役占放买之弊。富民不愿，则上直于官，官自为募。或称机兵，在巡检司者称弓兵"[30]。从此，以律令的形式将金发民壮的原则予以确认。

遍查倭寇进入南直隶后行军所过州县的地方志，发现大部分都有民壮设置记载。歙县："歙县民快二百二十名，副快同之"[31]。泾县："明成化初以卫兵耗弱，始藉民为兵，其数视县大小而上下之，每兵二十五人，设总甲一人……嘉靖乙未（十五年，1536），巡按虞守愚著议上之大司马，以其计便，颁其法于诸郡，泾始设民兵二百人"[32]。南陵县："明成化中，藉民为兵，南邑民兵三百，后止存五十"[33]。芜湖县："弘治十年（1497），奉例金设民兵，芜湖一百九十名。正德十二年，裁为一百名，岁时操练守防县境，或遇警调用，沿历既久，日就懈弛"[34]。宜兴县：

> 正统十四年，于乡厢里总人户内金点殷实者编为民壮，宜兴额设千三百九十四名。其

职以守城扞撒司门鑰库狱为事，定议十年一换人。景泰七年，清戎御史奏减其半……至嘉靖三十三年设土兵，则巡按尚维持因倭警于各乡里总名下编兵一名，又在城坊厢人户内家有三人者抽一人为兵，征银贮库，募兵给发，俾协同民壮防守。时宜兴有水陆二哨官兵民壮共三百八十四名。内练兵官一员，操官四员，水哨捕盗二十二名，水兵百五十七名，陆哨旗牌哨队六十五名，操壮八十五名"[35]。

武进县："嘉靖三年（1524）编订四百八十名，通作一班操守，十九年（1540）增编二十名，三十三年倭寇发，奉委指挥管理，议增一百名，倭平改千户统领"[36]。

仅就以上诸县民壮额设便已将近二千名，然而就参战数量而言，似乎同样显示此时的民壮金发已沦为形式，有名无实。于是，在嘉靖"大倭寇"爆发之初，明廷面临的首要问题便是卫所军普遍缺伍的同时，民壮的金发亦流于形式，兵力严重缺乏。

（二）战力低下

倭寇在进入南直隶后，历经十余场战役，在奔逃至浒墅关被歼灭前，除去在芜湖县遭到商民攻击遭受失利之外，未尝一败，甚至以十余人损失，杀伤军民数千人。明朝参加抵御的卫所军、民壮等数额不低于三千人，缘何明朝三千余人的部队却对倭寇五十余人的小部队束手无策，节节败退？回溯历次作战细节，明军战败大体可以分为两种情况，一种是奋力作战而不能敌，一种是望风奔溃而不敢战。第一种情况，如在倭寇经过旌德县时，典史蔡尧佐率兵千余御敌不克；经过南陵县时，指挥缪印张弓射贼，贼却能以手接箭；经过太平府时，千户曾□率乡兵等抵御，遭大败；经江宁镇时，指挥朱襄、蒋升率众抵御未成，官兵被杀者三百余人。第二种情况如倭寇经歙县黄柏源口时，"徽州府守隘官民兵壮五百余人，见贼悉奔溃"[37]；经南陵县分界山时，"县丞莫逞以三百人守分界山，见贼悉奔窜"[38]；经秣陵关时，"应天推官罗节卿指挥徐承宗率兵千人守

关，望风奔溃"[39]。

以上两种情况反映了嘉靖"大倭寇"初期军事作战的另一大困境，即明军战斗力低下，无法与倭寇在作战中抗衡。明军战斗力低下的原因，一方面是因兵器落后、战术不精等原因所致，另一方面是因对倭寇的恐惧心理所致。

在作战兵器上，《筹海图编》记载，倭寇常配三刀：

> 大小长短不同，立名亦异。每人有一长刀，谓之佩刀。其长刀之上又插一小刀，以便杂用。又一刺刀，长尺许者，谓之解手刀。长尺余者，谓之急拔，亦刺刀之类。此三者，乃随身必用者也。其大而长柄者，乃摆导所用，可以杀人，谓之先导。其以皮条缀刀鞘，佩之于肩，或执之于手，乃随后所用，谓之大制[40]。

而其长刀长度五尺有余，使用时"手舞双刀，刀长五尺余。手腕运动，开锋甚长。其刀飞舞，通身如雪，无间可击"[41]。倭刀不但尺寸长，而且质量上乘，锋利无比，非明军刀枪可挡，《倭变事略》中记载有一则战例：

> 五月初三日，残寇约三百余，奔还柘林，由腹里经乌木桥。有伤不能行者，用民家桌，两人舁之逸，十四贼匿彭道亭。初四日，报县遣兵剿之，一贼出哨亭外，我兵攒枪刺之，贼斫一刀，十数枪齐折，兵皆徒手而奔一处。兵勇敢能战，突往抱持一贼，其党奋援伤死，至晚，贼就擒[42]。

上例中，明军十数人一齐用枪刺一倭，而该倭应战时仅砍一刀，明军十余竿枪全部折断，倭刀的锋利可见一斑。除倭刀外，倭寇所用弓箭也强劲精巧，无论在近身战还是攻城战中都能发挥巨大的杀伤效果。在近身战中，"弓用八尺，以足踏弰，立而发矢，海芦为箭，铁镞阔二寸，如燕尾，重三两有

奇，近人乃发镞，与箭不甚粘，中人后箭拔而镞不出，无活理"[43]。在攻城战中，"贼众数千，白昼攻城，矢入城中如雨。弓长七八尺，矢长四五尺，镞之铁者如燕尾，镞之竹者如长枪。城外隔河而射，中城内屋，钉瓦入椽，而没镞"[44]。铁镞如燕尾，中人后杀伤面积大；而弓长八尺，需用足力发射，隔护城河射入城内，穿过房顶瓦片后仍能将箭头埋入木椽，其强劲亦可知。如此强弓阔镞，远非明军所射的倭寇可凭手接的箭矢所能匹敌。在实战中，倭弓给明军带来剧烈的杀伤与震慑，《倭变事略》中记载有另一战例：

> 嘉靖三十二年癸丑，夏四月二日，一海船长八九丈余，泊盐邑演武场北新塘嘴，约贼六十余，皆髡头鸟音，有枪刀弓矢而无火器。时备倭把总指挥王应麟率本卫骁兵数百而出，贼见我兵不敢动。王遣陆路指挥王彦忠率军百余至船，询所以来，而译言莫通……日甫西，彦忠率众逼船，倭尽起立，以燕尾利镞射数军，皆立死。诸观者始知惧，奔入城，遂塞门为拒守计矣。会雨，夜昏黑，防少懈。漏四鼓，贼留半在船，其半登陆路而遁[45]。

以上战例，倭寇明明已因失舵而搁浅，却因倭弓的杀伤力导致诸军莫敢上前，最终竟以数百众之明军逃奔回城中拒守，倭寇成功逃窜结束。

兵器落后之外，倭寇在战术使用上亦新奇诡谲，往往令明军防守失策，屡遭大败。倭寇作战时，惯用阵法："倭寇惯为蝴蝶阵，临阵以挥扇为号，一人挥扇，众皆舞刀而起，向空挥霍。我兵仓皇仰首，则从下砍来。又为长蛇阵，前耀百脚旗，以次鱼贯而行。最强为锋，最强为殿，中皆勇怯相参"[46]。除去直接对阵作战之外，倭寇还擅长使用伏兵。

倭寇伏兵分为以下两种情况：一种是在对阵之前，预先分出部分兵力作为伏兵，《筹海图编》对此种战术有载："冲阵必伺人先动，动而后突入，故乘胜长驱。战酣必四面伏起，突邀阵后，故令我军惊

溃"[47]。这种在战前布置、战中突入的伏兵，往往给明军带来重大杀伤，此种战例数不胜数。例如："初四日，官兵追及之，至矮婆桥力战。是日，大雨泥泞，勇士茅堂手枭当先一倭，诸军咸尽力血战良久。贼以半出战，以半伏草麦林莽中。战酣伏发，而茅堂、舒惠、敖震素称勇敢者，皆战殁，我军死者十八人"[48]。一种是倭寇全体埋伏于山林草丛间，等待合适时机突然发动袭击。例如："许国间道袭倭，贼舟泊采淘港，皆蒙絮被，寂若无人。射之不动。潮至，贼十六人从芦苇中跃出，青徐兵大乱，蹂践赴水死者三千余人"[49]。又如："温州卫指挥祈嵩、百户刘敏领兵出哨，渡溪未至，贼伏起，林中突出，将上死者六十余人"[50]。

此外，倭寇大量的间谍派遣，更使得明军在御倭作战中防不胜防。此次"倭寇南京"事件中，倭寇即向南京城内派遣间谍。当倭酋衣红乘马大犯安德门时，"会城中获其所遣谍者，贼乃引众由铺岗趋秣陵关而去"[51]。可以推测，如果不是南京城内间谍及时被捕获，倭寇围困南京城的时间或许会更长。通过间谍派遣，倭寇得以预知所寇地方地形、民情、明军兵力配置、行动计划等，这些重要情报的获得将极大助力倭寇的入侵行动。倭寇派遣间谍的具体手段可从部分作战记载中探得明细。嘉靖三十三年四月倭寇入侵昆山县时：

> 贼至三日，不犯城郭，人皆疑之。十六日，诸生有夙兴者，望见马鞍山颠有白衣人二，皆以白扇指挥，意其为奸细也。遣人遍索之，弗得。卒之鳖壳洞中，执而讯之。曰："未至时先遣十辈伏城内，期十五日放火，诱民夫下城，乘间而登，因天雨改约今夕，白者吾暗号也。"干寿亟下令，凡来历不明之人，悉系狱。虑有枉也，命狱卒善护之，惟慎其防。又令城市各甲相觉察，城夫不得离信地顾私室，违者治以军法。是夕，奸细放火，受缚者八人。始知擒者非尽奸细，奸细或伏桥下，或栖树杪，或隐庵刹，或潜林墓。夜聚晓散，其踪无常[52]。

由上例可见，倭寇派遣间谍一般在部队到达之前，间谍在城内搜集情报，制造事端，待倭寇部队到达后，里应外合，辅助倭寇攻入城池。间谍一般具有相当的反侦察能力，会通过其他的身份作为隐藏，而且通常具有相当的特技以便于其侦察。同一时间入侵常熟县的倭寇亦预先向城中派遣间谍，"贼首刘鉴欲攻县城，先遣其徒伪充乞丐以觇虚实，官兵擒之，因而戒严"[53]。

除去兵器落后、战术不精等原因之外，明朝军民中广泛蔓延的恐倭心理直接导致在嘉靖"大倭寇"初期明朝军队频繁出现不敢战的情况。明军的恐倭心理，除去倭寇战斗力强，难以战胜的原因之外，还与倭寇手段残忍有关。倭寇在攻掠之时，屠杀军民、抢劫财物、奸污妇女，无恶不作且心狠手辣，闻之令人胆寒。遭受过倭寇屠掠地区的人民，通过口头或者书写传递，使得倭寇的恐怖形象往更广阔的范围传递。如此，"唐人畏倭如虎"便愈演愈烈。

明军的恐倭心理在战争中有两种表现，一种是不战而溃，另一种是坚守不出。第一种情况在此次"倭寇南京"事件中就出现了三起，另一种情况是明军据守府县城池不敢出战，任由倭寇在广大乡野屠掠，这种情况在嘉靖"大倭寇"初期同样非常常见。嘉靖"大倭寇"爆发后，王忬被任命为浙江巡抚，其上疏中曾直言倭寇入侵时官兵畏惧不敢出战：

> 去岁倭船三十余只，统领倭贼数千，久泊泉州之白沙，所过一空，声震城邑。宁波贼首则身穿绯袍，直入定海操江亭，而官军闭城求哀，不发一矢。即今各岛诸夷，窥我浅深，愈见猖獗，非独有损国体，而将来之祸更有不可言者[54]。

嘉靖三十四年五月二十八日，倭寇"寇省城，犯湖州市，大肆毁掠。东自江口至西兴坝，西自楼下至北新关，一望赭然，杀人无算，城边流血数十里，河内积货满千船。斯时也，虽有镇兵在省，仓皇无措，惟观望而已"[55]。省城的驻军尚且如此，地方府县皆"弃其乡民,惟守城郭,如螺闭龟伏,不敢出"[56]。明军畏惧倭寇,不敢出城作战,任由倭寇在城外屠掠,置百姓的身家性命于不顾,百姓四散逃命,悲苦万状。

倭寇在了解明军恐惧心理后,在攻掠时更是肆无忌惮。倭寇入犯昆山时,"贼舟入刘家河者六十余艘,其先锋百余人驾三舸扬帆而入,时都司梁凤移军峁子,贼呐喊试之,梁兵从盐铁塘走常熟,贼知我兵怯,肆志无忌,直抵东郊新洋江口泊焉,自是来者接踵,焚劫屠戮,沿城民庐一朝丘墟矣"[57]。可以说,明军的畏倭心理,不但使得百姓罹祸惨重,更是助长了倭寇气焰,导致倭患愈演愈烈。

（三）城池未备

中国古代的城池具有多种功能,其中最重要的功能之一是军事防御功能。应天巡抚翁大立曾言:"今日海防之要惟有三策:出海会哨,毋使入港者,得上策;循塘拒守,毋使登岸者,得中策;出水列阵,毋使近城者,得下策;不得已,而至守城,则无策矣"[58]。可以说,城池防御是军事作战的最后一层堡垒,一旦城池被攻破,防御将彻底宣告失败,城内居民便难逃兵燹。

东南地区城池建设不甚完备,加上承平日久,筑城之事并未引起重视,倭寇猝然爆发,东南地区因大部分县治无城或旧有城池坍圮未修而饱受倭寇蹂躏。正是:"然浙之嘉湖与直之江南诸郡,固泽国也,县多无城,府虽有城而弛斥不堪御寇,况承平日久,骤加倭警,非惟乡民奔窜不自保,凡城中居民亦无固志"[59]。就此次"倭寇南京"事件而言,南直隶地区便有几处县治因无城而遭倭寇攻入屠掠。宁国府旌德县:"贼遂叩县南门,纵大屠掠"[60];宁国府南陵县:"贼遂入县城,纵火焚居民房屋"[61];应天府溧水县:"贼遂由小北门入城宴饮民家,信宿乃去"[62]。

此种因县治无城而在大倭寇爆发初期屡遭倭寇破城的战例在当时的浙直地区比比皆是。嘉靖三十一年五月,"陷黄岩县。二十八日,福清贼首邓文俊等率倭彝二千,直入县中,焚毁县治,居七日而出。时

县无城,而贼乘潮猝至,故陷。遂流劫余姚、山阴等处,杀掠居民甚众"[63]。嘉靖三十二年倭寇入侵上海县,"至五月,上海县因滨江无城,廿六夜,倭寇数百突入街巷,男妇杀死无算,县令奔逃。县治周遭烧烬,掳掠不可数计,延及苏州太仓城下吴淞千户所,金山卫等处受害大略相同"[64]。嘉靖三十四年正月,"破崇德县。时筑城未完,贼以小舟潜从南水关入"[65]。嘉靖三十五年（1556）五月,"福建流贼破仙居县,入据之。巡检刘岱宏战死。时方筑城未完,且止霖雨,新城崩坏,贼进攻者三。知县姚本崇悉力御之,贼夜分三支,攻城西南;而以一支潜由东北登陴,遂入县治。先自莆田岐头流劫,北至青田。百户方存仁力战而死,贼遂猖獗,攻破县城。巡检刘岱宏率兵来援,战于东岭,死之"[66]。

倭寇本身也深知城池对其攻掠的阻碍作用,嘉靖三十四年五月:

> 贼攻三山所,把总指挥刘朝恩击败之。时朝恩已承院檄他委,离所一舍闻报,即弛还,率军民固守。值霖雨,城圮者数十丈,贼欢呼,谓唾手可陷。城中汹汹,或劝朝恩突走,朝恩叱之曰:"我祖宗世受国恩,今日正我报效之秋,岂可以事权去己而规避耶!且我去,则一身之利得矣,其如数万生灵何!"遂以身蔽圮所,督战甚力,复以木城障之……是役也,内外居民全活者三四万人[67]。

此次战役,三山所城因值雨季,城墙坍圮数十丈,倭寇因此十分欢喜,认为三山所城唾手可得。而城中军民也因所城坍圮而人心惶惶,甚至有人劝守御把总刘朝恩弃城突围。虽然最终三山所城以刘朝恩奋勇督战,用木制城墙重作屏障而得以保全,但是通过倭寇群体因所城坍圮而欣喜不已的状态与城中军民因所城坍圮而恐慌的状态相对比,城池之于御倭的重大意义,已然不言而喻。

此次"倭寇南京"事件中得以保全的应天府溧阳县,正是因为知县事先修复坍圮城墙并加筑女墙

等设施，从而得以成功应对。《溧阳县志》记载："嘉靖三十四年，知县林命增修女墙，加高五尺，颓者撤而新之，四周围冷铺三十余所以居守者，又设瞭楼二座于南城之东西，其四门外民居尽处，跨街为楼，以时启闭。倭寇薄城，知其有备，遂去之"[68]。

三　结语

"倭寇南京"事件是一次由特殊倭寇部队引发的一次不寻常的入侵行动，这支倭寇小股部队以登陆爵溪所时区区百余人，进入徽州后仅剩五十余人的数量，竟取得转战三千里，杀伤四五千的"战果"。郑若曾在《筹海图编》中便已描述过这支部队的特殊性：

> 盖此五十三人者，使其皆常贼也，则所计止于五十三级，其捷诚小矣。以若曾观之，猾而有谋，猛而善斗，殆贼中之精选，非常贼也。其所经八郡，转战三千余里，凡人材、物力、地形，靡不了然于胸中。不杀人，不掠财，不奸妇女，周流深入，此其志讵可测耶[69]！

按郑氏所言，可以作一推测，这是倭寇中一支类似特种部队的小分队，他们的目的也并非普通倭寇掳掠人口、财货而已。从其行进路线来看，这支倭寇很有可能是倭寇大部队派出的先遣队，专为获得浙江、南直隶纵深地带的地形、民情、兵力配置等情报，以图达到日后倭寇大部队由沿海地带转而往浙江、南直隶纵深地带入寇的目的。如这一推测属实，则曹邦辅在浒墅关剿灭此倭的意义尤显重大。诚如郑氏所言：

> 当是时，徐海拥众十万，若以归贼分为头目，分统贼徒五十三支，分道而进苏、松、常、镇、杭、嘉、湖七郡一十八州县，无处不放火劫杀，则将各救城池不暇，各上司兵隔绝而不相援，乡邑之民无可逃生，非死则协从矣。七郡地方岂不岌岌乎其危哉！七郡危，则南都亦

大震摇。今皆无之，实由曹公歼此五十三人之力也。歼此五十三人，而后贼不敢眇视内地，轻率而入[70]。

虽然后续可能的巨祸被曹邦辅及时扑灭，但是"倭寇南京"事件无疑集中地暴露了明廷面临的倭寇应对困境。

首先，参与抵御这支倭寇的力量成分复杂，包含有卫所军、民壮、商民等，所经诸府县原设卫所军、民壮却未能如数应敌。究其原因，明朝立国百年以来，卫所军持续失籍，至嘉靖"大倭寇"爆发时，卫所已几乎无军可用。正统年间开始的民壮佥发，至嘉靖"大倭寇"爆发时，亦已基本沦为形式。作战乏人，此为明廷在"大倭寇"爆发初期需要应对的第一个困境。

其次，在抵御这支倭寇的大小十余战中，除去浒墅关歼灭战以外，仅得一胜，且作战主体并非明军，而是商民。明军一方面因兵器落后，战术不精等原因屡屡战败，另一方面因恐倭心理的蔓延，明军往往未战闻风即溃，或选择据守城池不战。战斗力低下，此为明廷在"大倭寇"爆发初期需要应对的第二个困境。

最后，在此次倭寇入侵过程中，有三座县城被倭寇攻入，屠戮甚为惨烈。明朝立国后，江南地区承平日久，部分县城尚无城池，部分城池坍圮未修，因而在倭寇入侵时往往轻易被攻破，城内军民死伤惨重。城池未备，此为明廷在"大倭寇"爆发初期需要应对的第三个困境。

当然，"倭寇南京"事件所暴露出其他应对困境依然存在，值得思考的地方尚有很多。例如，在抵御这支倭寇时，率兵抵抗的有指挥、千户、知府、知县、县丞等，文武掺杂，职未有专，军事领导体系已然失效。就此后的历史发展而言，明廷针对以上困境，采取了相当的措施进行整治，而对这些整治措施的进一步梳理，将会对明廷应对的全过程有一个相当的理解与掌握。

注释：

［1］　吴大昕：《朝鲜己亥东征与明朝望海涡之役——十五世纪初东亚秩序形成期的"明朝征日"因素》，《外国问题研究》2017年第1期。

［2］　《明世宗实录》卷三百五十，嘉靖二十八年七月壬申，"中研院"史语所1962年，第6327页。

［3］　学界关于嘉靖"大倭寇"时期倭寇应对困境的研究尚无专论，与之相关的描写散落于相关倭寇研究中。周致元先生在其文《嘉靖年间的倭寇徽州事件》（《徽学（第5卷）》，安徽大学出版社2008年）中介绍了此支倭寇入侵时在南直隶徽州府地区肆虐始末，并简要分析了明军在军队、民壮数量、训练中的不足，并叙述了这一事件对明清海防带来的影响。

［4］　《明世宗实录》卷四百二十四，嘉靖三十四年七月乙巳，第7348页。

［5］　《明世宗实录》卷四百二十四，嘉靖三十四年七月丙辰，第7352页。

［6］　《明世宗实录》卷四百二十四，嘉靖三十四年七月丙辰，第7352—7353页。

［7］　《明世宗实录》卷四百二十四，嘉靖三十四年七月丙辰，第7353页。

［8］　〔明〕郑若曾著，李致忠点校：《筹海图编》卷九《大捷考·横径之捷》，中华书局2007年，第604页。

［9］　〔明〕郑若曾著，李致忠点校：《筹海图编》卷九《大捷考·横径之捷》，第604页。

［10］　吴秀之等修，曹允源等纂：《吴县志》卷五十四《兵防考二》，民国二十二年铅字本，《中国方志丛书·华中地方》第18号，成文出版社1970年，第897页。

［11］　《明世宗实录》卷四百二十五，嘉靖三十四年八月壬辰，第7364页。

［12］　《明世宗实录》卷四百二十七，嘉靖三十四年十月丙子，第7386页。

［13］　《明世宗实录》卷四百二十六，嘉靖三十四年九月甲辰，第7373页。

［14］　《明世宗实录》卷四百二十六，嘉靖三十四年九月甲辰，第7373—7374页。

［15］　"南陵倭流劫至芜湖，纵火烧南岸，突渡北岸，入市。各商民义勇登屋，以瓦石灰礶击之，贼多伤者，遂奔去。各商兵下屋生缚二倭，斩首十级。"（《明世宗实录》卷四百二十四，嘉靖三十四年七月丙辰，第7352页。）

［16］　〔明〕徐学聚：《国朝典汇》卷一百五十四，《四库全书存目丛书》，史部第266册，齐鲁书社1996年，第320页。

［17］　《明英宗实录》卷一百，英宗正统八年正月壬戌，"中研院"史语所1962年，第2012页。

［18］　〔明〕马文升：《陈治道疏》，《御制名臣奏议》卷六，《景印文渊阁四库全书》第445册，台北商务印书馆1982年，第106—107页。

［19］　《明世宗实录》卷一百六十二，嘉靖十三年四月庚子，第3596页。

［20］　《明世宗实录》卷四百一十，嘉靖三十三年五月庚子朔，第7145页。

［21］　〔明〕唐顺之：《奉使集》卷二《条陈海防经略事》，《四库全书存目丛书》，集部第90册，齐鲁书社1997年，第461—462页。

［22］　〔清〕丁廷楗修、赵吉士纂：《徽州府志》卷五《兵防》，清康熙三十八年刊本，《中国方志丛书·华中地方》第237号，成文出版社1975年，第827页。

［23］　〔明〕黎晨修、李默纂：《（嘉靖）宁国府志》卷七《防围纪》，《天一阁藏明代方志选刊》，上海古籍书店1962年，第4—5页。

［24］　〔清〕黄桂修、宋骧纂：《太平府志》卷六《建制志》，清康熙十二年修，光绪二十九年重刊本，《中国方志丛书·华中地方》第236号，成文出版社1974年，第96页。

［25］　《明英宗实录》卷一百七十三，正统十三年十二月己巳，第3332—3333页。

［26］　《明英宗实录》卷一百七十四，正统十四年春正月癸未，第3334页。

［27］　《明英宗实录》卷一百七十四，正统十四年春正月丙申，第3348页。

［28］　《明英宗实录》卷一百八十，正统十四年秋七月戊子，第3483页。

［29］　《明英宗实录》卷一百八十一，正统十四年八月丁卯，第3513页。

［30］〔清〕张廷玉：《明史》卷九十一《兵三》，中华书局1974年，第2250页。

［31］〔明〕汪尚宁纂修：《（嘉靖）徽州府志》卷十一《兵防志》，《北京图书馆古籍珍本丛刊（29）》，书目文献出版社1998年，第257页。

［32］〔清〕李德淦修、洪亮吉纂：《泾县志》卷五《兵防》，清嘉庆十一年刊，清光绪十二年重刊本，民国三年重印本，《中国方志丛书·华中地方》第231号，成文出版社1975年，第519页。

［33］〔清〕徐心田纂修：《（嘉庆）南陵县志》卷三《武备志》，《故宫珍本丛刊》第104册，海南出版社2001年，第410页。

［34］余谊密修、鲍实等纂：《芜湖县志》卷二十《武备志》，民国八年石印本，《中国方志丛书·华中地方》第88号，成文出版社1960年，第285页。

［35］〔清〕阮升基等修、宁楷等纂：《宜兴县志》卷六《武备志》，清嘉庆二年刊本，《中国方志丛书·华中地方》第22号，成文出版社1960年，第174页。

［36］〔清〕王祖肃等修、献鸣球等纂：《（乾隆）武进县志》卷二《营建志》，《故宫珍本丛刊》第90册，海南出版社2001年，第65页。

［37］《明世宗实录》卷四百二十四，嘉靖三十四年七月乙巳，第7348页。

［38］《明世宗实录》卷四百二十四，嘉靖三十四年七月乙巳，第7348页。

［39］《明世宗实录》卷四百二十五，嘉靖三十四年八月癸亥朔，第7357页。

［40］〔明〕郑若曾著、李致忠点校：《筹海图编》卷二《倭刀》，第203页。

［41］〔清〕应宝时纂、俞樾纂：《上海县志》卷十一《兵防》，清同治十一年刊本，《中国方志丛书·华中地方》第169号，成文出版社1975年，第804页。

［42］〔明〕采九德：《倭变事略》，《中国野史集成》第24册，巴蜀书社2000年，第584—585页。

［43］〔清〕应宝时纂、俞樾修：《上海县志》卷十一《兵防》，清同治十一年刊本，《中国方志丛书·华中地方》第169号，第804页。

［44］〔明〕采九德：《倭变事略》，第574页。

［45］〔明〕采九德：《倭变事略》，第571页。

［46］〔明〕郑若曾著、李致忠点校：《筹海图编》卷二下《寇术》，第204页。

［47］〔明〕郑若曾著、李致忠点校：《筹海图编》卷二下《寇术》，第205页。

［48］〔明〕采九德：《倭变事略》，第572页。

［49］〔清〕程其珏修、杨震福纂：《（光绪）嘉定县志》卷十《防御》，尊经阁藏版，光绪七年刻本，第11页。

［50］〔明〕朱东光原修、万民华补遗，石金和等增补：《平阳县志》《灾祥》，明隆庆五年刊，清康熙间增补钞本，《中国方志丛书·华中地方》第572号，成文出版社1983年，第158页。

［51］《明世宗实录》卷四百二十四，嘉靖三十四年七月丙辰，第7353页。

［52］〔明〕郑若曾：《江南经略》卷二下，《景印文渊阁四库全书》第728册，台北商务印书馆1982年，第135页。

［53］〔明〕郑若曾：《江南经略》卷二下，第156页。

［54］〔明〕王忬：《条处海防事宜仰祈速赐施行疏》，《明经世文编》卷二百八十三，中华书局1962年，第2993页。

［55］〔明〕采九德：《倭变事略》，第585页。

［56］〔明〕采九德：《倭变事略》，第580页。

［57］〔明〕郑若曾：《江南经略》卷二下，第134页。

［58］〔明〕郑若曾著、李致忠点校：《筹海图编》卷六《直隶事宜》，第425页。

［59］〔明〕严从简：《殊域周咨录》卷三《日本国》，民国十九年五月故宫博物院图书馆印行版，华文书局1968年，第148—149页。

［60］《明世宗实录》卷四百二十四，嘉靖三十四年七月乙巳，第7348页。

［61］《明世宗实录》卷四百二十四，嘉靖三十四年七月乙巳，第7348页。

〔62〕《明世宗实录》卷四百二十五，嘉靖三十四年八月甲戌，第7357页。

〔63〕〔明〕郑若曾著，李致忠点校：《筹海图编》卷五《浙江倭变纪》，第324页。

〔64〕〔明〕李诩：《戒庵老人漫笔》卷三《松江张同知召变》，《四库全书存目丛书》，子部第111册，齐鲁书社1995年，第65页。

〔65〕〔明〕郑若曾著、李致忠点校：《筹海图编》卷五《浙江倭变纪》，第329页。

〔66〕〔明〕郑若曾著、李致忠点校：《筹海图编》卷五《浙江倭变纪》，第336页。

〔67〕〔明〕郑若曾著、李致忠点校：《筹海图编》卷五《浙江倭变纪》，第331页。

〔68〕〔清〕李景怿等修、史炳等纂：《溧阳县志》卷一《舆地志》，清嘉庆十八年修，光绪二十二年重刻本，《中国方志丛书·华中地方》第470号，成文出版社1983年，第49页。

〔69〕〔明〕郑若曾著、李致忠点校：《筹海图编》卷九《大捷考·横泾之捷》，第625页。

〔70〕〔明〕郑若曾著、李致忠点校：《筹海图编》卷九《大捷考·横泾之捷》，第625页。

《明故屋舟钱隐君墓志铭》考释

连小刚（镇江博物馆）

屠纪军（镇江焦山碑刻博物馆）

内容摘要： 明代镇江府丹徒县钱氏家族墓出土的《明故屋舟钱隐君墓志铭》现藏于江苏省镇江焦山碑刻博物馆。志主钱宗玉出生于世医之家，系江南一带的内科名医。他自幼习儒，青年业医，辞官不仕，被称为"隐君"。他扎木为筏，并在木筏上用竹、木搭建房屋居住，泛舟于江上，怡然自得，故自号"屋舟"。他交游广泛，与当时的名士如杨　清、靳贵、王守仁等人均有交谊。他关注时政，济世安民，崇俭戒奢，周恤宗族，深受地方官员敬重，展现了一位在地方事务中颇具影响力的乡绅形象。

关键词： 明代　镇江　钱氏　屋舟　墓志铭

镇江焦山碑刻博物馆藏有明代镇江府丹徒县钱氏家族的三合墓志，志主分别为钱宗玉、妻费氏及长子钱可度。钱宗玉墓志，志石（图一）、志盖（图二）高67、宽68厘米，志文楷体，志盖篆书3行9

图二　《明故屋舟钱隐君墓志铭》志盖

字"明故屋舟钱隐君之墓"。费氏墓志，志石、志盖高、宽均66厘米，志盖篆书3行12字"钱屋舟先生之配孺人费氏墓"。钱可度墓志，志石、志盖高、宽均66厘米，志盖篆书3行12字"明故儒医弌斋钱君之墓志铭"。费氏与钱可度的墓志铭均由明代吴门书派领袖文徵明书丹（楷体），书法价值珍贵，可惜两方志石漫漶较为严重，特别是钱可度墓志铭几乎有三分之二的铭文辨识不清。据了解，此三合墓志系镇江博物馆于1959年从市郊南山一处被盗的墓葬现场拾得，后移交给焦山碑刻博物馆。经抢救性发掘，该墓葬还出土了铜镜、木梳等文物。由于该墓盗掘严重，且年代久远，亦无发掘报告发表，因而无法获取更多的信息。《焦山石刻研究》一书对此三合墓志有简要介绍，《焦山碑林墓志集粹》一文中也提及钱宗玉及费氏墓志，但均未录文[1]。限于篇幅，本

图一　《明故屋舟钱隐君墓志铭》志石拓片

文专就钱宗玉墓志展开讨论，不当之处，敬祈专家指正。

一 录文

明故屋舟钱隐君墓志铭」

赐进士出身、通议大夫、南京吏部右侍郎、前国子祭酒、春坊」太子庶子、翰林侍讲、掌翰南院、礼部右侍郎兼」太子少詹事、同修国史、充经筵讲官、铅山费寀撰文」

赐进士及第、太常寺少卿兼翰林院侍读学士、（署）掌南院事、」经筵讲官、安成邹守益篆盖」

赐进士及第、翰林院右赞善兼修（撰）、同修国史、」经筵（官）、吉水罗洪先书丹」

隐君讳玉，字宗玉，姓钱氏。浙钱塘武肃王之裔有讳伯乙者，仕宋至殿前都点检，建炎间」始徙润，卒葬丹徒之菊花山，其子孙于是（为）（润）（人）。高祖元（浚），□□（医），曾祖仲器，祖安民，父」宝，（并）以医名。（母）（俞）（氏）。兄弟四人，隐君（其）少也。少颖异，弱冠（学）（易）□□，不乐仕进，世其医，名」传京邑。临流作室，若居一舫，因自号屋舟云。隐君性孝友□□□（旁）（搜）（子）（史）、（星）（卜）、（地）（理）诸」家，书学赵孟頫，诗宗唐人。尤节俭不（妄）费，至于给宾（祭）、（延）名（师）、（周）（族）（党）（急），（虽）（倒）（廪）无吝色。」润守罗君举乡饮，访其人，首宾隐君。守令又尝造其（舟）问（民）（所）疾苦，隐君则侃侃陈说，其」所上折（麦）事宜，（至）（今）（便）之。族（支）（繁）衍，隐君懼其（敝），将流为途人，构堂三楹，扁曰宗（会），（示）睦」也。尝预（卜）寿藏，时或指其所咲曰："吾于兹焉息矣。"识者（达）（之）。其□交游多名公文人，故其」赠言（盈）篋，（又）（咸）多（敬）（客）语。邃庵杨公及乡之仕而家居者，乐与隐君为会，且绘图传，（焉）此」可以观人矣。（昔）人谓贤者不欲成名，率隐于医（卜）。今以隐君观

之，信哉！隐君素无疾，己亥」七月始疾，越闰月廿日卒。生于天顺丙子二月廿八日，享年八十有四。娶费氏，侍郎补庵」公之侄女，其兄廷简公之女也，先隐君十三年卒。子男四，长可（度），（医）（学）（正）（科），娶杨司训女；」次可象，（早）世；次可（教），选贡士，娶潘州佐女，继娶居少参女；次可传，（候）（医）（学）（正）科，娶曹处士」女。女一，可（贞），（适）刑（曹）主政严宽氏。孙男八，迥、逊、巡俱国子生。曾孙四，（尚）（幼）。（明）年十二月二」十七日，葬于菊花山之原，合厥配费孺人圹焉。礼也！其子可度（等）（持）（严）主政（状），泣丐余铭。」余厚交隐君久，可（教）□余太学门生（也），遂为之铭。曰：」舟以济川，胡为屋之？医来自儒，（亦）溥厥施。扁鹊仓公，名流（退）（迹）。（谁）（赞）（传）之，□□夫（史）。菊花」之原，花叶翩翩。不忘者存，于万斯年。」

（注：」表示转行，（）表示该字系推测而得，□表示该字缺省。）

二 钱宗玉家世

志主姓钱，名玉，字宗玉。《明史》无传，《嘉庆丹徒县志》[2]、《中国历代医家传录》[3]等籍有载，《吴越钱氏京江分支宗谱》（以下简称《宗谱》）卷十三中有钱宗玉女婿严宽撰写的《明隐君屋舟钱公行状》（以下简称《行状》）[4]，钱宗玉墓志铭即由钱氏亲属请人根据该行状而撰。

据志文，京江钱氏为吴越国国王钱镠（852—932）后裔。钱镠为浙江杭州临安人，吴越国的创建者，谥号"武肃王"。钱镠后裔钱伯乙，北宋时官至殿前都点检。《宗谱》卷一之《镇江谱图》载其"字天序"，"建炎间家于镇江丹徒，为镇之始祖"[5]。钱伯乙卒后葬丹徒菊花山，其子孙于是在镇江繁衍生息。

钱宗玉的家族世系为："高祖：钱元□——曾祖：钱仲器——祖父：钱安民——父：钱宝，母：

俞氏"。高祖名讳因字迹漫漶不清，无法全部辨认清楚。《宗谱》卷一载钱宗玉高祖名原浚（1329—1403），字彦深，号愈庵，所著《愈庵集》《集善方》《小楼集》行世[6]。据此可知，"□"字应补为"浚"，"元"为"原"的异体字。《宗谱》卷十三录有《愈庵讳原浚府君墓志铭》[7]，称其"天性谨厚温恭和乐，不嗜荣名富贵"，"精于医"，且医德高尚，"感其德者甚众"。《正德丹徒县志》卷三"隐逸"载："钱原浚，字彦深，号愈庵，蓄书数千卷，手录其精要点校而读之，有得则标题于上，旁通医术，著《集善方》二十六卷"[8]。曾祖钱珽（1363—1438）[9]，字仲器，号正庵，郡大宾；祖钱宏（1384—1436）[10]，字安民，号西园，医学正科；父钱宝（1412—1488）[11]，字文善，号复斋，著有《复斋集》四卷、《运气说》二卷、《医案》二卷。方志载为："钱宝，字文善，原浚曾孙，号复斋，诗多藻思，工小楷行书，精于医，拯危济困，恒孜孜焉，所著有《医案》《运气说》《复斋集》"[12]。

志文载钱宗玉有兄弟四人，其年最幼。《宗谱》卷四亦载钱宗玉之父钱宝有四子，"纲，宝长子，行一，字宗正，号豫庵，郡大宾"，"绥，宝次子，行二，字宗甫，号卷庵，太医院御医，郡大宾"[13]，"绮，宝三子，行七，字宗美，号鹤洲，医学正科"[14]，"组，宝四子，行四，字宗玉，号屋舟，医学正科"[15]。

关于钱宗玉名讳，《行状》载为"公讳组"，《嘉庆丹徒县志》卷二十七"方伎"在"钱宝"条后亦载"子组，号屋舟，雅以行义自饬，杨文襄甚器重之。"《江苏艺文志·镇江卷》则载："钱组，字宗玉，号屋舟。明丹徒人。宝子。少与靳贵同学于丁元吉，得其心传。为人高洁雅致，一时名家如杨一清、边贡、马一龙等皆深相敬重，诸家集中均有投赠之作"[16]。上述文献均称其名为"组"，而志文载为"玉"，不知何故。

三　钱宗玉生平事略、葬地及子孙

关于钱宗玉的学业情况，志文载其"学《易》"，《行状》载为："少颖异，有大志"，"弱冠受《易》于易洞丁先生，校艺操文，已有端绪"。丁先生指丁元吉，字无咎，号易洞，丹徒人，《正德丹徒县志》卷三有载。丁元吉"博学深造，尤长于《易》"，且淡泊名利，不事举业，"放浪山水间"，"考古论事，谈养生之术、治疾之方，咸有益于时"。由此推知，丁元吉不仅向钱宗玉传授《易》学等儒家知识，还有可能向其传授医学知识。

志文载钱宗玉"不乐仕进"，《行状》对此记载尤详。当时钱宗玉的堂兄钱宗嗣（1437—1485）任太医院院使（正五品，月给米十六石），二哥钱宗甫（1443—1524）任御医（正八品，月给米六石五斗），叔祖钱宁（1393—1451）中过宣德丙午（1426）科乡试举人，曾任保定府同知，可谓"贵盛满门"。钱宗玉此时也有机会做官，但他推辞说："读书所以明道，取荣非志也。吾世吾业已矣。"不久，钱宗玉凭借医术名动四方，"求疗者多造焉"，钱宗玉"亟往拯之，至忘寝食"。此时官府又强令他主持医学事务，两年不到又辞去。志文虽未记载钱宗玉主持医务一事，但《宗谱》载其为"镇江府医学正科"。按，明代"医学正科"为府医学官，从九品，月给米五石。钱宗玉两次辞官不仕，颇有其师丁元吉的风范。

志文载钱宗玉"世其医，名传京邑"，按明代有北京、南京两京，此处京邑应指南京。钱宗玉为南直隶地区的名医。《中国历代医家传录》中记载了钱宗玉的行医情况，钱宗玉家族擅长内科，他曾受邀为新任山东巡抚陈静斋治疗偶发疾病，并治好了顾璘母亲的多年顽疾。顾璘（1476—1545）是正德、嘉靖年间公认的文坛领袖，官至南京刑部尚书。他母亲经钱宗玉诊治后，"真若天降甘露之味，不觉烦鬱之去体也，感感何言！"

志文载"临流作室，若居一舫，因自号屋舟云"，点明了钱宗玉别号"屋舟"的来历。关于钱宗玉辞官后隐居"屋舟"的缘由，杨一清（1454—1530）在《屋舟题咏卷》中称"之徒屡满户外，益厌之，乃逃而憩于斯"[17]，表明钱宗玉为躲避他所厌恶的一群人，"乃贯木为筏，缚竹为楹，覆之以茨，週之以楹，敞之以窗，中置图史、琴奕、尊彝之属，延客而入，歌咏笑傲"。可知钱宗玉的屋舟是捆扎木头为筏作舟，然后在木筏上用竹子建屋居住，屋中摆设有琴棋书画、青铜礼器之类，平常邀客登舟，歌唱吟咏，恣意酣畅。杨一清曾造访屋舟，与钱宗玉相唱和。杨一清歌曰："清浊判兮，人居其中。维地有水兮，上与天通。子屋子舟兮，其将焉从？"钱宗玉倚而和之曰："上栋下宇，非古真兮。由陆入海，无津涯兮。吾屋吾舟，聊以栖吾身兮。"和罢，请杨一清将唱和之词书于屋舟横梁。靳贵（1464—1520）在《屋舟诗序》中则称钱宗玉"买大桴而屋其上，乃以'屋舟'自号"[18]。靳贵还询问钱宗玉造"屋舟"的动机："君所谓屋舟云者，其效欧阳公舫斋而为之乎？抑亦别有取义也？"靳贵称，欧阳修的舫斋看起来像舫，实际上是斋房，而钱宗玉的屋舟看起来像屋，实际上是舟，有风浪致险之虞。欧阳修的舫斋是"似危而实安"，而钱宗玉居于舟上"是取其安者而危之也"。钱宗玉则从行医的角度进行了解释。他说，"医虽仁术而实危道也"，"故必三世而业始精，十全而后为上也"，"处安者必忽危以为安，处危者始可以易危而安之"，屋建于舟上，"处危以求安居"，是取行医"操危道以求生"之理。杨一清、靳贵与钱宗玉同乡，且均任过内阁首辅，靳贵曾撰《钱屋舟像赞》[19]，还与钱宗玉有同窗、姻亲关系，钱宗玉次子钱可象曾聘靳贵女为妻，惜早逝无嗣，故他们的记载应较为可信。

关于钱宗玉造屋舟的时间，有学者据明代心学大师王守仁（1472—1528）作于弘治十五年（1502）的诗文《屋舟为京口钱宗玉作》而推测钱宗玉隐居屋舟之上应在弘治中[20]。然据《屋舟题咏卷》第一纸所载钱溥题诗判断，钱溥卒于弘治元年（1488），可知题诗时间应不晚于弘治元年，故屋舟建成时间亦不应晚于该年，可能成化年间即已建成。另据前述王守仁诗首句"小屋新开傍岛屿，沉浮聊与渔舟同"推测，由于镇江段长江中的岛屿仅有金山和焦山，因此钱宗玉的屋舟很可能停靠于金山或焦山附近。

志文着重描绘了钱宗玉的隐士生活状态。志文载其广搜书籍，工书善诗。生活中崇尚节俭，花销谨慎，但在招待贵宾、举行大祭、为子孙延请名师，以及族人遭遇困难急需用钱之际，则慷慨大方、毫无吝色。值得一提的是，钱宗玉虽无心官场，但对地方事务非常热心。江西吉水人罗循（1464—1533）任镇江知府时，举行乡饮酒礼，首选钱宗玉作乡射宾。府县官员曾至钱宗玉处问政，其侃侃而谈，所提议实行的折麦法，人皆称便。针对钱氏宗族支脉繁衍、恐将疏远的情况，钱宗玉在钱氏祖茔地构建享堂三间，悬挂一匾曰"宗会"，作为族人祭祀祖先的场所，以此增强宗族的凝聚力。他还在附近为自己选择了一处安葬地。钱宗玉平常交游广泛，与其交往的多为名公文人。杨一清及一些归乡闲居的官员都乐意与钱宗玉雅集宴乐，还将聚会场景绘成图卷。

志文载，钱宗玉生于天顺丙子二月廿八日，即景泰七年（1456）4月2日，卒于嘉靖己亥闰七月廿日，即嘉靖十八年（1539）9月2日，享年84岁。嘉靖十九年（1540）12月27日葬于菊花山之原，与其妻费氏合葬。费氏为丹徒人礼部右侍郎费訚（1436—1493）的侄女，费廷简的女儿，早于钱宗玉十三年卒，即卒于嘉靖六年（1527）。关于葬地菊花山，《正德丹徒县志》载："菊花山，在城南三里"[21]。2014年镇江博物馆在官塘桥路考古发现了明代河南府同知吴铸的家族墓，出土的墓志铭载其葬地位于凤凰山。清代方志载"凤凰山在城南五里"[22]。可知菊花山应位于凤凰山北2里处。这两座山体应都属于今镇江市郊南山山脉的一部分。

钱宗玉生有四子一女。长子可度（1485—1543），医学正科，娶杨司训女。《宗谱》载其"字充健，号一斋"[23]。次子可象（1488—？）[24]，字充仪，郡庠生，早逝；三子可教（1492—1563）[25]，字充化，选贡士，先娶潘氏，继娶居氏；四子可传（1498—1557）[26]，字充训，医学正科，娶曹氏。女儿可贞，嫁与刑曹主政严宽。孙子有8人，其中钱迥、钱逊、钱巡均为国子生。钱宗玉女婿严宽，字栗夫，嘉靖十一年进士，曾任办事户部、海宁知县、南京刑部郎中、杭州知府等职，地方志有载[27]。

四 撰文、篆盖及书丹者

撰文者费宷（1483—1548），费宏堂弟，字子和，号钟石，江西铅山人。《明史》卷一九三[28]、《国朝献征录》卷三四[29]、《国朝列卿纪》卷四一[30]、《本（明）朝分省人物考》卷六〇等籍有载[31]。正德六年（1511）进士，授翰林院编修。因阻止宁王朱宸濠恢复护卫，受诬致仕。朱宸濠发动叛乱后，上书王守仁献计擒之，以功复职。嘉靖二十三年（1544）进礼部尚书，卒于任。著作有《费文通集》。曾编纂《铅山县志》《广信府志》。费宷与钱宗玉久为至交，且钱宗玉三子钱可教为其太学门生，正因为有这层关系，因此应钱宗玉长子钱可度之请而撰此铭。

篆盖者邹守益（1491—1562），字谦之，号东廓，江西安福人（邹守益题衔所称"安成"为安福县古称）。王守仁的入室弟子，理学家。《明史》卷二八三有传[32]，《国朝献征录》卷七四[33]、《国朝列卿纪》卷一六〇[34]、《本（明）朝分省人物考》卷六七有载[35]。正德六年进士，授翰林院编修。嘉靖年间曾三次因事得罪世宗，官至南京国子祭酒。邹守益一生致力于传播阳明学说，得其真传，为"江右王门"主要代表之一。著作有《东廓集》。钱宗玉逝世后，邹守益作有《挽钱屋舟》一文[36]，可知二人交往颇深。

书丹者罗洪先（1504—1583），字达夫，号念庵，江西吉水人。《明史》卷二八三有传[37]，《本（明）朝分省人物考》卷六八有载[38]。嘉靖八年（1529）乙丑科状元。嘉靖十八年（1539），因上疏冒犯世宗被撤职。自此不入仕，转而潜心研究阳明心学，并创办书院讲学，是"江右王门"的中坚人物。罗洪先知识渊博，在地理学方面亦有重大贡献，绘制了中国历史上第一部分省地图集《广舆图》。著有《念庵集》。罗洪先是前述镇江知府罗循之子。正德中朱宸濠反叛时，罗循与邹守益曾同赴王守仁军中帮助平叛。

五 结语

钱宗玉家族系"世医"家族，"以医为业、世代相承"。明清时期，世医家族在江南地区很常见，文献中即有明代镇江府"世医黄氏""世医何氏"的记载[39]。钱宗玉家族墓志的出土，丰富了江南地区特别是镇江地区世医家族的史料。

注释：

［1］ 参见袁道俊：《焦山石刻研究》，江苏美术出版社1996年，第66页；屠纪军：《焦山碑林墓志集粹》，《丹徒文史资料》第十八辑，2004年内部发行，第32—34页。

［2］ 〔清〕贵中孚、万承纪修，蒋宗海等纂：《嘉庆丹徒县志》卷二十七《方伎》，《镇江文库》第六册，广陵书社2017年，第559页。

［3］ 何时希：《中国历代医家传录》（下），人民卫生出版社1991年，第328—329页。

［4］ 〔清〕钱之诠等纂修：《吴越钱氏京江分支宗谱》卷十三《明隐君屋舟钱公行状》，《吴越钱氏宗谱》第十三册，万芝堂藏版光绪六年（1880），第77—83页。参见"上海图书馆藏家谱全文选览"数据库：http://www.library.sh.cn/tsgc/gcjp/.

［5］ 〔清〕钱之诠等纂修：《吴越钱氏京江分支宗谱》卷一《镇江谱图》，《吴越钱氏宗谱》第三册，万芝堂藏版光绪六年（1880），第60页。

［6］ 〔清〕钱之诠等纂修：《吴越钱氏京江分支宗谱》卷一《镇江谱图》，《吴越钱氏宗谱》第三册，第60—61页。

［7］ 〔清〕钱之诠等纂修：《吴越钱氏京江分支宗谱》卷十三《愈庵讳原浚府君墓志铭》，《吴越钱氏宗谱》第十三册，万芝堂藏版光绪六年（1880），第23—26页。

［8］ 〔明〕李东修、杨琬等纂：《正德丹徒县志》卷三《隐逸》，《镇江文库》第五册，广陵书社2017年，第66页。

［9］ 〔清〕钱之诠等纂修：《吴越钱氏京江分支宗谱》卷一《镇江谱图》，《吴越钱氏宗谱》第三册，万芝堂藏版光绪六年（1880），第62—63页。

［10］ 〔清〕钱之诠等纂修：《吴越钱氏京江分支宗谱》卷二《宏祖分大房图》，《吴越钱氏宗谱》第四册，万芝堂藏版光绪六年（1880），第3—4页。

［11］〔清〕钱之诠等纂修：《吴越钱氏京江分支宗谱》卷四《宏祖分三房图一》，《吴越钱氏宗谱》第五册，万芝堂藏版光绪六年（1880），第2—3页。

［12］〔明〕李东修、杨琬等纂：《正德丹徒县志》卷三《隐逸》，《镇江文库》第五册，广陵书社2017年，第66页。

［13］〔清〕钱之诠等纂修：《吴越钱氏京江分支宗谱》卷五《宏祖分三房图之首》，《吴越钱氏宗谱》第六册，万芝堂藏版光绪六年（1880），第2—3页。

［14］〔清〕钱之诠等纂修：《吴越钱氏京江分支宗谱》卷八《宏祖分三房图三》，《吴越钱氏宗谱》第九册，万芝堂藏版光绪六年（1880），第2—3页。

［15］〔清〕钱之诠等纂修：《吴越钱氏京江分支宗谱》卷九《宏祖分三房图四》，《吴越钱氏宗谱》第十册，万芝堂藏版光绪六年（1880），第2页。

［16］南京师范大学古文献整理研究所：《江苏艺文志·镇江卷》，江苏人民出版社1994年，第95页。

［17］〔清〕陆心源纂辑、陈小林点校：《穰梨馆过眼续录》卷七《屋舟题咏卷》，《穰梨馆过眼录》下册，上海书画出版社2018年，第1018—1022页。

［18］〔明〕靳贵撰：《戒庵文集》卷九《屋舟诗序》，《四库全书存目丛书》集部四五，齐鲁书社1997年，第553页。

［19］〔明〕靳贵撰：《戒庵文集》卷十二《钱屋舟像赞》，《四库全书存目丛书》集部四五，齐鲁书社1997年，第576页。

［20］束景南：《王阳明佚文辑考编年》（增订版）上册，上海古籍出版社2015年，第140页。

［21］〔明〕李东修、杨琬等纂：《正德丹徒县志》卷一《山》，《镇江文库》第五册，广陵书社2017年，第15页。

［22］〔清〕高得贵修、张九徵等纂、朱霖等增纂：《乾隆镇江府志（一）》卷二《山川上》，江苏古籍出版社1991年，第69页。

［23］〔清〕钱之诠等纂修：《吴越钱氏京江分支宗谱》卷九《宏祖分三房图四》，《吴越钱氏宗谱》第十册，万芝堂藏版光绪六年（1880），第2页。

［24］〔清〕钱之诠等纂修：《吴越钱氏京江分支宗谱》卷九《宏祖分三房图四》，《吴越钱氏宗谱》第十册，第5页。

［25］〔清〕钱之诠等纂修：《吴越钱氏京江分支宗谱》卷九《宏祖分三房图四》，《吴越钱氏宗谱》第十册，第6—7页。

［26］〔清〕钱之诠等纂修：《吴越钱氏京江分支宗谱》卷九《宏祖分三房图四》，《吴越钱氏宗谱》第十册，第9—10页。

［27］〔清〕鲍天钟修，何洯、程世英纂：《康熙丹徒县志》卷八《名臣》，《镇江文库》第五册，广陵书社2017年，第504页。

［28］〔清〕张廷玉等撰：《明史》卷一九三《费宏、弟寀》，中华书局1974年，第5108—5110页。

［29］〔明〕焦竑：《国朝献征录》卷三四《礼部二·尚书》，广陵书社2013年，第1394页。

［30］〔明〕雷礼：《国朝列卿纪》卷四一《礼部尚书行实》，《元明史料丛编》第一辑，文海出版社1984年，第2623—2626页。

［31］〔明〕过庭训：《本（明）朝分省人物考》卷六〇《费寀》，成文出版社1971年，第5535—5538页。

［32］〔清〕张廷玉等撰：《明史》卷二八三《邹守益》，中华书局1974年，第7268—7270页。

［33］〔明〕焦竑：《国朝献征录》卷七四《南京国子监·祭酒》，广陵书社2013年，第3183—3184页。

［34］〔明〕雷礼：《国朝列卿纪》卷一六〇《南京国子监祭酒年表、国子监祭酒行实》，《元明史料丛编》第一辑，文海出版社1984年，第7783页。

［35］〔明〕过庭训：《本（明）朝分省人物考》卷六七《邹守益》，成文出版社1971年，第6154—6158页。

［36］董平编校整理：《邹守益集（下册）》，凤凰出版社2007年，第1235页。

［37］〔清〕张廷玉等撰：《明史》卷二八三《罗洪先》，中华书局1974年，第7278—7279页。

［38］〔明〕过庭训：《本（明）朝分省人物考》卷六八《罗洪先》，成文出版社1971年，第6222—6229页。

［39］邱仲麒：《绵绵瓜瓞——关于明代江苏世医的初步考察》，《中国史学》（日本）2003年第13卷。

纪晓岚所藏《时宪书》考略

周　莎（故宫博物院图书馆）

内容摘要：清代每逢岁末，都会颁行《时宪书》，这本小册子相当于今天我们使用的日历，实用价值非常高。《时宪书》上往往刊有当时的年号。乾隆皇帝是清代唯一的一位太上皇，他退位后，清廷刊印了两种版本的《时宪书》。一种以新帝年号纪年；另一种仍旧延续乾隆年号，仅小范围赏赐使用。这种在乾隆退位后仍按乾隆年号纪年的《时宪书》并不多见，我们在中国国家图书馆的古籍藏品中看到了这些具有珍贵历史价值的《时宪书》。

关键词：纪晓岚　时宪书　纪树馨　乾隆六十一年

在清代的宫廷生活中，每逢岁末都会颁行《时宪历》（乾隆即位以后，因避讳皇上御名，改称《时宪书》）。此书相当于今天人们所用的日历，老百姓俗称为"大清日历"。《光绪会典》记载："钦天监掌测候推步之政令，以协天纪，以受人时。凡观象占验，选择时候之事，皆掌之。"其主要职掌是编制《时宪书》。每年二月初一日，以次年《时宪书》送皇帝阅后，翻译刊印，有《时宪书》《七政时宪书》两种。《时宪书》又有御览本和颁行本。御览本缮写满文与汉文两种，颁行本（即印刷本）有满、蒙、汉文三种。每年十一月将御览本和印刷的颁行本进呈皇帝，并将印刷本颁发各衙门。康熙六十一年下旨："遵旨议定批写装潢（时宪书）四本，除夕日进呈。"至乾隆三十年奏准年例进呈《时宪书》改为二本，后一直沿袭至清末。

一　清乾隆六十一年纪晓岚所藏《时宪书》[1]

乾隆六十年（1795）九月，立皇十五子嘉亲王颙琰为皇太子。次年，乾隆皇帝于乾隆六十一年（1796）正月初一，正式宣布禅位于皇太子，颙琰登基后改元嘉庆。因此，在清代宫廷《时宪书》的颁行本中，不再有乾隆六十年之后的本子，但乾隆皇帝本人所用的本子仍用乾隆六十一年年号。在乾隆禅位后仍沿用乾隆年号的《时宪书》，乾隆皇帝颁发给了亲近之臣，如大学士纪晓岚等。笔者在中国国家图书馆查阅古籍时，发现了当年赏赐给纪晓岚的《时宪书》原本。在国家图书馆古籍部一共收藏有四本，年号分别是乾隆六十一年、乾隆六十二年、乾隆六十三年、乾隆六十四年。

此书封面呈长方形，为淡黄色绫面，绫面上饰有暗黄色云气纹样。书签为白签黑字，书签题"恩赐乾隆六十一年丙辰时宪书，礼部尚书臣纪昀敬藏"。书尺寸为32.4×20厘米，板框尺寸为22.2×13.6厘米和22.2×13.8厘米。黑口，双鱼尾，四周双栏。卷端题名"大清乾隆六十一年岁次丙辰时宪书"。卷端下方盖有"纪昀之印"，尺寸为0.8×0.8厘米，此印为从右向左旋读。版框右侧外盖闲章两方，上为"尔□□印"，下为"水今"（图一）。

图一　乾隆皇帝赏赐大学士纪昀的乾隆六十一年《时宪书》

此书分为十一部分，内容依次为：一、都城顺天府节气时刻，凡三百五十四日；二、年神方位图；三、各省太阳出入昼夜时刻；四、各蒙古、回部太阳出入昼夜时刻；五、两金川各土司太阳出入昼夜时刻；六、各省节气时刻，各省序次。七、各蒙古回部节气时刻，各蒙古回部序次；八、两金川各土司节气时刻，两金川及各土司序次；九、日历；十、纪年表；十一、职名表。

都城顺天府节气时刻和年神方位图各一页。

年神方位图之后内容如下：

丙辰岁，各省太阳出入昼夜时刻，各省序次，盛京而下，悉依地图北极高度定纬所列。名称在各页分列大字两行：盛京、雅克萨城、黑龙江、三姓、伯都讷、吉林、山西、朝鲜、山东、甘肃、河南、陕西、江苏、四川、安徽、湖北、浙江、江西、湖南、贵州、福建、广西、云南、广东、安南。共计八页。这八页内容的使用方法是：每岁太阳出入昼夜刻分，前后各有相同之日，而天体浑圆，诸方太阳出入昼夜刻分，又自不同，故将刻分相同之日，对书于格之上下，以便省览。而又明列各省于首直行，欲知某省、某月时刻，纵横查之，即得真正时刻。

丙辰岁，各蒙古、回部太阳出入昼夜时刻，各蒙古、回部序次，悉依地图北极高度定纬所列。共六页。这六页内容的使用方法是：每岁太阳出入昼夜刻分，前后各有相同之日，而天体浑圆，诸方太阳出入昼夜刻分，又自不同，故将刻分相同之日，对书于格之上下，以便省览。而又能明列各蒙古、回部于首直行，欲知某回部某月时刻，纵横查之，即得真正时刻。

丙辰岁，两金川各土司太阳出入昼夜时刻，两金川及各土司序次，依地图北极高度定纬所列。共三页。这三页内容的使用方法是：每岁太阳出入昼夜刻分，前后各有相同之日，而天体浑圆，诸方太阳出入昼刻分，又自不同，故将刻分相同之日，对书于格之上下，以便省览。而又明列两金川及各土司于首直行，欲知两金川及各土司某月时刻，纵横查之，即得真正时刻。

丙辰岁，各省节气时刻，各省序次，盛京而下，悉依地图地之经度所列。名称在各页分列大字两行：盛京、三姓、黑龙江、朝鲜、吉林、伯都讷、浙江、福建、江苏、山东、安徽、雅克萨城、江西、河南、湖北、广东、湖南、山西、广西、陕西、贵州、安南、四川、甘肃、云南。共三页。这三页内容的使用方法是：右节气各有诸方不同之数横列于上，欲知某省、某节时刻，纵横查之、即得真正时刻，每十五分为一刻，各省俱依省城所定。

丙辰岁，各蒙古回部节气时刻，各蒙古回部序次，悉依地图地之经度所列。共九页。这九页内容的使用方法是：右节气各有诸方不同之数，横列于上，欲知某蒙古、回部某时刻，纵横查之，即得真正时刻，每十五分为一刻，俱依蒙古回部居处所定。

丙辰岁，两金川各土司节气时刻，两金川及各土司序次，悉依地图地之经度所列。共二页。这二页内容的使用方法是：右节气各有诸方不同之数，横列于上，欲知两金川及各土司某节时刻，纵横查之，即得真正时刻，每十五分为一刻，俱依两金川及各土司居处所定。

日历十二页，纪年表三页，职名表一页。

职名表：

管理钦天监事务和硕定亲王绵恩

监正兼官中佐领加三级纪录十次喜常

监正加三品职衔加一级纪录二次索德超

监副纪录四次德克进

监副纪录七次何廷瑛

左监副加一级汤士选

右监副罗广祥

五官正纪录三次海福

五官正纪录二次佟政

五官正纪录五次海亮

五官正纪录五次明庆

五官正纪录四次四宁

春官正加一级纪录四次陈坦

夏官正加七级纪录三次何廷瓒

中官正纪录五次何元浩

秋官正加一级纪录五次郭让杰

冬官正纪录五次陈伦

主簿加一级纪录二次重伦

主簿纪录四次张天枢

五官司书加一级纪录四次张志和

二　清乾隆六十二年纪晓岚所藏《时宪书》[2]

此本《时宪书》的特征与乾隆六十一年基本无异。尺寸稍有些差异，书签为白签黑字，书签题"恩赐乾隆六十二年丁巳时宪书，礼部尚书臣纪昀敬藏"。书尺寸为 32.4×20 厘米，板框尺寸为 22.5×13.6 厘米和 22.5×13.8 厘米。黑口，双鱼尾，四周双栏。卷端题名"大清乾隆六十二年岁次丁巳时宪书"。卷端下方盖有"纪昀之印"，印尺寸为 0.8×0.8 厘米，文印为从右向左旋读。版框右侧外盖闲章两方，上为"尔□□印"，下为"水今"（图二）。

内容分别为：一、都城顺天府节气时刻，凡三百八十四日；二、年神方位图；三、各省太阳出入昼夜时刻；四、各蒙古、回部太阳出入昼夜时刻；五、两金川各土司太阳出入昼夜时刻；六、各省节气时刻，各省序次。七、各蒙古回部节气时刻，各蒙古回部序次；八、两金川各土司节气时刻，两金川及各土司序次；九、日历；十、纪年表；十一、职名表。

都城顺天府节气时刻和年神方位图各一页。

年神方位图之后内容如下：

丁巳岁，各省太阳出入昼夜时刻，各省序次盛京而下，悉依地图北极高度定纬所列。名称在各页分列大字两行：盛京、雅克萨城、黑龙江、三姓、伯都讷、吉林、山西、朝鲜、山东、甘肃、河南、陕西、江苏、四川、安徽、湖北、浙江、江西、湖南、贵州、福建、广西、云南、广东、安南。共计九页。这九页内容的使用方法是：每岁太阳出入昼夜刻，分前后各有相同之日，而天体浑圆，诸方太阳出入昼夜刻分，又自不同，故将刻分相同之日，对书于格之上下，以便省览。而又明列各省于首直行，欲知某省、某月时刻，纵横查之，即得真正时刻。

丁巳岁，各蒙古、回部太阳出入昼夜时刻，各蒙古、回部序次，悉依地图北极高度定纬所列。共七页，最后半页为空白。这七页内容的使用方法：每岁太阳出入昼夜刻分，前后各有相同之日，而天体浑圆，诸方太阳出入昼夜刻分，又自不同，故将刻分相同之日，对书于格之上下，以便省览。而又能明列各蒙古、回部于首直行，欲知某回部某月时刻，纵横查之，即得真正时刻。

丁巳岁，两金川各土司太阳出入昼夜时刻，两金川及各土司序次，依地图北极高度定纬所列。共三页。这三页内容的使用方法是：每岁太阳出入昼夜刻，分前后，各有相同之日，而天体浑圆，诸方太阳出入昼刻分，又自不同，故将刻分相同之日，对书于格之上下，以便省览。而又明列两金川及各土司于首直行，欲知两金川及各土司某月时刻，纵横查之，即得真正时刻。

丁巳岁，各省节气时刻，各省序次盛京而下，

图二　乾隆皇帝赏赐大学士纪昀的乾隆六十二年《时宪书》

悉依地图地之经度所列。名称在各页分列大字两行：盛京、三姓、黑龙江、朝鲜、吉林、伯都讷，浙江、福建、江苏、山东、安徽、雅克萨城、江西、河南、湖北、广东、湖南、山西、广西、陕西、贵州、安南、四川、甘肃、云南。共三页。这三页内容的使用方法是：右节气各有诸方不同之数，横列于上，欲知某省、某节时刻，纵横查之，即得真正时刻。每十五分为一刻，各省俱依省城所定。

丁巳岁，各蒙古、回部节气时刻，各蒙古、回部序次，悉依地图地之经度所列；共九页；这九页内容的使用方法是：右节气各有诸方不同之数，横列于上，欲知某蒙古、回部某节时刻，纵横查之，即得真正时刻，每十五分为一刻，俱依蒙古、回部居处所定。

丁巳岁，两金川各土司节气时刻，两金川及各土司序次，悉依地图地之经度所列。共二页。这二页内容的使用方法是：右节气各有诸方不同之数，横列于上，欲知两金川及各土司某节时刻，纵横查之，即得真正时刻，每十五分为一刻，俱依两金川及各土司居处所定。

日历共十三页，纪年表三页，职名表一页。

职名表：

　管理钦天监事务和硕定亲王绵恩
　监正兼宫中佐领加三级纪录十次喜常
　监正加三品职衔加一级纪录二次索德超
　监副
　监副加一级纪录七次何廷瑛
　左监副加二级汤士选
　右监副加一级罗广祥
　五官正加一级纪录三次海福
　五官正加一级纪录二次佟政
　五官正纪录五次明兴
　五官正
　春官正加一级纪录四次陈坦
　夏官正加八级纪录三次何廷瓒
　中官正加一级纪录五次何元浩
　秋官正加二级纪录五次郭让杰

　冬官正加一级纪录五次陈伦
　主簿加二级纪录二次重伦
　主簿加一级纪录四次张天枢
　五官司书加一级纪录四次张志和

三　清乾隆六十三年纪晓岚所藏《时宪书》[3]

此本《时宪书》的特征与乾隆六十一年基本无异。尺寸稍有些差异，书签为白签黑字，书签题"恩赐乾隆六十三年戊午时宪书，礼部尚书臣纪昀敬藏"。书尺寸为 32.4×20 厘米，板框尺寸为 22.2×13.6 厘米和 22.2×13.8 厘米。黑口，双鱼尾，四周双栏。卷端题名"大清乾隆六十三年岁次戊午时宪书"。卷端下方盖有"纪昀之印"，尺寸为 0.8×0.8 厘米，此印为从右向左旋读。版框右侧外盖闲章两方，上为："尔□□印"，下为"水今"（图三）。

图三　乾隆皇帝赏赐大学士纪昀的乾隆六十三年《时宪书》

内容分别为：一、都城顺天府节气时刻，凡三百五十四日；二、年神方位图；三、各省太阳出入昼夜时刻；四、各蒙古、回部太阳出入昼夜时刻；五、两金川各土司太阳出入昼夜时刻；六、各省节气时刻，各省序次。七、各蒙古回部节气时刻，各蒙古回部序次；八、两金川各土司节气时刻，两金川及各土司序次；九、日历；十、纪年表；十一、职名表。

都城顺天府节气时刻和年神方位图各一页。

年神方位图之后内容如下：

戊午岁，各省太阳出入昼夜时刻，各省序次盛京而下，悉依地图北极高度定纬所列。名称在各页分列大字两行：盛京、雅克萨城、黑龙江、三姓、伯都讷、吉林、山西、朝鲜、山东、甘肃、河南、陕西、江苏、四川、安徽、湖北、浙江、江西、湖南、贵州、福建、广西、云南、广东、安南。共计八页。这八页内容的使用方法是：每岁太阳出入昼夜刻，分前后各有相同之日，而天体浑圆，诸方太阳出入昼夜刻分，又自不同，故将刻分相同之日，对书于格之上下，以便省览。而又明列各省于首直行，欲知某省、某月时刻，纵横查之，即得真正时刻。

戊午岁，各蒙古、回部太阳出入昼夜时刻，各蒙古、回部序次，悉依地图北极高度定纬所列。共六页，最后半页为空白。这六页内容的使用方法是：每岁太阳出入昼夜刻分，前后各有相同之日，而天体浑圆，诸方太阳出入昼夜刻分，又自不同故将刻分相同之日，对书于格之上下，以便省览。而又能明列各蒙古、回部于首，直行欲知某回部、某月时刻，纵横查之，即得真正时刻。

戊午岁，两金川各土司太阳出入昼夜时刻，两金川及各土司序次，依地图北极高度定纬所列。共三页。这三页内容的使用方法是：每岁太阳出入昼夜刻分，前后各有相同之日，而天体浑圆，诸方太阳出入昼刻分，又自不同，故将刻分相同之日，对书于格之上下，以便省览。而又明列两金川及各土司于首，直行欲知两金川及各土司某月时刻，纵横查之，即得真正时刻。

戊午岁，各省节气时刻，各省序次盛京而下，悉依地图地之经度所列。名称用在各页分列大字两行：盛京、三姓、黑龙江、朝鲜、吉林、伯都讷、浙江、福建、江苏、山东、安徽、雅克萨城、江西、河南、湖北、广东、湖南、山西、广西、陕西、贵州、安南、四川、甘肃、云南。共三页。这三页内容的使用方法是：右节气各有诸方不同之数，横列于上，欲知某省、某节时刻，纵横查之，即得真正时刻。每十五分为一刻，各省俱依省城所定。

戊午岁，各蒙古、回部节气时刻，各蒙古、回部序次，悉依地图地之经度所列。共九页。这九页内容的使用方法是：右节气各有诸方不同之数，横列于上，欲知某蒙古、回部某节时刻，纵横查之，即得真正时刻，每十五分为一刻，俱依蒙古、回部居处所定。

戊午岁，两金川各土司节气时刻，两金川及各土司序次，悉依地图地之经度所列。共二页。这二页内容的使用方法是：右节气各有诸方不同之数，横列于上欲知两金川及各土司某节时刻，纵横查之，即得真正时刻，每十五分为一刻，俱依两金川及各土司居处所定。

日历（其中天头地角处有朱字注解）共十二页，纪年表三页，职名表一页。

职名表：

　　管理钦天监事务和硕定亲王绵恩
　　监正兼宫中佐领加三级纪录十次喜常
　　监正加三品职衔加一级纪录二次索德超
　　监副纪录四次海福
　　监副加一级纪录七次何廷瑛
　　左监副加二级汤士选
　　右监副加一级罗广祥
　　五官正加一级纪录三次海福
　　五官正加一级纪录二次佟政
　　五官正纪录四次重伦
　　五官正纪录五次明庆
　　五官正纪录四次雅明阿
　　春官正加一级纪录四次陈坦
　　夏官正加八级纪录三次何廷瓒
　　中官正纪录三次金晋侯
　　秋官正加二级纪录五次郭让杰

冬官正加一级纪录五次陈伦
主簿纪录二次保福
主簿加一级纪录四次张天枢
五官司书加一级纪录四次张志和

四　清乾隆六十四年纪晓岚所藏《时宪书》[4]

此本《时宪书》的特征与前三本相近。开本尺寸有一些差异，书签为白签黑字，书签题"恩赐乾隆六十四年己未时宪书，礼部尚书臣纪昀敬藏"。书尺寸为 32.2×20 厘米，板框尺寸为 25.6×18 厘米和 25.6×18.4 厘米。黑口，双鱼尾，四周双栏。卷端题"大清乾隆六十四年岁次丁巳时宪书"。卷端下方盖有"纪昀之印"，尺寸为 0.8×0.8 厘米，印文从右向左旋读。版框右侧外盖闲章两方，上为"尔□□印"，下为"水今"（图四）。

图四　乾隆皇帝赏赐大学士纪昀的乾隆六十四年《时宪书》

内容分别为：一、都城顺天府节气时刻，凡三百五十四日；二、年神方位图；三、各省太阳出入昼夜时刻；四、各蒙古、回部太阳出入昼夜时刻；五、两金川各土司太阳出入昼夜时刻；六、各省节气时刻，各省序次。七、各蒙古回部节气时刻，各

蒙古回部序次；八、两金川各土司节气时刻，两金川及各土司序次；九、日历；十、纪年表；十一、职名表。

都城顺天府节气时刻和年神方位图各一页。

年神方位图之后内容如下：

己未岁，各省太阳出入昼夜时刻，各省序次盛京而下，悉依地图北极高度定纬所列；名称用在各页分列大字两行：盛京、雅克萨城、黑龙江、三姓、伯都讷、吉林、山西、朝鲜、山东、甘肃、河南、陕西、江苏、四川、安徽、湖北、浙江、江西、湖南、贵州、福建、广西、云南、广东、安南。共计八页。这八页内容的使用方法是：每岁太阳出入昼夜刻分，前后各有相同之日，而天体浑圆，诸方太阳出入昼夜刻分，又自不同，故将刻分相同之日，对书于格之上下，以便省览。而又明列各省于首直行，欲知某省、某月时刻，纵横查之，即得真正时刻。

己未岁，各蒙古、回部太阳出入昼夜时刻，各蒙古、回部序次，悉依地图北极高度定纬所列。共六页，最后半页为空白。这六页内容的使用方法是：每岁太阳出入昼夜刻分，前后各有相同之日，而天体浑圆，诸方太阳出入昼夜刻分，又自不同，故将刻分相同之日，对书于格之上下，以便省览。而又能明列各蒙古、回部于首直行，欲知某回部某月时刻，纵横查之，即得真正时刻。

己未岁，两金川各土司太阳出入昼夜时刻，两金川及各土司序次依地图北极高度，定纬所列。共三页。这三页内容的使用方法是：每岁太阳出入昼夜刻分，前后各有相同之日，而天体浑圆，诸方太阳出入昼刻分，又自不同，故将刻分相同之日，对书于格之上下，以便省览。而又明列两金川及各土司于首直行，欲知两金川及各土司某月时刻，纵横查之，即得直正时刻。

己未岁，各省节气时刻，各省序次盛京而下，悉依地图地之经度所列；名称在各页分列大字两行：盛京、三姓、黑龙江、朝鲜、吉林、伯都讷、浙江、福建、江苏、山东、安徽、雅克萨城、江西、河南、湖北、广东、湖南、山西、广西、陕西、贵州、安南、四川、甘肃、云南。共三页。这三页内容的使用方法是：右节气各有诸方不同之数，横列于上，欲知某省、某节时刻，纵横查之，即得真正时刻 每十五分为一刻，各省俱依省城所定。

己未岁，各蒙古、回部节气时刻，各蒙古、回部序次，悉依地图地之经度所列。共九页。这九页内容的使用方法是：右节气各有诸方不同之数，横列于上，欲知某蒙古、回部某节时刻，纵横查之，即得真正时刻，每十五分为一刻，俱依蒙古、回部居处所定。

己未岁，两金川各土司节气时刻，两金川及各土司序次，悉依地图地之经度所列。共二页。这二页内容的使用方法是：右节气各有诸方不同之数，横列于上，欲知两金川及各土司某节时刻，纵横查之，即得真正时刻，每十五分为一刻，俱依两金川及各土司居处所定。

日历（天头地角有朱字注解）有十二页，纪年表三页，职名表一页。

职名表：

　　管理钦天监事务和硕定亲王绵恩
　　监正兼官中佐领加三级纪录十次喜常
　　监正加三品职衔加一级纪录二次索德超
　　监副纪录四次海福
　　监副加一级纪录七次何廷瑛
　　左监副加二级汤士选
　　右监副加一级罗广祥
　　五官正加一级纪录三次海福
　　五官正加一级纪录二次佟政
　　五官正纪录四次重伦
　　五官正纪录五次明庆
　　五官正纪录四次雅明阿
　　春官正加一级纪录四次陈坦
　　夏官正加八级纪录三次何廷瓒
　　中官正纪录三次金晋侯
　　秋官正加二级纪录五次郭让杰
　　冬官正加一级纪录五次陈伦

　　主簿纪录二次保福
　　主簿加一级纪录四次张天枢
　　五官司书加一级纪录四次张志和

五　小结

通过上述四本《时宪书》的基本内容，我们可以总结出，乾隆皇帝退居太上皇后，依然在宫内刊行乾隆年号的《时宪书》。

笔者进行抽样对比（图五），查到另一本乾隆六十三年的《时宪书》[5]本子，此书主要特征是黄绫封面，有暗凤纹。书签为黄绫黑字，上书"大清乾隆六十三年岁次戊午时宪书"。卷端题名"大清乾隆六十三年岁次戊午时宪书"。书尺寸为33×22厘米。板框尺寸为22.8×13.8厘米和22.8×14厘米。就开本而言，应为宫中之物。内容分别是：万年书鉴，朱字半叶；都城顺天府节气时刻，凡三百五十四日；年神方位图；日历；纪年表；职官表。通过对比可知，日历的内容大致一样，职官表官员名称与纪晓岚所藏的《时宪书》职官表相一致。

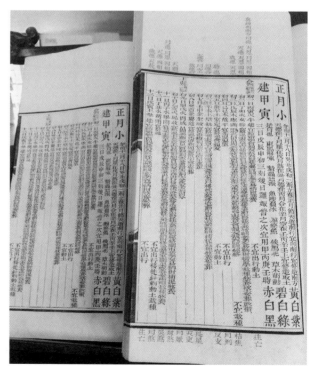

图五　乾隆六十三年的《时宪书》对比，左侧为纪晓岚藏本

乾隆六十一年《时宪书》始改元，实际为嘉庆元年，各省颁行本均为嘉庆元年本。经核对，嘉庆元年（1796）刻汉文本《时宪书》[6]的职官表内容与乾隆六十一年《时宪书》相一致。

乾隆六十一年的《时宪书》卷端前有题跋一叶，为纪晓岚之孙纪树馨所书写（图六）。纪晓岚藏兹录如下：

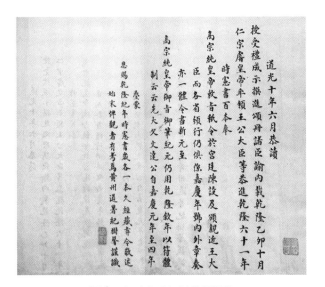

图六 纪昀之孙纪树馨所题跋

道光十年六月恭读，授受礼成，示撰进颂册诸臣。谕内载乾隆乙卯十月仁宗睿皇帝率领王公大臣等，恭进乾隆六十一年《时宪书》百本。奉高宗纯皇帝敕旨，只令于宫廷陈设及颁亲近王大臣。而各省颁行仍俱系嘉庆年号，内外章奏亦一体，令书新元，至高宗纯皇帝御旨御笔纪元，仍用乾隆叙年，以符体制云云。先大父文达公自嘉庆元年至四年，叠蒙恩赐乾隆纪年《时宪书》，岁各一本，久经藏弆，今敬述始末，俾观者有考焉。黄州道署纪树馨谨识。

在题跋最后盖有一方长方形条章，白文署名"树馨"。黄州道署是纪树馨当时的官职，即黄州府道台一职。查阅谭其骧编的《中国历史地图集》[7]，得知：黄州道署隶属湖北省分巡汉黄德道，驻黄州府，辖三府，所辖的三府包括汉阳府、黄州府、德安府。上述四本《时宪书》的最后一叶左下角均钤

"瀛海纪氏阅微草堂藏书之印"（图七）。通过此印我们可得知，此四本《时宪书》的收藏始末，首先是由大学士纪昀收藏，后来归其孙纪树馨所有。

图七 书后所钤"瀛海纪氏阅微草堂藏书之印"

纪昀，字晓岚，有子四人，分别是长子纪汝佶、次子纪汝传、三子纪汝似、四子纪汝亿。纪树馨乃是其次子纪汝传的长子。纪树馨少年时便显示出了他的才华，深得纪晓岚喜爱。故纪晓岚去世前，把自己所藏文书全部交付于其孙树馨。纪树馨不负厚望，他将祖父纪晓岚的书信与笔记整理成书，如书信编纂为《纪文达公遗集》等。目前，我们所见于中国国家图书馆古籍部的这四本《时宪书》，便是当年纪树馨所藏。

综上所述，纪晓岚所藏的四本《时宪书》恰可以印证，乾隆皇帝退位后，嘉庆皇帝不忍心去掉其父"乾隆"年号，在内廷所使用的《时宪书》依然是其父亲的年号本，可见嘉庆皇帝为人之子的孝道之心。

注释：

[1]　中国国家图书馆藏，索书号05516。

[2]　中国国家图书馆藏，索书号05517。

[3]　中国国家图书馆藏，索书号05518。

[4]　中国国家图书馆藏，索书号05520。

[5]　中国国家图书馆藏，索书号05519。

[6]　中国国家图书馆藏，索书号05280。

[7]　谭其骧：《中国历史地图集》第八册《清时期》，中国地图出版社1996年，第35—36页。

赵继贤之印章及其人

何 玮（苏州市艺术学校）

内容摘要：苏州博物馆藏赵继贤组印是齐白石篆刻精品，印主是参与镇压"二七大罢工"的臭名昭著的刽子手赵继贤。"二七惨案"之后不久，赵继贤就离开了北京，暗藏在苏沪一带。20世纪50年代初被抓获，得到了应有的惩罚。

关键词：苏州博物馆 齐白石 篆刻 二七大罢工 赵继贤

机缘巧合，笔者有幸了解到苏州博物馆旧藏齐白石所刻三方石印，印主竟是"二七惨案"的罪魁祸首，时任京汉铁路局局长的赵继贤。也许是因为印主恶名昭彰，这三枚印章自入藏后很少报道和展出，不太受人关注。查阅与"赵继贤""二七惨案"或"二七大罢工"相关研究论文，也未见论及这三方印章。此外，这三方印章，不仅是艺术品，也是历史的佐证。历史是全景的，不但要记载英雄人物的丰功伟绩，永远铭记他们的付出与牺牲；同时也要记录反面人物的恶行劣迹，以期警示世人。因此，印章与印主都颇有探究的必要。笔者走访了苏州博物馆相关部门，收集到一些一手资料，再结合查找到的其他材料，对此三印及印主的情况做一探讨，以作抛砖引玉之用。

一 赵继贤之印

这三方印在博物馆的账本里记做"旧藏"，并没有注明准确来源。工作人员在编辑《苏州博物馆藏玺印》[1]一书时，寻根溯源，经多方打探，找到已退休的老保管人员，据其回忆方知这是新中国成立后，苏州公安局抓捕了"二七惨案"的元凶——赵继贤之后抄家所得。入馆后一直就藏在博物馆印章文物里，很少面世。赵继贤在苏州落网并受到公审后被处决，是新中国成立后轰动全国的大案，这三方印章的文物价值不可小觑。

三印均为寿山白芙蓉材质，螭虎纽，是齐白石

为赵继贤所刻的套印，分别是名印、字号印和收藏印。1. 赵继贤印，正方形印面边长4.8，高8.4厘米，阴文刻"赵继贤印"四字，环读，款为阴文楷书"希文先生正刊，齐璜"（图一）；2. 希文，正方形印面边长4.8，高8.4厘米，阳文刻"希文"二字，款为阴文楷书"白石山翁"（图二）；3. 历城赵氏金石书画，长方形印面长5.1、宽2.6、高8.3厘米，款为阴文楷书"希文先生正刊，齐璜"（图三）。

"赵继贤印"，章法以四字均分为基础，"继贤"

图一 赵继贤印（苏州博物馆藏）

图二 "希文"印（苏州博物馆藏）

图三 "历城赵氏金石书画"印（苏州博物馆藏）

二字笔画多，特别是"继"字笔画最多，所以稍微宽了一点，占了"赵"字的一点位置，"印"字笔画最少，但为了保持平衡，将上部斜笔拉长，占据和"贤"字等高的位置。这样一来，既有挪让，又有秩序，形成了"赵印"二字舒朗，"继贤"二字紧凑的章法。"希文"阳文印，由于二字本身就自带疏密对比关系，所以并不需要太多的技巧，即可营造出妥帖的章法。"历城赵氏金石书画"属于多字印，多字印通常取平均分布或自然分布的结构布局。此印印石本身呈长方形，因而取两列排法，左右二列各四字。因为"氏""金""石"三字笔画较少，"历城""书画"四字笔画较多，又恰分布在两行的首尾，自然形成了对角呼应的章法，因之白石老人顺势采用竖陈列横无行的章法。这样一来，既有疏密，又有呼应，且不失规矩。印章用字以平直为主，但为了增加疏密和动感，高明的篆刻家会利用少量的斜线条以救板滞。这三方印里，都有少量斜笔，如"印"字上部，"希文"二字上部，"城"字末笔，"石"字第一横，本不需斜笔，但为了避免和"金"字最后一笔平行，也做了斜笔处理。如果说章法变化尚有迹可循，毕竟在方寸之间分间布白，可操作的余地并不算大，那么字法和刀法就成了齐派篆刻最具特色的因素。

篆刻用字，元朱一路谨守《说文解字》，仿汉一路则使用方整隶化的谬篆，另有古玺一路采用金甲等大篆字体。齐白石在赵之谦的启发下，将汉代碑额篆、天发神谶碑的横平竖直、绝少盘曲的篆法发挥到极致，再配以他自己独到的理解，形成齐白石独特的篆书风格，再以此种风格篆书入印，辅以大刀阔斧的雕花匠式的刀工，最终造就了齐派篆刻独树一帜的风貌。这三方印的刀法字法正是这种痛快淋漓、直来直去的典型代表。

这三方印自入藏苏州博物馆后很少报道和展出，所以在齐白石的印谱里也不常见。单就艺术价值而论，这三方印精美异常、艺术水准非常之高，堪称齐白石篆刻作品中的精品。

三印没有年款，但根据刀法和字法可以确定在齐白石篆刻的衍变期，即1918—1923年。这既是齐白石开始定居北京的时期，也是赵继贤逐步坐上京汉铁路局长之位的时期。在这一时期，齐白石在京结交了陈师曾、梅兰芳、徐悲鸿等艺术圈人士，还有曹锟、李宗仁等政界人士。齐白石与直系核心人物曹锟结识，缘于湖南籍好友夏寿田的牵线搭桥[2]。京汉铁路是直系的重要财源，1922年1月，曹锟发电文任命赵继贤掌京汉铁路局长职[3]，可证赵是直系的心腹成员。赵氏由此得以接触到齐白石，并得到白石所制之印顺理成章。

二 赵继贤其人

通过在《知网》输入"赵继贤、二七惨案"两词全文检索，查找到了八十余篇相关论文。再以"赵继贤 二七惨案"为主题词检索，查阅到六篇论文。文章多集中于赵继贤镇压"二七大罢工"、残杀工人运动领袖及新中国成立后落网、被公审处决的经历。而对赵继贤就任、卸任京汉铁路局局长前后和新中国成立后至落网前的行踪着墨较少。笔者查阅了当时的报刊资料，主要是影响力较大的《申报》《新闻报》《时报》《交通公报》，再比对这些论文，试图对赵继贤其人登上近代中国历史舞台及退出历史舞台的经历进行梳理，特别是整理出现有研究着墨不多的时间脉络和事件轮廓。相信这对于更全面的认识历史的全貌，更深入的认识这三枚印章的价值，都是有意义的。

赵继贤其人的生平经历大致可分为三个阶段。

一是在中国政治舞台初露头角的阶段。能查找到的赵继贤生平的最早记载："赵继贤（1883—1951），山东历县人。1903年毕业于江苏武备学堂，1905年选派为学法律军官。后多年在曹锟、吴佩孚手下任职。"[4]报刊上最早的公开记载是《政府公报》1914年第622期的一则消息："北京法政专门学校呈教育部谨将补给赵继贤证书名册送部请备案并予登报文（附清册）"（该校1923年升格为北京法政大学）。

此后，赵继贤再次出现在报端是《申报》1915年4月6日载：他被授予陆军步兵少校（时年30岁）。此后，他的名字就多次出现在《申报》报端。1916年5月29日，《申报》又载"陆军部呈请将马佺、赵继贤授为陆军步兵中校并加陆军步兵上校衔"。1916年11月8日，蔡锷将军于日本病逝，直隶军界14日在《申报》发文吊唁，提及赵继贤，当时他的身份为"军法课长"，唁电中具名的人物共29人，其中"二七惨案"的元凶萧耀南、吴佩孚也赫然在列，萧时任卫队统领，吴为第六旅旅长。16日，《申报》又报："又令陆军总长段祺瑞呈请任命……赵继贤为军法课课长应照准此令。"21日，《申报》再报："又令……赵继贤均授为陆军步兵上校此令。"1917年10月11日报道，赵又被授予"四等嘉禾章"（《申报》）。1918年4月16日报道："四月十四日大总统令张敬汤殷本洗龚汉治魏朝彦阎治堂赵继贤刘元和陈德麟均授为陆军少将"。1919年3月17日报道："三月十一日大总统令……赵继贤……均给予三等嘉禾章"。1920年8月18日申报发表时评《人心未厌战》提及："八月十六日大总统令……容贤刘梦庚赵继贤关桐钱家驹均晋给三等文虎章"。1920年12月11日记载："十二月九日大总统……又令任命……赵继贤为军法处处长"，是年赵继贤35岁。

在1915至1916年一年多时间内，赵继贤军衔连升三级。从在军中崭露头角到1920年，5年内获得三次北洋政府勋章，军内职务也从军法课长升至军法处处长，考虑到当时北洋军阀主政，政局军界形势风云变幻，赵继贤的仕途可谓风生水起。有研究者指出："赵继贤早年在北京京师政法大学毕业时，正值军阀割据时期。他因善于阿谀奉承，溜须拍马，得到了军阀吴佩孚、曹锟的赏识，倍加重用。"[5]可谓揭示了赵继贤仕途平顺的原因。而善于阿谀奉承的人格也预示了他后来的人生选择与归宿。

总的来看，这5年里，赵继贤一步步靠近了北洋政府权利的中心，于是才有了他被任命为京汉铁路局局长的后续。

赵继贤人生的第二阶段是担任京汉铁路局局长至残暴镇压"二七大罢工"。

京汉铁路作为当时南北交通的主干线，是直系军阀的经济命脉所在，得到直系军阀赏识的赵继贤

被委以重任。1922年1月9日《申报》载："北京电京汉局长定赵继贤曹来电催发表（七日下午八钟）。"此后，赵继贤其名时常以京汉铁路局局长的身份见诸《申报》。1922年3月2日报道："……赵继贤陆长廳齐耀成王亿年张濂刘温玉均晋给二等嘉禾章"，这是赵第四次被授予勋章。13日《申报》载："又令王鸿陆陈世华何谦吉边守静王之杰容贤陆长佑俞人凤赵继贤李雨山殷本浩均给予二等文虎章"，这是赵继贤第五次被授予勋章。至此，用时下的流行语来说，赵继贤可谓达到了人生巅峰。

有研究者指出，赵继贤在历任军法科长、处长时效忠于军阀，仗势欺人，本已恶贯满盈，正式接任京汉铁路局局长后，更是变本加厉，订出一套以罚钱、记过、开除等手段压榨工人的制度。1922年4月，由于得到英、美支持的吴佩孚和受日本扶持的张作霖之间矛盾激化，爆发了直奉战争。赵继贤为了筹集军费供吴佩孚打内战，竟克扣工人工资，每月只发工资的3/4，致使许多铁路工人生活陷入困顿，吃不饱穿不暖，处境异常悲惨……[6]可见，赵继贤甘为军阀的爪牙，在政治立场上完全站在了工人群众的对立面。一定程度上可以说，他对工人群众敲骨吸髓的压榨，激励了工人群众奋起抗争的斗志，是为自掘坟墓之举。

也许正是由于以赵为代表的铁路局与工人群众之间的深刻对立，1923年2月1日晚上，京汉铁路总工会执行委员会举行秘密会议，会议提出了罢工的5项条件，居于首位的是要求交通部革除京汉铁路局局长赵继贤和南段段长冯法职务，要求吴、靳及豫省当局革职查办黄殿臣[7]（黄殿臣时任郑州警察局长，曾带领军警捣毁京汉铁路总工会和郑州分会会址）。可谓有因必有果。刚坐上不久的京汉铁路局长之位眼看要被工人运动拉下马，赵继贤想必恼羞成怒，他残酷镇压"二七大罢工"、下令残杀工人运动领袖的动机也就昭然若揭了。

关于赵继贤残酷镇压"二七大罢工"的恶劣行径，刘晓云据河北省档案馆馆藏的一份《武汉工人》画刊，撰文予以了详细说明。"画刊是1951年7月25

日出版的，标题是《反革命分子难逃人民法网!——"二七"惨案凶手赵继贤伏法》。一页纸，正反两面，共计2215字，以图文形式讲述了'二七惨案'发生的背景、经过及公审刽子手赵继贤的全过程。"[8]王树人也撰文记载了赵继贤镇压京汉铁路工人运动的残暴行径。大意如下：1923年2月4日，赵继贤指挥士兵屠杀、逮捕京汉铁路工人大罢工代表，杀害了共产党员、江岸分会委员长林祥谦，逮捕了共产党员、铁路总工会顾问施洋[9]。赵是"二七惨案"的元凶，可谓铁证如山。

赵继贤人生的第三阶段是"二七惨案"后下台，潜藏至新中国成立后落网伏法。关于赵继贤下台的准确时间和具体情形，目前所见论述中颇有出入之处或语焉不详。一说："1922年1月至1924年9月任京汉铁路局第九任局长，兼任保定军法处军法官、军法课长和司法处长。"[10]可以理解为赵继贤自1924年9月后便不再担任京汉铁路局局长之职务。另一说："第一次国共合作时期的1926年夏，革命军出师北伐。10月攻占了武汉，消灭了北洋军阀二万多人。从此，吴佩孚一蹶不振。树倒猢狲散，赵继贤夹着尾巴逃窜了。"[11]再一说："吴佩孚垮台后，赵继贤亦随之下台，在苏沪一带购买田产隐居起来。"[12]近年来，伴随着民国时期报刊电子数据库的建设和完善，笔者查阅了当时的报刊资料，对赵继贤在"二七惨案"后的行踪做了梳理和补充。

"二七惨案"后，赵继贤处于舆论声讨的风口浪尖之上。"罢工被镇压下去以后，包惠僧在北京展开了政治宣传与办理善后工作：一方面，组织在参众两院请愿，联合众议院议员中的几个湖北籍议员胡鄂公、彭养光、范叔衡、白玉桓、吴昆等对吴佩孚、萧耀南（湖北督军）、赵继贤（京汉铁路总局局长）等提出弹劾。"[13]此外，《时报》1923年2月24日刊发了名为《京汉工潮明令查办》一文，记载李根源主张对工潮明令查办，"赵继贤呈辞京汉铁路局局长"。看来迫于情势，赵继贤不得不惺惺作态，主动请辞。但根据《交通公报》1923年第186期（中华民国十二年三月三十日）至《交通公报》1924年第612期（中

华民国十三年七月二日）消息，赵继贤的辞呈应并未立即获批，他依然以京汉铁路管理局局长身份频繁现身报端。再据孙宝琦、陆锦《政府公报》1924年第2859期载："大总统令（中华民国十三年三月六日）：特任赵继贤为开威将军此令。"

《时报》1926年7月28日载："劳之常已就交次职，京汉局长，行将易人，闻赵继贤运动复职甚力，北京十七日上午十时电。"据此可以判断，赵继贤在1926年7月前已经不再担任京汉铁路局长一职，《江岸区志》将其离职的时间定在1924年9月间是可信的。此后赵继贤就淡出媒体的视野，仅在1935年5月1日上海红十字会的一份名单中有"赵继贤"一人[14]。但是否和本文讨论的是同一人，只能存疑。考虑到他隐藏在苏沪一带的经历，是同一人的可能性较大。

《机械电子档案》1994年第1期以"文摘"形式收录的名为《"二七"惨案元凶伏法记》一文，文末标明"摘自1991年8月3日《法制日报》，王国庆文。"文中对赵继贤被捕受审被处决的经历有详细介绍。王树人先生在《杀害著名共产党人的凶手落网记》中记载：赵继贤下台后，在苏沪一带购买田产隐居。新中国成立后，赵继贤化名四处躲藏。1951年5月，江苏省苏州市公安部门逮捕了赵继贤的儿子赵世清，顺藤摸瓜，于5月10日抓获了赵继贤。1951年7月5日，河南省人民法院对此案进行了审理，认定赵继贤对镇压"二七"大罢工、杀害林祥谦和施洋等烈士负有直接责任。1951年7月16日，湖北省武汉市在汉口江岸召开公审大会，武汉市人民法院宣布判处赵继贤死刑，剥夺政治权利终身。会后，立即将赵继贤绑赴江岸车站，在当年林祥谦烈士遇害的地方执行枪决。

三　赘语

一般介绍赵继贤的工具书都没有提及他的字，由这组印可知赵继贤的字为"希文"。"希文"二字原是北宋名臣范仲淹的字。赵氏与其同号，料想其长辈的初衷是望他以范仲淹"先天下之忧而忧"的精神为榜样，继续成为贤良，未料他利欲熏心，后来竟然成了"二七惨案"的元凶，落得个遗臭万年的结局，真是莫大的讽刺。

注释：

[1] 苏州博物馆编：《苏州博物馆藏玺印》，文物出版社2010年，第115—117页。

[2] 牟建平：《齐白石的"朋友圈"》，《收藏》2020年第7期。

[3] 《申报》，1922年1月9日。

[4] 武汉市江岸区地方志办：《江岸志》"人物"1618，武汉出版社2009年。

[5] 刘晓云：《"二七"惨案档案解读》，《档案天地》2014年第1期。

[6] 刘晓云：《"二七"惨案档案解读》，《档案天地》2014年第1期。

[7] 郑巍宁：《1923年京汉铁路工人大罢工》，《武汉文史资料》2011年第Z1期。

[8] 刘晓云：《"二七"惨案档案解读》，《档案天地》2014年第1期

[9] 王树人：《杀害著名共产党人的凶手落网记》，《党史博览》2005年第12期。

[10] 武汉市江岸区地方志办：《江岸志》"人物"1618，武汉出版社2009年。

[11] 施裕文：《"二七"惨案罪魁祸首赵继贤伏法记》，《武汉文史资料》1997年第3期。

[12] 王树人：《杀害著名共产党人的凶手落网记》，《党史博览》2005年第12期。

[13] 常颖：《包惠僧在北京地区的革命活动》，《北京党史》2015年第1期。

[14] 《申报》1935年5月1日。

乾隆六年辛酉科陕甘武乡试题名碑考释

葛 天（西安博物院）

内容摘要： 乾隆六年辛酉科陕甘武乡试题名碑，题记为该科解元长安人柴㻞所撰，并题有大主考、提调官等共17位考官职衔姓名，多有事迹可考。题名共100人，东闱50人为陕西乡试武举，西闱50人为甘肃乡试武举。经考证，东闱武举王大有、何宗鳌后中武进士。

关键词： 乾隆六年 陕甘乡试 题名碑 小雁塔

清代陕西、甘肃武科乡试结束后，两省武举常在荐福寺小雁塔下共同立碑题名，与文科举人在大雁塔下题名相对。西安博物院藏有乾隆六年辛酉科陕甘武乡试题名碑一通，高170厘米，宽73厘米，厚17厘米，左上角小部分残损，大部分碑文可辨（图一）。

一 简体点校

辛酉科陕甘乡试题名碑记

□州人才之盛，自古称雄，惟当运禄休隆，光华复旦，于时天地献瑞，河岳锺灵，群材蔚兴，先后接踵，一如孙吴之于齐魏，李广程不识之于汉廷，郭子仪李光弼李卫公之于唐时，孰一非表表于当时而垂范于后世者耶。我皇上文武并重，凡取士之法，至糚具密，故内外大小臣工无不克称，厥职将见实兴，一举而彬彬郁郁，英才辈出，取之者愈多，而应之者日□，倚欤秋试，洵□□□□之隆而人文之盛矣。于是特命大臣公同典事，恪天公慎，□选鸿材，外而技艺优娴，内而词章雅正，焚膏继晷，公定甲乙东西两闱，取士百人。曷□□□骄之虎臣，公侯之干城也哉。几我固□□以鹰扬，自足浼知琼材有待□荐之遗名，□□合之

图一 乾隆六年辛酉科陕甘武乡试题名碑拓片

* 葛天，男，1979年生，西安博物院副研究馆员。本文系西安市2021年度社会科学规划基金项目《明清小雁塔武举题名碑整理与研究》（项目编号：LS19）的阶段性成果之一。

□□□□□副圣天子□□重道选将□才之至□
也夫。

大主考

太子少保兵部尚书兼都察院右都御史□□
川陕等处地方军务兼理粮饷加三级纪录三十一
次尹继善

钦命经筵□□督理陕西巡抚□务□部左侍
郎纪录一次岱奇

□理甘肃□□□□务兰州布政使司布政使
加一级徐杞

提□官

陕西西安等处布政使司分守督粮道纪录一
次纳敏

整饬临洮道管理甘肃等处驿传事务陕西按
察使司佥事加一级郭朝祚

监□□

陕西西安等处按察使司分巡驿盐道加一级
纪录十二次孙陈典

整饬甘山等处□□□□□理马政分巡甘山
道按察使司佥事武忱

川陕督标□中□副□庆阳□副将加一级纪
录二次杨玉先

镇守陕西宁夏等处地方总兵官纪录一次
吕瀚

□阳县知县姚世道

□县知县臧应桐

□□县知县吴万善

□□县知县唐孝尧

□□县知县应际盛

□□县知县王承鲁

□□县知县杨薰

□□县知县郭懋琛

长安柴□撰、咸宁痒生李绳勋丹书、监立

东闱

第一名柴斑　长安县武生　师承德　延安府
武生　李维圣　汉中府武生　蔡应魁　长安县
武生

杨士云　抚标右营兵丁　　张银　抚标左营
兵丁　王国勋　抚标左营兵丁　蓝桂　渭南县武生

崔毓麒　泾阳县武生　　苏忠　抚标左营兵
丁　李国玠　督标后营兵丁　李瑾　□标中营兵丁

卢鳌　西安府武生　　马得功　咸宁县武生
郭世忠　督标中营兵丁　王家栋　武功县武生

郭君成　咸阳县武生　赵学普　抚标左营兵
丁　李士魁　抚标□营兵丁　　张殿楷　咸阳县武生

李阳春　榆林县武生　　牛奎　南郑县武生
韩士英　榆林县武生　　何凌云　城固县武生

杨彦龄　武功县武生　　何廷臣　凤县武生
常大用　乾州武生　　张珍　□□县武生

王其泰　长安县武生　韩仁　抚标右营兵丁
许绪武　宜君县武生　　扈光标　大荔县武生

韩交春　兴安州武生　刘鹏翔　朝邑县武生
孙鸿刚　三原县武生　　张尔振　朝邑县武生

王大有　三原县武生　刘鹏英　朝邑县武生
毛景遂　蓝田县武生　　郭奠国　华州武生

党朝栋　富平县武生　颜大经　华州武生
陈子桓　富平县武生　　何宗鳌　潼关县武生

王崇德　蓝田县武生　蓝廷俣　西乡县武生
许义新　兴平县武生　　沈谋　西乡县武生

张祖益　榆林府武生　郭秉实　同州府武生
西闱

第一名梁佼　□□□武生　马耀　西宁府武
生　田畅　武威府武生　朱瀚　宁夏府武生

李登云　宁夏县武生　　杨振关　兰州府
武生　刘彦　宁夏县武生　　梁倬　武威县武生

王一训　宁夏县武生　　完颜登第　泾州
武生　魏□□　静宁州武生　马腾蛟　兰州府武生

王伸　宁夏府武生　　刘尊五　□□□
武生　杨开疆　抚标右营兵丁　陆炳　平罗县武生

杨文锦　□州武生　　　王文建
□□□□魏鲁□□武生　　杨昭　□州
武生

王祚洪　宁夏府武生　　陈世熹　宁夏县
武生　杨逢鲁　平凉府武生　　马昭援　固原州

武生

梁栋　抚标□营兵丁　　　　鲁凤翔
□□□□□黄应魁　安西县武生长安人　王林
西宁□□兵丁

陆时遵　镇原县武生　　　胡大勇　中卫县
武生　杨时　兰州府武生　　景日华　兰州右营
兵丁

何殿甲　宁夏□学武生　　强瑜龙　宁夏县
武生　王兴邦　皋兰县武生　刘泰临　宁夏县
武生

景会新　宁朔县武生　　　周积德　皋兰县
武生　畅学德　陇西县武生　王光前　秦安县
武生

许玮武　□□县武生　　　杜大春　甘州府
武生　王廷桂　中卫县武生　袁岱　宁夏县武生
周抡元　兰州府武生　　　毛伯　甘州府武生
王湛祖　甘提中营兵丁　王大业　大通□兵丁
谈秉哲　灵州武生　　　　冯自荣　庆阳府
武生

二　题记考

首字残缺，应为"雍"字，陕甘古称雍州。孙武指齐国的孙膑和魏国的吴起，李卫公指李靖。赞颂清代科举制度严密，符合史实。唐代首创武举，只考武艺，不考兵书。宋代武举分解、省、殿三试，并增加了程文试，但武举存在重文轻武、录取率低、授职低等弊端。明朝开国百年无武举，天顺八年始有武举，而武举殿试只在崇祯四年举行了一次，其余时间武举只有乡、会试。清代武举，从顺治初至光绪二十七年（1905），局部地区由于战争延误外，250多年没有间断。清代武科与文科一样，分为童试、乡试、会试、殿试，制度比较完备。

"外而技艺优娴，内而词章雅正"，指清代武科乡试的外场和内场考试，内场考军事理论，外场考军事技能。外场，即军事技能包括马箭、步箭和技勇三项，技勇考核弓刀石。"武乡会试头场试马箭，竖立三大靶，各离三十五弓。每人跑马二回，共射六箭，再射地球一箭，计七箭，以中三箭者为合式，缺一者不准考试步箭。""武乡会试二场试步箭，布靶高五尺五寸，宽二尺五寸，以三十弓为则，每人连射六箭，须直中靶子中央者为中，其碰边擦框及中靶子根靶子旗者俱不算，六箭内以中二箭者为合式，缺一者不准再试技勇。""武乡会试步箭后考试技勇，以八力弓、八十斤刀、二百斤石为三号，十力弓、一百斤刀、二百五十斤石为二号，十二力弓、一百二十斤刀、三百斤石为头号，弓必开满，刀必舞花，石必离地一尺，弓力有能加重者，听也不得过十五力。三项内必须有一二项头二号者，方准挑入好字号，若俱系三号，不准挑入好字号。"[1]武科理论考试，"向用《武经七书》，圣祖以其文意驳杂，诏增《论语》《孟子》。于是改论题二，首题用《论语》《孟子》，次题用《孙子》《吴子》《司马法》"[2]军事理论考核后来趋于宽松，默写《武经》百字即可。"嘉庆十二年，议准向来武闱乡试内场以策论应，请嗣后策论改为默写《五经》，由主考拟出一段约百字。有不能书写或涂写错乱者，即为违式。"[3]

东闱指清代陕西武科乡试，西闱指清代甘肃武科乡试。清代陕西甘肃文科乡试长期统一在西安举行，光绪元年，陕西甘肃两省武科考试分别在本省举行。"武则析陕甘而二之"，顺治二年陕甘武科乡试分闱："西、延、汉、凤及榆林镇，在西安府乡试。平、庆、临、巩、暨两河等处，在甘肃乡试。"[4]

三　大主考提调官等考

题记中有十七位考官职衔姓名，第一类考官为大主考，第二类考官后两字模糊，应为"提调官"。左上角缺损，第三类考官只有首字"监"，根据《钦定武场条例》卷五"监试各官亲用号印"条目："武乡会试内场卷面戳用号印，监试、提调同受卷，弥封各官在至公堂分卷亲用，不得假手书吏以杜联号之弊。"[5]可知，残损处考官名称应为监试官。

首位考官其职衔中模糊两字应为"总督"，川陕总督尹继善，"字元长，章佳氏，满洲镶黄旗人，大学士尹泰子。雍正元年进士，改庶吉士，授编修。五年，迁侍讲，寻署户部郎中……（乾隆）四年，加太子少保。五年，授川陕总督。"[6]清代，由川陕总督到陕甘总督，多有变更。"总督陕甘等处地方提督军务、粮饷、管理茶马兼巡抚事一人。顺治元年，置陕西总督，驻固原，兼辖四川。十四年，徙汉中。康熙三年，更名山陕总督，兼辖山西，还驻西安。十四年，改为陕甘总督。时山西别置总督。十九年，仍改陕甘为山陕，省山西总督入之。辖四川如故。雍正元年，以综治陕西、甘肃、四川三省，加兵部尚书兼都察院右都御史衔。三年，授兵部尚书岳钟琪为总督。先是定为满缺，参用汉人自此始。九年，谕仍专辖陕、甘。十四年，复辖四川，更名川陕甘总督。"[7] 乾隆二十四年，川陕总督移四川，为四川总督，置甘肃总督兼辖陕西，后定名为陕甘总督。

陕西巡抚岱奇，乾隆三年二月，"癸巳，岱奇刑部满右侍郎，四月戊申迁。"四月"壬寅，岱奇刑部满左侍郎。"乾隆四年六月，"乙酉，岱奇户部左侍郎。"[8] 乾隆六年辛酉六月丙申，"岱奇陕西巡抚。"[9]

甘肃巡抚徐杞，据光绪《甘肃新通志·清文职官表·布政使》载，"徐杞，浙江德清，进士，雍正十三年任。"[10] 乾隆六年八月辛酉，"护理甘肃巡抚布政使徐杞奏、宁夏需粮紧要。亟宜采买。以备缓急。"[11] 乾隆十年三月辛巳，"调甘肃布政使徐杞、补用京员。以吏部郎中阿思哈为甘肃布政使。"[12] 乾隆十一年九月丁巳，"以徐杞为陕西巡抚。"乾隆十二年十一月己巳，"召徐杞来京，调陈宏谋为陕西巡抚。"[13] 乾隆十三年润七月己未，"以原任陕西巡抚徐杞、为宗人府府丞。"[14] 乾隆十五年四月壬午，"予宗人府府丞徐杞、原品休致。以顺天府府尹胡宝瑔、为宗人府府丞。"[15]

陕西布政使纳敏，民国《续修陕西通志稿·职官·陕西督粮道》载，"纳敏，满洲旗人，乾隆三年十二月十六日任，七年十一月初四日以调职去任。"[16] 乾隆八年七月丁亥，"以江南粮道纳敏为福建按察使。"[17] 乾隆十二年九月丁巳，"以广东布政使纳敏为安徽巡抚。安徽按察使赫庆、为广东布政使。"[18] 乾隆十四年五月甲戌，"又谕曰。纳敏自擢任巡抚以来。诸事漫不经心。每多延误。即如查办入官房屋一案。奉旨年余。尚以应行委员查勘、游移无定之辞覆

奏。今又疏脱提解来京之休致翰林阮学浚、任其潜逃无踪。尤为怠玩纵弛。纳敏著交部察议具奏。寻议、应照不应重公罪律、降二级留任。从之。"[19]

"整饬临洮道管理甘肃等处驿传事务陕西按察使司金事加一级郭朝祚"，据光绪《甘肃新通志·清旧制文职官表·整饬临洮道》载，"郭朝祚，汉军人，乾隆九年任。"[20] 该科为乾隆六年，武举姓名出现纰漏比较常见，但考官的职衔、姓名出错的可能性很小。可知，"乾隆九年任"记载有误，应在乾隆六年或以前任此职。

陕西按察使孙陈典，乾隆十四年二月乙酉，"又谕、据陈宏谋奏称，驿盐道孙陈典，年过六旬。精力渐衰。请勒令休致等语。已降旨照所请行。"[21]

甘山道道员武忱，民国《续修陕西通志稿·职官·陕西凤彬盐法道》载，"武忱，蒙古正红旗人，乾隆元年九月初三日任。"[22] 后有升迁，乾隆十六年八月癸亥，"河东盐运使武忱、为陕西按察使。"[23] 乾隆十九年九月甲午，"以陕西按察使武忱、为陕西布政使。"[24] 乾隆二十一年二月戊辰，"陕西布政使武忱、为甘肃布政使。"[25] 乾隆二十三年五月乙丑，"武忱、成德、俱著革职。交与该督黄廷桂。令其效力赎罪。所遗甘肃布政使员缺。著蒋炳补授。"[26]

总兵吕瀚，据光绪《甘肃新通志·清武职官表·镇守宁夏总兵官》载，"郭吕瀚，山东掖县人，乾隆六年任。"[27] 乾隆六年正月乙丑，"署兴汉镇总兵汉中副将吕瀚、为陕西宁夏镇总兵。"[28] 乾隆九年九月辛巳，"调甘肃宁夏镇总兵吕瀚、为甘肃凉州镇总兵。"[29] 乾隆十二年二月戊辰，"大同总兵官员缺。著吕瀚补授。"[30] 乾隆十五年四月癸巳，安西总兵张世伟，"已令其来京陛见。酌量另补。其员缺令吕瀚补授。"[31] 乾隆十七年五月戊寅，"云南提督员缺。著吕瀚补授。俟冶大雄到哈密后。再赴云南之任。"[32] 乾隆二十一年四月丁未，"予故云南提督吕瀚、祭葬如例。"[33]

"□阳县知县姚世道"，据乾隆《咸阳县志·县令》载，"姚世道，字示周，浙江乌程县人，丁巳进士，政简狱平，兴发举坠河，筑石堤，修尊经阁，

重建钟鼓楼，以会审他邑事罢去。"[34]可知，姚世道为咸阳县知县。

"□县知县臧应桐"，据嘉庆《汉南续修郡志·勉县知县》载，"臧应桐，正红旗人，雍正十一年任。周元，福建长乐人，拔贡，乾隆九年任。"[35]可知，臧应桐为勉县知县，自雍正十一年至乾隆九年在任。又据乾隆《咸阳县志·县令》载，"臧应桐，字望青，东海人，丙午科举人，乾隆十一年自城固调任。"[36]臧应桐自乾隆十一年又开始任咸阳知县。乾隆《咸阳县志》就是时任知县臧应桐纂修。

四 题名考

该碑题名涉及清代武科乡试诸多历史信息，可与地方志核校，相互补遗，有较高的文献价值。

第一，东闱题名考。乾隆《三原县志·武举》乾隆辛酉科载，"孙鸿刚；王大有，官阶见进士。"[37]乾隆《三原县志·武甲》乾隆乙丑科载，"王大有，宜昌守备。"[38]嘉庆《续修潼关厅志·武举》载，"何宗鳌，乾隆辛酉，见进士。"[39]嘉庆《续修潼关厅志·武进士》载，"何宗鳌，乾隆乙丑，官至游击。"[40]民国《西乡县志·武举》乾隆六年载，"蓝廷英，任千总。"[41]乾隆《咸阳县志·武举》载："郭君成，乾隆辛酉科中式，任运粮河千总。"[42]民国《重修咸阳县志·武乡科》载，"辛酉郭君成，任运河千总。"[43]

第二，西闱题名考。西闱第十一名，"魏□□，静宁州武生。"查阅乾隆《静宁州志》，"魏圣傅，字岚，章之惠□，乾隆辛酉科举人。"[44]可知西闱第十一名武举为"魏圣傅"。西闱第五十一名："许玮武，□□县武生。"查道光《平罗纪略》，"许纬武，乾隆辛酉科。"[45]可知第五十一名武举的籍贯为"平罗县"。西闱第二十九名：陆时遵，镇原县武生。"镇远县志"未载，而道光《重修镇番县志》载："路时遵，中式第二十名，固原新营千总。"[46]镇番县为今民勤县，与镇远县相隔很远。西闱籍贯可辨为西宁府的有三人：第二名马耀，第二十八名王林，第四十八名王大业。乾隆《西宁府志》载，武举辛酉科，"马耀，西宁人。王洪祚，大通卫人。"[47]仅有两人，且马耀可核实，其余难以互证。地方志中

记载西闱武举第三十七名武举景会新一人有军职，乾隆《宁夏府志》载，"景会新，漕运千总。"[48]

第三，题名籍贯考。东闱陕西50名武举，其籍贯名称与今天绝大部分相同，朝邑县为旧县名，1958年并入大荔县。清代同州府管辖关中东部，府治大荔县。清代甘肃省行政区与今天差异较大，今宁夏、青海大部分地区属甘肃省，对举人籍贯略作分析。甘肃省50名武举，不能辨认、考证籍贯的有7名。在可以确认籍贯的43名武举中，今甘肃省武举29人，今宁夏11人，今青海3人。宁夏面积是甘肃的五分之一，宁夏武举数量比甘肃武举的三分之一还多。

第四，陕甘武举人数考。清代，陕西甘肃武科乡试额数不断增加。康熙二十六年武科乡试额数，"陕西二十名，甘肃二十名。"[49]康熙四十九年武科乡试额数增加，"陕西、甘肃原取中武举各二十名。今于原额外各增中十名。"[50]雍正二年武科乡试额数增加，"陕西地属雍凉，人材壮健，强勇者多，骑射娴熟，胜于他省，每科乡试取中不过三十名，额少人多，不无屈抑，自雍正四年乡试为始，西安甘肃武举各加中十名。"[51]乾隆元年武科乡试额数增加，"陕甘之人，长于武事，其人材壮健，弓马娴熟，较他省为优。向来武闱乡试中额，每省各四十名，应试之人，每以限于额数，不能多取，其如何量行广额取中之处，著该部议奏，钦此。遵旨议定，陕甘二省，每省原额取中四十名，今酌加十名，各取中五十名。"[52]从乾隆元年开始，陕西、甘肃两省武举额数分别为50名。

第五，兵丁参加乡试。陕西50名武举中，10名兵丁出身，甘肃50名武举中，6名兵丁出身。康熙四十九年七月庚寅。"兵部议覆陕西肃州总兵官路振声疏请增陕西武举额数应不准行。上谕大学士等曰：陕西人材壮健者甚多，又令兵丁一体乡试武举，额数苦少，则有才者不免遗漏，以致壅滞，著将武举中额照原数增二十名。"[53]康熙时陕甘武科乡试，兵丁与武生一同参加考试，乾隆六年依然如此。

五　结语

乾隆六年辛酉科陕甘武乡试题名碑，题记为该科解元长安人柴珽所撰，并题有大主考、提调官等共17位考官职衔姓名，多有事迹可考。题名共100人，东闱50人为陕西乡试武举，西闱50人为甘肃乡试武举。经考证，东闱武举王大有、何宗鳌后中武进士。清代，陕西甘肃武科乡试额数不断增加。康熙四十九年以前，陕甘武科乡试额数分别为20名。康熙四十九年，陕甘武科乡试额数分别增至30名。雍正二年，陕甘武科乡试额数分别增至40名。乾隆元年，陕甘武科乡试额数分别增至50名。

注释：

［1］〔清〕景清等：《钦定武场条例》卷四，北京出版社2000年影印本，第1、3、9页。

［2］赵尔巽等撰：《清史稿》，中华书局1988年，第3172页。

［3］〔清〕景清等：《钦定武场条例》卷十，北京出版社2000年影印本，第4页。

［4］〔清〕昆冈：《钦定大清会典事例》卷七一六《兵部》，中华书局1991年影印本，第8册，第898—899页。

［5］〔清〕景清等：《钦定武场条例》卷五，北京出版社2000年影印本，第18页。

［6］赵尔巽等撰：《清史稿》列传第九四，中华书局1988年，第10545—10547。

［7］赵尔巽等撰：《清史稿》志第九一，中华书局1988年，第3339。

［8］赵尔巽等撰：《清史稿》表第二四，中华书局1988年，第6582。

［9］赵尔巽等撰：《清史稿》表第四二，中华书局1988年，第7642。

［10］北京图书馆：《地方志人物传记资料丛刊·西北卷》（12册），北京图书馆出版社1990年，第735页。

［11］《清实录·高宗实录》，中华书局1985年影印本，第10册，第1149页。

［12］《清实录·高宗实录》，中华书局1985年影印本，第12册，第42页。

［13］赵尔巽等撰：《清史稿》，中华书局1988年，第395页。

［14］《清实录·高宗实录》，中华书局1985年影印本，第13册，第267页。

［15］《清实录·高宗实录》，中华书局1985年影印本，第13册，第986页。

［16］北京图书馆：《地方志人物传记资料丛刊·西北卷》（1册），北京图书馆出版社1990年，第17页。

［17］《清实录·高宗实录》，中华书局1985年影印本，第11册，第521页。

［18］《清实录·高宗实录》，中华书局1985年影印本，第12册，第918页。

［19］《清实录·高宗实录》，中华书局1985年影印本，第13册，第727页。

［20］北京图书馆：《地方志人物传记资料丛刊·西北卷》（12册），北京图书馆出版社1990年，第730页。

［21］《清实录·高宗实录》，中华书局1985年影印本，第13册，第583页。

［22］北京图书馆：《地方志人物传记资料丛刊·西北卷》（1册），北京图书馆出版社1990年，第18页。

［23］《清实录·高宗实录》，中华书局1985年影印本，第14册，第228页。

［24］《清实录·高宗实录》，中华书局1985年影印本，第14册，第1113页。

［25］《清实录·高宗实录》，中华书局1985年影印本，第15册，第407页。

［26］《清实录·高宗实录》，中华书局1985年影印本，第16册，第126页。

［27］北京图书馆：《地方志人物传记资料丛刊·西北卷》（12册），北京图书馆出版社1990年，第774页。

［28］《清实录·高宗实录》，中华书局1985年影印本，第10册，第947页。

［29］《清实录·高宗实录》，中华书局1985年影印本，第11册，第893页。

［30］《清实录·高宗实录》，中华书局1985年影印本，第12册，第706页。

［31］《清实录·高宗实录》，中华书局1985年影印本，第13册，第997页。

［32］《清实录·高宗实录》，中华书局1985年影印本，第14册，第431页。

［33］《清实录·高宗实录》，中华书局1985年影印本，第15册，第447页。

［34］北京图书馆：《地方志人物传记资料丛刊·西北卷》（4册），北京图书馆出版社1990年，第666页。

［35］北京图书馆：《地方志人物传记资料丛刊·西北卷》（12册），北京图书馆出版社1990年，第118页。

［36］北京图书馆：《地方志人物传记资料丛刊·西北卷》（4册），北京图书馆出版社1990年，第666页。

［37］北京图书馆：《地方志人物传记资料丛刊·西北卷》（6册），北京图书馆出版社1990年，第51页。

［38］北京图书馆：《地方志人物传记资料丛刊·西北卷》（6册），北京图书馆出版社1990年，第47页。

［39］北京图书馆：《地方志人物传记资料丛刊·西北卷》（10册），北京图书馆出版社1990年，第457页。

［40］北京图书馆：《地方志人物传记资料丛刊·西北卷》（10册），北京图书馆出版社1990年，第457页。

［41］北京图书馆：《地方志人物传记资料丛刊·西北卷》（12册），北京图书馆出版社1990年，第336页。

［42］北京图书馆：《地方志人物传记资料丛刊·西北卷》（4册），北京图书馆出版社1990年，第718页。

［43］北京图书馆：《地方志人物传记资料丛刊·西北卷》（4册），北京图书馆出版社1990年，第755页。

［44］北京图书馆：《地方志人物传记资料丛刊·西北卷》（17册），北京图书馆出版社1990年，第217页。

［45］北京图书馆：《地方志人物传记资料丛刊·西北卷》（20册），北京图书馆出版社1990年，第41页。

［46］北京图书馆：《地方志人物传记资料丛刊·西北卷》（18册），北京图书馆出版社1990年，第635页。

［47］北京图书馆：《地方志人物传记资料丛刊·西北卷》（20册），北京图书馆出版社1990年，第658页。

［48］北京图书馆：《地方志人物传记资料丛刊·西北卷》（20册），北京图书馆出版社1990年，第196页。

［49］〔清〕昆冈：《钦定大清会典事例》卷716《兵部》，中华书局1991年影印本，第8册，第899页。

［50］〔清〕昆冈：《钦定大清会典事例》卷716《兵部》，中华书局1991年影印本，第8册，第900页。

［51］〔清〕昆冈：《钦定大清会典事例》卷716《兵部》，中华书局1991年影印本，第8册，第901页。

［52］〔清〕昆冈：《钦定大清会典事例》卷716《兵部》，中华书局1991年影印本，第8册，第904页。

［53］《清实录·圣祖实录》，中华书局1985年影印本，第6册，第411页。

民国时期雷峰塔倒塌始末新探

刘　军（湖南第一师范学院文学与新闻传播学院）

内容摘要： 长期以来，由于民国文献的大量缺失，导致学界对雷峰塔在民国时期的倒塌及从中所发现的文物等的研究并不充分。笔者发现了很多未被学界注意到的民国时期的相关文献，这些文献记录了塔倒时的大量细节，从中可以发现很多未被学界所知的东西。民国时期，雷峰塔除了被看作一个古老的极富文物价值的塔外，还被看作和国家命运、万民休咎深密攸关之物，其始终笼罩着神秘玄虚的色彩。

关键词： 民国　雷峰塔　倒塌　新探

民国时期雷峰塔的倒塌，是当时一件轰动全国的事，除了引起人们的惋惜、悲伤之外，更多的是引起人们对塔中所藏文物的关注。今天，关于当时雷峰塔倒塌后的文物的发现，比较详细的是俞平伯先生的记载。然而这里明显存在一个问题，那就是俞平伯先生的文献是写于1924年塔倒后不久，但是当时因为塔倒塌得很突然，引起民间数以万计的百姓的围观和哄抢，很多文物落在不知名者手中，而后随着时间的流逝，很多相关文物的具体情况方得到不断的披露，而这些情况，并没有被今天的学界注意到。由于民国文献的长期缺失，目前学界的相关研究，显得比较粗糙，没有把事情来龙去脉的细节研究清楚，用到当时的文献也只是少量。笔者发现了很多相关的未曾被学界注意到的民国文献，这些文献，记录了很多重要信息，可以把雷峰塔倒塌的很多相关细节阐发得更清楚更完整。以下，笔者对这些问题敬作补遗及重新梳理。文章分三大部分：一是重新梳理1924年雷峰塔倒的时间、原因、经过、情形及民众反应；二是雷峰塔倒塌后的文物的陆续发现，对塔砖、塔经及其他文物进行重新介绍；三是结语。

一　雷峰塔倒塌的时间、原因、经过、情形及民众反应

第一，塔倒的时间及原因。

对于雷峰塔倒塌的时间，民国文献有很多记载，但是存在两种稍有不同的说法。

首先是俞平伯先生的："甲子年（1924）九月二十五日下午一时四十分，该塔全圮"[1]，"在上月二十五日下午一时四十分，南屏下雷峰塔全圮"[2]。他提出是具体时间是13：40，但是姜丹书的记载却有所不同："中华民国十三年甲子九月二十五日（阴历八月廿七日），午后一点三十分钟，西湖雷峰塔倒。"[3]他提出的是13：30。俞平伯先生的说法被学界某些学者引用[4]，而姜丹书的说法则一直未被学界注意到。考虑到俞平伯先生当时并没有亲见塔倒，而是身居他处，事后听闻方从远处匆忙叙舟前往，因而也是道听途说，记载的时间存在欠精确的可能。

塔倒塌的原因，学界熟悉的是鲁迅先生的说法，认为是当时人迷信偷盗塔砖所致，强调民间的迷信，其实这并不完全，据当时人的记载，其实原因有三："至论实际坍倒之原因：一则年久失修，修亦未能得力；二则众多香客，往彼游玩者，率以取得塔土，归为祈年禳病之举，更有以此土带归，和泥建灶，永远不生蝼蚁之说，以故历年撬取，塔脚被剥，塔基已松；三则切近湖滨，有汪氏大兴土木，夯石下桩，地脉相连，不免震动，譬如龙钟老人，稍受推撞，便易玉山倾颓耳。"[5]民国时期，天下佛寺普遍衰败，雷峰塔未得到及时的保护和修理，是造成雷峰塔倒塌的一个不可忽视的很重要原因，且汪氏大兴土木，此向来未被学界知晓。

第二，塔倒的经过及情形。

俞平伯先生提到塔全圮，但是当时人胡长风记载并没有完全倒塌："现虽崩圮，尚存最下级丈许。"[6]对于塔倒经过及情形，俞平伯先生也没有记载，至今仍为学界一大空白。现今笔者根据当时民国人的记载补遗。

一是署名"冷秋"的人，他记载道："仲秋丁未之日，天地晦暝，若含愁惨。闲步湖堤，西风萧瑟，落叶战树，澈耳商声，为之凄绝。时正江浙构战，风声鹤唳，杌陧不宁。余以孤闷，方冀一吸新气，藉舒郁抑，而不意睹兹摇落，益增怅惘。正踯躅间，遥见雷峰塔下，有黄烟数缕，冉冉上腾，颇为惊讶，意时非寒食，岂亦有纸钱麦饭耶？有顷，烟忽变幻，腾空蔽塞，俄闻砰然一声，则塔竟层层倒坍矣。"[7]他从当时的自然和社会环境两方面记载了塔倒的情景，天地晦暝，兵戈惨乱，天地晦暝，似是征兆，兵戈惨乱，让人惶恐，而塔倒得很突然，超出所有人的意料。

二是陶在东，他记载道："民国十三年秋，浙苏鲁齐构兵，浙闽巡阅使孙传芳自闽袭浙，其通电有兵不血刃而下两浙之语，意甚得也。九月廿五日，师船抵钱塘江干，舳舻相接，陆地步骑夹道，欢迎人士，杂出其间。乃浙江著名之雷峰塔，即于是时倒塌，轰然一声，一似与江干军乐相应和者，可谓煞风景，说者以为不详。予时为航县，是日为阴历八月廿七孔子旦日，凌晨在圣庙行礼，奉省长令同教厅张阆笙审厅陈哲侯专轮接差至桐庐，归途出湖滨公园，约二时许，亲闻此轰然巨声，南望南湖，烟尘陡起，初疑地震，又似地雷爆炸，顿时谣传卢部反攻，人心惶惶，有奔逃者，久之始据驻警报知塔倒，旋闻倒屋伤人畜，省道电令查堪。"[8]他对当时塔倒塌的背景写得更详细，当时孙传芳刚好得胜进城，正在开欢迎会，没想到，雷峰塔恰好于此时倒塌，此日刚好是祭孔旦日，塔突然倒塌，显得颇为巧合，没有人想到雷峰塔会倒塌。他把雷峰塔的倒塌和孙传芳入杭和祭孔一事联系起来，言外之意是雷峰塔是灵明有知之物，其倒塌乃大不祥也。

三是姜丹书，他记载道："中华民国十三年甲子九月二十五日（阴历八月廿七日），午后一点三十分钟，西湖雷峰塔倒。溯自五代北宋之际，建筑至今，存在南屏山麓九百五六十年。倒之日，即孔圣诞日，会又东南大战中新浙督孙传芳由闽率师入杭之日之时，而余率眷避难于杭城宗文中学之日也。塔之末

劫，余亲见之。其经始也，初考典籍，而得其大略，然非有今日之倒，不能发见其神秘之遗迹，得其遗迹而考之，乃能知前人之所未知，其有关于文化之处颇多，可为不文以记之乎？……方雷峰塔于欲倒未倒之时，遥见塔脚微起黄烟，疑是野火方起，既而忽如黄雾迷天，殷雷震地，久之，烟消雾淡，但见黄土一堆，而敦庞大塔，不知何处去矣。"[9]他也突出塔倒发生在东南大战中新浙督孙传芳由闽率师入杭之日之时的特殊背景，他对塔倒塌的过程描写得很细致。黄色的烟雾，雷轰鸣般的响声，最后，只见一堆黄土。

因此，可见，塔倒的时机很特殊，倒下之时，有如地震，来势突然。

第三，塔倒的民众反应。

雷峰塔倒，当时民众的反应十分剧烈，经历了一个由恐慌、悲伤、惊讶好奇到哄抢的过程。

首先是恐慌，因为塔倒发生在一个十分特殊的时刻，民众认为此非祥兆："西湖雷峰塔无端坍毁，闻者惶骇恐非佳兆云。"[10]"时值齐卢构患，孙氏乘其后，奄有两越，孙军人入杭城，正值塔圮之日，复肇始于五季蚕食之秋，复告终于九服鱼烂之际，此一大事因缘，不知尚有旃育迦王，复作于阳羡劫灰之隙否。"[11]

有的还把当时和五代相比照，认为塔倒是不可思议的神奇气数所致："说者谓五季云扰，惟吴越王保境安民，民生百年，不知兵革。今也大盗窃国，小丑跳梁，致我东南一片干净土，正在演成烽火连天，肝脑涂地之惨劫，钱王震怒，显此威灵，不祥之兆，闻者足警，此固慨乎言之也。然此塔藏经，以乙亥八月秘置（据经文卷首所署，查为宋太祖开宝八年），今以甲子八月发见，且其兴建之时，为汴洛方面用兵于江南之年（是年江南亡），而其崩颓之日，亦适值汴洛方面用兵于江南之时，又查敕建此塔之忠懿王钱俶，以后唐明宗，天成四年八月二十四寅时生，而以宋太宗端拱元年八月二十四日寅时薨（据吴越备史补遗），如此种种神奇之气数，诚有令人不可思议者。"[12]笼罩着神秘玄虚而又悲

怆的色彩，让人忧心忡忡。

接着是陷入巨大的悲伤："里人皆奔赴督署左近，瞻望威仪，归悉此变，相顾河山犹在，古塔圮墟，不禁为之怆然"[13]，"诸公有词吊之，尤推苍虬翁一阕，悲感苍凉，披讽不足因复继声，匪特志康回之变，亦聊托藏舟之感云尔"[14]。

再接着变成惊讶好奇，百姓纷纷云集，争先恐后，欲一睹为快："于是闻声往观者群集，莫不啧啧称异事。"[15]"于是哄传远近，无不惊叹，男女老少，杂沓往观者，日以万计。其时闽浙水火，战云密布，游人绝迹，湖中舟子，正如冰上饿鸯，无所觅食，一旦得此惊天之会，满载看客，往来如卿，旬日间收入颇丰，残喘苟延，叩天之赐。"[16]俞平伯先生是万人的一个典型，他致顾颉刚函述到："南屏下雷峰塔全圮，弟时适与寺僧奕，故未能得见，事后叙舟往观，只见一抔黄土而已。"[17]他同时记载了当时万人空巷之景："以战事之故，湖上裙屐久已寥若曙星。是日下午则新市场停泊着的划船悉数开往南屏方面去，俨然有万人空巷之观。我到时，已四时许，从樵径登山，纵目徘徊，惟见亿砖层累作峨峨黄垄而已，游人杂沓，填溢于废基之上。"[18]

最后很快变成哄抢："一时一般苦力，争上高峰，捡取砖石经卷，好古家争相购取，初仅二三角，旋涨至三四十元。"[19]"游人杂沓，填溢于废基之上，负砖归者甚多。"[20]塔倒引发民众哄抢，官府也派出警卫把守，当时的杭县县令陶在东记载到："翌日，倾城士女往观，既而藏经发现，争椎碎砖以取之，或筐携舟载砖以去。乡民谓有镇塔之宝，结队钜掘，发生纷扰，甚至互殴流血。予呈请将砖运工程局保存，清理塔基，以工费无着，仅派员警栏守，偷砖者不能禁制也。为此一塔，劳碌浃辰，俗吏之俗，自叹自笑。"[21]此外，又如："某日守护稍疏，人争携锄，碎砖搜经，任意翻掷，有某被飞砖中脑殒命。"[22]场面混乱不堪，大家争先抢夺，唯恐落后，官府派警卫把守，亦挡不住众人之哄抢。

塔中文物就在此时，流落于万民之手。因此，

雷峰塔到底有什么文物及文物之多寡之确切情况，实际上成了一个谜。

二 雷峰塔倒塌后的文物的陆续发现

雷峰塔倒塌后，其中的文物成了众人关注的焦点。雷峰塔有什么文物，这些文物又落在谁的手里，具体情况又是怎样？有没有为学界所未知的其他发现？这些目前学界研究得并不充分。以下，笔者根据民国文献，对这些问题敬作探讨。

目前学界了解得比较多的是俞平伯先生的相关记载和描述。俞先生发现古物两种：塔砖和塔经，砖有孔无字的、无孔有字、无孔无字共三种，经系陀罗尼经小卷[23]。俞先生虽然作了详细的描述，但是并没有言明这些文物的流落等情况。就塔砖和塔经而言，当时不少人也作了记录，有的远比俞先生所记录的具体、详细、广泛和全面，而且记录了落在谁人之手上。

（一）塔经方面

塔经为《一切如来秘密全身舍利宝箧印陀罗尼经》，其具体情态，长度大小等特征，民国人都做了清晰的记载，如孙儆庐先生记载："甲子八月二十七日，雷峰塔倾，塔为吴越钟懿王妃黄氏建，西湖十景之一，余惜之而往觇焉。塔以砖建，砖一端有孔，中藏《一切如来秘密全身舍利宝箧印陀罗尼经》一卷，长营尺七尺六寸，阔二寸五分，卷端题曰：'天下兵马大元帅吴越国王钱俶造此经八万四千卷舍入西关砖塔，永充供养。乙亥八月日纪。'题后有方图，图一女子，礼佛，疑黄妃者。图后为经，凡二百七十一行，行十字，印刻工整，宋版书之高会规矩，乃于今日见之。经为白棉纸，韬以黄绫，完整者不多见，间亦有之。南方卑湿，非敦煌石室比，纳经砖腹，丸泥封其口，纸寿之永，虽不及晋唐，亦足诧矣。"[24]

此外，又有陈济芸记载："经长六尺七寸，阔二寸五分，开卷文曰：'天下天下兵马大元帅吴越国王钱俶，造此经八万四千卷，舍入西关砖塔，永充供养，乙亥八月日纪。'题后方有图，图一女子礼佛，疑即黄妃。图后为经，凡二百七十一行，行十字。

经为白棉纸，韬以黄绫，惟因久藏南方卑湿之地，完整者已仅见矣。"[25]

一位署名"庄严"的则记述："民国十三年九月二十五日，杭州西湖雷峰塔颓圮后，土人于塔砖中，发见刻本《一切如来秘密全身舍利宝箧印陀罗尼经》，余急从友人处购得一卷，印刻醇古，宋版高会，无以过之。薄麻纸印，裹以黄绫，高一寸二分，板心高六分，长六尺三寸五分，凡三百六十八行，并前后题记六行，共二百七十四行，行十字（间有十一字者），前题署下有图画，右为佛三尊，左有一女膜拜，稍左两人对立，其一项有佛光，一其为女子合十南无，再左则殿宇，上有璎珞，中悬宝灯，天花四散，下有山河大地，图前题记三行曰：'天下天下兵马大元帅吴越国王钱俶，造此经八万四千卷，舍入西关砖塔，永充供养，乙亥八月日纪。'计首行十三字，次行十二字，末行十二字。"[26]

对比之下，他们三人的记载是有差异的，整理如下，见表一。

塔经的样态有三种：一种是完整如新，没有残缺的，如："高警佐所得一卷，纸墨如新，一无残缺，余所见者，以兹为最，已精装成轴，闻贡者所好矣"[27]；第二种是略有残缺的，如："塔圮后五日，衡山姑父适自沪上来，以十金购得一卷，卷首尾题识及图尚存，惟首尾缺数字"[28]；第三种展示即灰化的："得经亦有幸有不幸，某拾得一卷，展视尚剩三尺许，某以一经购得一卷，展视灰化，无法装裱，乃盛于囊，与时宪书同悬孩提襟上辟邪"[29]。

经的用途，民间得经者，用途有三，一是自我珍藏；二是用于当作贵重礼品送人，如："警察厅长夏天氏得经十五卷，时适萧某樊某衔命来杭，夏以最佳者一卷，属樊转呈吴将军"[30]；三是当作谋取暴利的

商品，这在当时成了很热的很普遍的现象，如："某日雷峰归舟，闻人言，塔圮有拾得整卷者，向某求售，索价甚微，某适雀战正酣，以为是奚足贵？叱之去。三日后闻人言经足宝，急出十金购归。"[31]"经出未一周，市上即有翻印出售，初出，每卷价半金，某贾继之，妄思图巨资，竟索价一金。嗣争各翻刻，见于市者达六七种，价乃跌至一角，街头地摊随处可得，内仅某种，字尚约略形似，又有以塔砖伪刻佛像，拓片出售，余所见凡三种。"[32]在商业暴利的驱动下，产生很多假冒品："尝见以硫酸滴于伪经，谓将埋藏土中，任其霉烂，出与真者淆，或能得善价，余耳闻目睹数矣，其术必售。"[33]"闻某典经理，目睹塔旁出土扇形铜片，急购归，拭去铜锈，上有雕刻，乞通人鉴之，疑为东人所制，然亦未敢定论。骨董贾以铜制十二生肖像如鸡犬之类，预埋塔旁土中，遇有客至，挥锄发土出之，佯为炫耀，颇有为所愚者，卒以作伪过众，乃败。"[34]这客观上反映了雷峰塔在杭民心中地位之高，声望之重。

对于塔经的下落及流转，当时的文献作了很多清晰的记载，除上提到的外，尚有以下情况：

一是塔圮当日，为净慈寺僧及某庙道士大量焚化："塔初圮，净慈寺僧及某庙道士，见塔经满山散弃，拾者多为亵人厕走辈，意为亵渎佛经大罪过，各捡拾多卷焚化之。"[35]

二是塔圮次日及第三日，守警多有拾得："塔圮次日，即有军警看守，并以塔砖筑围墙护之，至第三日筑就，禁人入内取携，仅能砖外徘徊瞻眺而已。闻守警多有拾得者，伯猷曾以六金向守者购得二卷，虽不完整，尚佳。"[36]

三是存藏于以下诸人：（1）新甫颂、高氏及西人某、汪闲止、左南生、孙敬卢、某教师："友人中

表一　孙傲庐、陈济芸、庄严的记述对照

序号/项目	长	宽（高）	总行数	每行字数	纸、绫
孙傲庐	七尺六寸	二寸五分	二百七十一行	十字	经为白棉纸，韬以黄绫
陈济芸	六尺七寸	二寸五分	二百七十一行	十字	经为白棉纸，韬以黄绫
庄严	六尺三寸五分	一寸二分	三百六十八行	十字，间有十一字者	薄麻纸印，裹以黄绫

新甫颂均各得经多卷，惜无完整者，闻高氏及西人某，得经甚多，未知有完整否。汪闲止丈以十余金购得一整卷。稍后数日，左南生丈出金较多，尚系残缺。塔圮当日，有以经求售于孙敬卢丈，不计值，选得完整无缺者一卷，嗣又先后购得二卷。丈撰有雷峰塔得经记一文。某教师以二金购得二卷，残缺无多，竟作书补之，转致失真"[37]；（2）陈苍虬："陈苍虬丈尝谓所得一卷，精洁完美，无与敌者，既绘雷峰塔宠之，复纪以八声甘州一词，胡憺仲丈，汪闲止丈，左南生丈，家大人，均用前调和作，亦佳话也"[38]；（3）樊山："雷峰塔圮，人拾得宋刻残经不少，甫臣获其一，装成长卷，前有雷峰塔图，后有钱忠懿王妃像"[39]；（4）华祝三："华祝三检得塔砖中藏经裱作手卷"[40]。

当时，有人主张图书馆对塔中文物加以搜集，然没有实行，成为一大憾事："经初出时，有以事关学术文化，言诸图书馆，亟应由图书馆设法搜藏一二，以垂久远。教育厅曾令馆酌派员役于警厅接洽搜集，并为咨警厅，闻主馆者卒未果办。"[41]塔经见于世者为数百卷："经首有造此经八万四千卷语，遂风雨摧毁，年久霉烂，存十之一，尚有八千四百卷，今见于世者至多数百卷而已，苟清理砖塔，必更有续见。"[42]

姜丹书的记载，可为塔经的总结："塔倒之日，此经发见，初为牧竖走卒所拾得者，咸以其古朽之状，有如雪茄菸（烟）卷，或如经过二三度夏季之小红蜡烛，霉气扑鼻，应手成灰，莫明何物，辄弃之。旋为识者所得，知为珍品，乃出铜圆数枚，或小银币一二枚，收买之。及第二日为新闻纸所宣传，购者渐多，索价亦渐增，顾已有警队保护，不能大肆掘发。至三四日，所得渐稀，索价愈昂，虽残破者，亦须数金，较完好者，可二三十金。然在当时，富而好古者，大都避难沪滨，中产之人，往往以大难临头，现金缺少，虽有好者，亦唯空羡而已。及乱事救平，搜求者众，一卷竟值一二百金，而不可必得，于是仿照刻赝品，比比皆是。吾料倘再经数十百年，恐真赝之辨，非独具只眼者不能识矣。"[43]

图一　雷峰塔倒塌[44]　　图二　雷峰塔之崩颓[45]

图三　雷峰塔未倒前之遗影[46]　　图四　未倒前雷峰塔内景[47]

图五　西湖雷峰塔[48]

（二）塔砖

对于塔砖，学界所知的是根据俞平伯先生的记载："塔砖。无甚佳者，大小不等，上有黄泥。砖并不作红色，砖大概有三种：（1）有孔无字的。孔不贯通，系以庋经者；（2）无孔有字的，字大半系砖匠姓名，弟所得一，边有'上官'字，兹将拓本呈览，但弟曾见一砖，上有'吴王吴妃'四字，却甚别致，不省其故；（3）无孔无字的，此疑是后人修塔用品，不敢必为当年物矣。"[49]塔砖直径八分，深可三寸[50]。然而尚有诸多民国人的其他记载未为学界所知者。

如平襟亚记曰："（塔）凡五层，皆用一尺六寸精砖砌成。端有小孔，深可二寸许。每孔藏经一卷，经名陀罗尼，阔二寸，长三寸，字体娟曼，颇具唐晋小楷神韵。"[51]陈济芸记曰："（塔）凡五层，皆用方砖砌成，砖长一尺六寸许，阔八寸，厚二寸，一端有圆孔，封以石灰，孔口径较铜元略大，深约二寸许。"[52]他们的记载和俞平伯先生记载在砖的大小、直径上略有出入。

塔砖的下落，所见的记载不多，有胡长风所得："（塔倒）翌日余至其处，以百二十钱易得一砖，长营造尺一尺有二寸，广六寸，厚二寸。上有反阳文壬申上一四字，每字大五分钱，笔画完好，类率更书，砖重十二斤，扣之作金石声。"[53]徐家汇藏书楼所得："徐家汇藏书楼近得西湖雷峰塔砖一块，此砖亦为吾国名迹之一。"[54]此外，溧阳有姜丹书当雷峰塔塔圮之日，适避乱杭垣宗文中学，后于乱离凭吊中，拾得塔砖一方，其为保存古迹起见，乃镌砖为砚，冀垂永久[55]。

（三）其他发现

雷峰塔文物非在塔圮之后，方被搜集，实在塔圮之前，于光绪季年，已经间或被拾得。对此，胡长风记曰："塔旧有石刻华严经，光绪季年曾为大风吹堕数方，分藏净慈寺及白云庵，崩下之砖，间有圆孔，中存刻本经文，展视即灰化，又有吴甲二字、天子万年四字等砖，均为游人攫去。"[56]塔倒塌后，所得的文物为塔砖和塔经，此为学界所共知，然而其实并不限于此，笔者在民国相关文献中，发现了雷峰塔倒塌后其他尚未被学界所知的文物。

一是刻有类预言家识的二首古诗的大塔砖，这为西人陶葛斯氏所得："葡籍西人陶葛斯氏，购得较大之塔砖一块，四面斑剥，有文字，拓下译出始识为古诗二首，类预言家之谶语，事多隐寓，诗详下期雷峰劫小说中。"[57]这二首诗，笔者只发现其一首："沐猴上天台，一鹤远相摧。弓长箭不利，亥尾伴婴孩。獐狐夜长啸，狸死助风雷。三赶三眠日，蝠群折翅回。倒骑驴子去，落帽渡蓬莱。"[58]此诗读起来晦涩拗口，文句不通，和一般诗歌的意脉连贯，流畅优美迥然不同，当时人认为玄虚莫测，这首预言诗的含义，当时尚未有能解之者。

二是华严经残石。吴昌硕得有并赋有诗：《雷峰塔华严经残石》："黄妃千年一朝仆，雷峰之名等烟雾。华严佛说难逃劫，片石流传禅一悟。"[59]胡朴安亦有诗《心安得雷峰石刻藏经发匣抽书考证极确为题百字记之》："甲子八月秋，雷峰忽然倒。古经出其右，年月悉可考。心翁多古意，搜罗极幽眇。残石得一角，字画皎然好。欣欣寝食忘，书史资探讨。雷回证已确，黄王辩亦了。嗜古人所同，争购以为宝。经卷斯世多，刻石人间少。白云石虽存，已有漫漶兆。不如兹石坚，玩之足忘老。"[60]说明他们都得有雷峰塔的华严经残石。

三是用塔砖内有五色纸写小字的《金刚经》卷："午刻，此塔忽然倾倒，塔砖厚三寸许。每砖边有孔，用五色纸写小字《金刚经》一卷，再用大红绸包好，卷入砖内，不知已历几何年所。"[61]

四是砖中藏佛像，一位署名"冷秋"的记载："余亦亟趋其地，凭吊久之，偶于无意中瞥见塔基有巨砖一，形状独异，因拾之归，将以留纪念耳。拂拭尘土，置诸案头，把玩不释，一日，偶不慎，砖忽堕地，顾不碎，仅缺左角，详审之，则中空，似藏有物，遂破而取之，则佛像也，像作苦行头陀状，修眉削瓘，戁戁满颊，目框深陷，视垂其胸，手佛珠一，身高约尺余，质铜，然灿烂如金色，凝目注视，觉睛光似耀烁，颐颊亦若鼓动。程子得像，喜不自胜，有识之者，曰：'此汉代西域遗物也。'然则历时数千年，是诚瑰宝已。程子藏行箧中，深密其事。兹客武林，持以相示，赞叹不已，爰为之记。"[62]

五是古铜佛一尊："更有古铜佛一尊，计长尺余，左手持杖，右手托钵，状类禅师云。"[63]

在当时，塔中遗物除了作为一种文物外，还被民间当作辟邪宜男之物，即使是塔经影印本，也具有"获无量无边功德，求子得子，求寿得寿，福延连绵，诸眚灾害不侵，诸佛慧命，福报匪轻也。"[64]之"妙用"。因此，文物流落民间，见诸文献的，也只是其中的少数，大部分处于散落无闻，秘藏万家的状态，宛如旧时王谢堂前燕，飞入寻常百姓家。

（四）当时未发现者：佛螺髻发

按照古代文献可知，雷峰塔建塔之初，藏有佛螺髻发。2001年3月11日，雷峰塔地宫的挖掘出土了一个铁函，里面出现一座四角银质鎏金塔，据相关文献分析，金棺内应该就是吴越王钱俶供奉的佛螺髻发，但金塔的金棺并未打开，其中是否藏有佛螺发舍利也未取得进一步证实[65]。然而，在民国时期，佛螺髻发有没有可能已被发现、挖掘或流落入民间？

在民国当时，姜丹书即提出这个问题："回想塔像，令人神往，昔至湖上作画，往往对之作画，往往对之兴叹，叹其色相奇古，难为写貌，而今乱石一堆，丛生荆棘，未知何年，方克重建。且度此巨堆中，殆犹有古物埋没，其最重要之物，即前述记文中所谓'佛螺髻发'，未知当时如何装贮，置之何所，今尚存在与否？非至理清塔基，不获究竟。"[66]

塔基在民国有没有被清理过呢？笔者发现，在1933年，有雷峰塔被改建成烈士墓的记录："杭州西湖雷峰塔，远在民国十二年九月坍圮，现因全部坍塌，形迹全无，若再重新建筑，势将縻费经费，故杭州市长赵志游氏决将该塔原址，做希腊罗马之古代建筑，开凿一穴，凡经政府旌奖有案之英雄烈士，须葬于西湖之滨者，一律葬于此处，若公墓然。穴道颇大，自上望下，可一览无余。穴道之上并拟建一小塔，以壮观瞻，闻此项建筑费预算约需十三万元云。"[67]

此工事到底是真为建烈士墓而发，还是当时人别有用心，欲图谋塔基下的宝藏，难可得知，到底有没有挖掘、修建，或有没有被人私自盗取等，亦无法得知。

雷峰塔倒塌后，其成了人们伤感怀念的记忆，在市井上还常常可见到"雷峰夕照"的图画、照片等，文人诗词中亦常常带着无限的伤感题咏之，后来几经重建的倡议，民间亦十分积极踊跃，支持雷峰塔的重建，但是因为种种原因，终究没有实现。

三 结语

以上是笔者根据民国文献，对民国时期雷峰塔倒塌的细节的重新梳理，这些文献大多都未被学界注意到，因此很多信息长期以来也被疏忽了。雷峰塔倒后，发现的文物除了《宝箧印陀罗尼经以外》、藏有此类经典的塔砖及普通的无藏经的塔砖外，还有刻有类预言家谶语的二首古诗的大塔砖、华严经残石、佛像、古铜佛等其他不少的东西，见诸文献、为世人所知的只是少数，而大多数流落于民间，宛如海上之冰山，只浮出一角，而大部分仍沉潜民间，下落不明。今天我们仅仅把它看作一个古老的极富文物价值的佛塔，但民国当时，人们是把它看作和国家命运、万民休咎深密攸关之物，而塔砖预言诗的发现，更为其笼罩了神秘玄虚的色彩。

注释：

[1] 伯平：《雷峰塔中之古物》，《陕西实业杂志》1924年第10期。

[2] 《俞平伯致顾颉刚函：述雷峰塔圮后所见》，《北京大学日刊》1924年第1541期。

[3] 姜丹书：《雷峰塔始末记（附图）》，《越风》1937年增刊1。

[4] 李金海：《雷峰塔的倒塌及重建》，《浙江档案》2002年第10期。

［5］ 姜丹书：《雷峰塔始末记（附图）》,《越风》1937年增刊1。

［6］ 胡长风：《雷峰塔砖及藏经琐记》,《越风》1937年增刊1。

［7］ 冷秋：《事纪：雷峰塔拾佛记》,《大云》1926年第7期。

［8］ 陶在东：《雷峰塔倒笔记：苗山今昔谈之二》,《宇宙风：乙刊》1940年第22期。

［9］ 姜丹书：《雷峰塔始末记（附图）》,《越风》1937年增刊1。

［10］《西湖雷峰塔无端坍毁,闻者惶骇恐非佳兆云：画图》,《江浙直奉血战画宝大全》,1924年贞集。

［11］ 陈方恪：《近人词录：八声甘州（吊雷峰塔并序）》,《词学季刊》1936年第3卷第3期。

［12］ 姜丹书：《雷峰塔始末记（附图）》,《越风》1937年增刊1。

［13］ 平襟亚：《雷峰塔考》,《红玫瑰》1924年第1卷第15期。

［14］ 陈方恪：《近人词录：八声甘州（吊雷峰塔并序）》,《词学季刊》1936年第3卷第3期。

［15］ 冷秋：《事纪：雷峰塔拾佛记》,《大云》1926年第7期。

［16］ 姜丹书：《雷峰塔始末记（附图）》,《越风》1937年增刊1。

［17］《俞平伯致顾颉刚函：述雷峰塔圮后所见》,《北京大学日刊》1924年第1541期。

［18］ 俞平伯：《俞平伯全集第2卷》,花山文艺出版社1997年,第36页。

［19］ 平襟亚：《雷峰塔考》,《红玫瑰》1924年第1卷第15期。

［20］ 俞平伯：《俞平伯全集第2卷》,花山文艺出版社1997年,第36页。

［21］ 陶在东：《雷峰塔倒笔记：苗山今昔谈之二》,《宇宙风：乙刊》1940年第22期。

［22］ 胡长风：《雷峰塔砖及藏经琐记》,《越风》1937年增刊1。

［23］《俞平伯致顾颉刚函：述雷峰塔圮后所见》,《北京大学日刊》1924年第1541期。

［24］ 孙儆庐：《雷峰塔得经记》,《东方杂志》1924年第21卷第18期。

［25］ 陈济芸：《遭劫之雷峰塔》,《民众文学》1925年第9卷第2期。

［26］ 庄严：《序跋：雷峰塔藏宝箧印陀罗尼经跋》,《图书馆学季刊》1926年第1卷第2期。

［27］ 胡长风：《雷峰塔砖及藏经琐记》,《越风》1937年增刊1。

［28］ 胡长风：《雷峰塔砖及藏经琐记》,《越风》1937年增刊1。

［29］ 胡长风：《雷峰塔砖及藏经琐记》,《越风》1937年增刊1。

［30］ 胡长风：《雷峰塔砖及藏经琐记》,《越风》1937年增刊1。

［31］ 胡长风：《雷峰塔砖及藏经琐记》,《越风》1937年增刊1。

［32］ 胡长风：《雷峰塔砖及藏经琐记》,《越风》1937年增刊1。

［33］ 胡长风：《雷峰塔砖及藏经琐记》,《越风》1937年增刊1。

［34］ 胡长风：《雷峰塔砖及藏经琐记》,《越风》1937年增刊1。

［35］ 胡长风：《雷峰塔砖及藏经琐记》,《越风》1937年增刊1。

［36］ 胡长风：《雷峰塔砖及藏经琐记》,《越风》1937年增刊1。

［37］ 胡长风：《雷峰塔砖及藏经琐记》,《越风》1937年增刊1。

［38］ 胡长风：《雷峰塔砖及藏经琐记》,《越风》1937年增刊1。

［39］ 樊山：《诗录：雷峰塔圮,人拾得宋刻残经不少,甫臣获其一,装成长卷,前有雷峰塔图,后有钱忠懿王妃像,赋此应征》,《铁路协会会报》1926年第169—171期。

［40］《诗录：八月廿七雷峰塔圮华祝三检得塔砖中藏经裱作手卷嘱题卷尾》,《兵事杂志》1924年第128期。

［41］ 胡长风：《雷峰塔砖及藏经琐记》，《越风》1937年增刊1。

［42］ 胡长风：《雷峰塔砖及藏经琐记》，《越风》1937年增刊1。

［43］ 姜丹书：《雷峰塔始末记》，《越风》1937年增刊1。

［44］ 屠哲隐：《突然倾倒后之雷峰塔》，《时报图画周刊》1924年第220期。

［45］《西湖胜迹雷峰塔之崩颓》，《东方杂志》1924年第21卷第18期。

［46］ 杨轶庵：《雷峰塔未倒前之遗影》，《艺林旬刊》1928年第7期。

［47］《友声旅行团旅行摄影成绩展览会出品：（上）雷峰塔内景：遗迹留痕》，《中华（上海）》1931年第4期。

［48］《西湖雷峰塔》，《旅行周报》1934年第1卷第3期。

［49］《俞平伯致顾颉刚函：述雷峰圮后所见》，《北京大学日刊》1924年第1541期。

［50］《俞平伯全集》第2卷，花山文艺出版社1997年，第37页。

［51］ 平襟亚：《雷峰塔考》，《红玫瑰》1924年第1卷第15期。

［52］ 陈济芸：《遭劫之雷峰塔》，《民众文学》1925年第9卷第2期。

［53］ 胡长风：《雷峰塔砖及藏经琐记》，《越风》1937年增刊1。

［54］《西湖雷峰塔》，《圣教杂志》1926年第15卷第2期。

［55］《消息：雷峰塔砖砚》，《佛学半月刊》1935年第97期。

［56］ 胡长风：《雷峰塔砖及藏经琐记》，《越风》1937年增刊1。

［57］ 平襟亚：《雷峰塔考》，《红玫瑰》1924年第1卷第15期。

［58］ 呆呆：《重建雷峰塔》，《天津商报画刊》1934年第11卷第36期。

［59］ 吴昌硕：《诗：雷峰塔华严经残石》，《国学周刊》1925年第78期。

［60］ 胡朴安：《诗：心安得雷峰石刻藏经发匣抽书考证极确为题百字记之》，《国学周刊》1925年第78期。

［61］《时事采集：国内之部：杭州西湖雷峰塔.相传建造于五代时》，《来复》1925年第329期。

［62］ 冷秋：《事纪：雷峰塔拾佛记》，《大云》1926年第7期。

［63］《时事采集：国内之部：杭州西湖雷峰塔.相传建造于五代时》，《来复》1925年第329期。

［64］ 孟陬沐手：《雷峰塔藏经跋》，《宝大祥南号十周纪念特刊》1936年2月刊。

［65］ 王俪阎：《古物寻真》，学林出版社2017年，第226—227页。

［66］ 姜丹书：《雷峰塔始末记（附图）》，《越风》1937年增刊1。

［67］《雷峰塔改建烈士墓》，《摄影画报》1933年第9卷第39期。

新入藏北宋刘洎墓志考略

刁文伟（江阴博物馆）

内容摘要： 2021年，江阴博物馆新入藏一方北宋时期的墓志铭，该碑刻文字清晰，保存基本完整。碑面的字体个性突出，介于隶、楷间，而碑文中所涉的人物、地名、事件，亦可填补地方文献之缺失，因此这方墓志铭具有较高的研究价值和艺术价值。

关键词： 江阴博物馆 北宋 墓志铭 刘洎 葛闳 考略

2021年年初，江阴博物馆新入藏一方北宋时期的墓志铭，该墓志铭虽略有残损，但所幸碑文清晰，亦可识读其大部（图一）。此方墓志为青石质地，长

76、宽56、厚12厘米。碑体原有两处老伤，皆伤及碑面上的文字，故而文字有缺失。至于碑面文字，外以双线框其四缘，内以单线格其间距，因此文字的布局显得齐整划一。共计24行，每行满格为20字，识读其中之436字，缺失30余字。现将之摘录于下：

　　宋故刘先之□□□□□□，毗陵道士马有言刊。／暨阳□□□□□□□，道正赐紫陈惟则书。／君讳洎字先之，□□□□，先家于彭城，五代之乱徙／于江南，国初徙于□□。曾祖贽、祖

图一　刘洎墓志拓本

蕃、父亮皆不仕，君/少而自敛，向学善记问。及长，故于书无所不读而又/精于讲说，人有所问，应口辄对，旁引类举以及群经/诸传，诵数千百言不辍，如泉之涌，其止无穷，听者莫/不乐闻之而惊叹羡服。其论古今人物是非得失之/际，尤甚详明，凡所与游，多一时名士，亦皆喜爱其辩/博而不厌；或与之处，虽甚久而忘其未兆。君事亲孝，/居丧能致哀尽礼，一日邻有火，君度其势，若不可□，/将延以及于所居，遂走抱母之棺号呼以泣，于是□/为之熄，乡间称之。尝举进士，屡斥于礼部，既而□□/曰："吾何自轻而终欲进于此乎？"遂返，处以其道，□□/脱然，不以世俗之故累其心.其知君者相与撰□，□/之行义渐有所闻，太守葛公闳以孝廉荐之棹□□/天子再赐粟帛，以褒宠之，君固不受.嘉祐七年□□/十二日，寝疾终于家，年六十一，妻颍川陈氏，先君而/卒，男孜。以八年拾月弍拾七日，葬君于江阴军江阴/县化龙乡迁莺里之原，夫人祔焉。女适进士耿庠，后/君七日而亡。铭曰：道有在迹，无求乎远；君之/为仁，务立其本。孰为其事，事在事亲；养生送死，/孝称于人。浩浩其学，完完其行；卒不得志，岂非/有命。何狷君然，古人如斯；以永其传，刻石理辞！

经研究，对于该碑的认识主要从历史价值和艺术价值两个方面略作阐述。

一 历史价值

主要是体现在对于地方文献的填补和充实方面，碑文中所涉及的人物、地名，有些见诸史料，而有些却未见于记载，从年代上来说，嘉祐七年（1062）是精准的断代依据，而墓志铭作为可信度较高的史料，它的出现，为地方文献原本稀缺的北宋时期，无疑增添了一抹亮色。

墓主刘洎，其先世为彭城人，由墓志可知其世系计有五代：即赟——蕃——亮——洎（字先之）——孜，五代时期先迁于江南，北宋初定居于江阴，至墓主时已是第四代。有关刘洎，按墓志所说，其为进士出身，并在礼部担任官职，虽不算显赫，亦当属于一方之名士，作为进士，理应载入县志中的"选举志"，或者也会在"人物志"中，留下片言只语，但查阅江阴的光绪·《江阴县志》，终未有所得。江阴的方志创修于南宋时期，且大都已散失，虽现有《宋江阴志辑佚》[1]，其中对"选举""人物"还是记载了了，特别是对早期的史料，包括北宋时期，记载的缺失，亦不足为怪，而此方墓志恰可填补此类空白。

从其他地方文献中搜索刘洎，结果也同样令人失望。《江阴姓氏源流考略（九）——刘氏》[2]一文中，有对江阴刘氏做出过系统性的梳理，"江阴刘氏从目前的家谱材料上看，主要出自宋代屏山公刘子翚之后"，这样的结论就已经是将刘洎与目前江阴的诸支刘姓的源头区分开来，因为北宋大儒刘子翚，虽与刘洎同出于彭城，在年代上晚于后者有百年，将两者之世系进行比较，没有丝毫雷同之处。此外，江阴的刘姓从家谱上来看，最早迁入江阴的时间也要到南宋时期，也就是说，诸如谱牒这类文献上，也不可能有关于刘洎的记载。

这方墓志铭中，还提到了另外一位重要人物——"太守葛公闳"，在查阅葛闳的墓志铭[3]时，却意外地发现了"江阴刘洎"的记述，也就是说，在刘洎和葛闳的墓志铭中都提到了对方，这是巧合还是事出有因呢？

诸如葛闳这样品级略低的地方官员，出现在宋代国史中的概率还是较低的，除非是政绩突出、文采超然。因此葛闳最有可能出现的地方就是在方志上，此外，在他朋友的文集当中也会有所涉及，就如苏颂为其所撰之墓志那样。葛闳的墓志这样写道："两为南宫点检试官，凡经赏识者数十公，后皆大显于时。其为郡亦崇尚儒学之士，在丹阳尊礼章望之、江阴刘洎、新定倪天隐，或亲听其讲解，或表荐其履行，学者以此翕然称誉之。"由此可以看出，两方墓志之记述是高度的契合："葛闳为官江阴，因崇尚儒学之士，而表荐刘洎之履行"；"刘洎因行义，得到太守葛闳以孝廉荐之"，此两者互为印证。

按：刘泪的生卒年，应为咸平四年至嘉祐七年（1001—1062）；葛闳的生卒年，为咸平五年至熙宁五年（1002—1072），两人年龄相当，亦俱为进士出身，起先都有在朝廷担任低级文职官员的履历，刘泪供职于礼部，因"不合群"而屡遭排挤，故而弃官而去，崇道脱俗。葛闳出身阀阅之家，本该前途光明，无奈因妻死非其所，而遭妻家捃撼，后虽再次起复，也仅能在州、府一级为官。同朝为官的经历，不排除葛闳在任职江阴之前，彼此就已经认识，或者说有所耳闻，故而才会有后来葛闳对刘泪的"尊礼"和"举荐"之举。

另外在两人的墓志铭中，对本人性格的描述都是用了一个关键字：葛闳为"性介近狷"；刘泪为"何狷君然"，"狷"是两人共同的性格特征，意思是"洁身自好、性情耿直"，这样的性格也就意味着"不合群"，就像葛闳墓志中所说"喜读书"、"与人接，其意本勤，然有终日相对或不交一言；及遇同好，则至诚悃愊，谈论亹亹，通夕不厌"，而刘泪墓志中也同样提到了"喜读书"，"精于讲说"，"诵数千百言不辍如泉之涌"，共同的爱好和性格，使得这两位"不合群"的人，成了好友，并由此转化成人生中的不可或缺，而载入彼此的墓志当中。

对于葛闳这个人物，再说道些题外之话，也就是通过对这方墓志铭的研究，而借此将他的事迹做一系统的梳理，这对于地方史研究不无裨益！

查阅葛闳的相关资料后发现，其性格虽有些"不合群"，但这并不影响到他的交友，他的朋友圈还是很"高大上"的。为其撰写墓志的苏颂，就是个大人物，官至宰相，后世还称之为"科学家"。两人的关系用苏颂本人的话来说是"情好莫逆"。葛闳去世时，他正好是在婺州的知州任上，墓志铭就在当时所写，当然他的性格中也少不了"耿直"二字，"人以群分"当依此说。葛闳的朋友圈中，可知的另外两位重量级人物就是王安石和王令。

在王安石的诗集[4]卷三十二中，有一首名曰"别葛使君"者，此葛使君既是葛闳，这是王安石在皇祐五年（1053）奉旨"以舒州通判的身份视察苏州水灾。在沿长江东下经过江阴时，顺道拜访了在江阴担任知军的葛闳。其时两人的身份、地位相似，一为通判，一为知州"[5]。从诗句当中可以看出，彼此关系还是很和谐的。

同样，在《王令集》[6]的卷一〇和卷一七中，分别有《忆润州葛使君》和《上葛闳都官》的诗和文，王令是北宋著名的诗人，一生贫苦交加，明明可以通过科举改变人生，但性格决定了他放弃了官场，而选择了清贫与孤寂。将葛闳、王安石、王令、刘泪做一类比，可以发现彼此的许多交集，性格上的类似，还有就是江阴，葛闳在江阴为官、王安石和王令是莫逆之交、王令后来迁居江阴、王安石途经江阴看望葛闳，这些绝非偶然，显然这是一个以葛闳为首的朋友圈，刘泪、葛闳是老大哥，王安石与王令都要比他们小二三十岁，年龄不是问题，性格相投才是关键。关于葛闳、王安石、苏颂、王令之间的关系，将另文详述之，这也是对这方墓志研究的另一个积极意义吧！

葛闳作为地方的行政长官，在地方文献中皆有记载：镇江、江阴、台州[7]、漳州[8]的地方志上详略不一，其中又以江阴的记述为最。在光绪《江阴县志》卷十一："职官知军条：葛闳，屯田员外郎，皇祐三年至至和元年任（1051—1054）"；卷十五："名宦葛闳条：皇祐三年以屯田员外郎知江阴军，时江阴军守田较他郡为厚，闳谓土少租重，取之无名，所得七百斛，悉输之官庾。运河自黄田港达五泻堰多淤梗，积潦害稼，闳募里豪，得粟二万斛为开浚费，余粟疏留，以资后役"；卷三："山川运河条：……宋皇祐间，知军葛闳集粟二万斛，给民浚之……"

上述记载，同样也见于其墓志铭，且墓志记述更翔，因疏浚运河造福于民，故江阴的方志中将葛闳列入"名宦"之流。这条运河地理位置极为重要，"自午卸堰至黄田港彻大江四十里"[9]，"自锡邑至此（南城壕）长四十五里，为漕船来往之经途，通邑河渠 此为要汇"[10]。运河现名"锡澄运河"，依然运输繁忙，大大缓解了京杭运河的运输压力。墓志还记载了葛闳为官江阴的其他事迹，诸如"解决盐寇""带牛佩犊"等，可补方志之缺失。

再回到刘泪墓志的考证上，由于关键部位略有缺失，因此，诸如这方墓志铭的撰写者不知为谁？但"暨阳"二字在前，可知应是一位同乡故友，这是识读该文时，留下的最大缺憾。书写者和镌刻者，分别是陈惟则和马有言，俱为常州府之道士，而"道正"为道观之主持，"赐紫"则代表其具有较高的身份或者品级，看来刘泪已经和道士们"打成了一片"。可见其崇道之备至。其妻曰"颍川陈氏"，江阴现在的陈姓也都出自于颍川陈实之后，其子刘孜亦无考，其婿耿庠为进士出身，门当户对，但耿庠是否为江阴籍，确也无法确定，但并不排除有这样的可能性。

江阴的耿姓，其来源较为单一，延续时间很长，从家谱[11]来看，这样的可能性确也存在。江阴耿氏从第一世至今，未有间断："其始迁江阴者曰耿冕，陕西扶风人，北宋真宗时期人，大中祥符中进士，出仕江阴，甚得民心，官留十载，至老致仕，置产于来春乡，寄居江邑茶岐乡鲍庄之西"。江阴的耿氏皆来源于此，是目前所知的最早迁入江阴的家族之一。耿冕生活的年代，正好和刘泪相吻合，身份和地位也相当，彼此成为儿女亲家亦属正常，且耿冕之儿孙辈中，皆有进士出身之才俊，但家谱记述中却未见耿庠其人，当事出有因，正如方志对刘泪、耿冕也同样缺失记载一样。另外这支耿姓从南宋起，诸多名士皆被方志详尽记载，无非是资料越发健全的缘故罢了。

墓志中还记述有刘泪的下葬地——"化龙乡迁莺里"，按明弘治《江阴县志》[12]记载："顺化乡 旧名化龙乡 县东北二十里 管里二 迁莺 千秋"。由此可知刘泪的葬地应在县之东北，现在的黄山附近。墓志中还提到了"江阴军江阴县"，有关宋代江阴行政区划的设置和演变，已有专门的文章介绍，在此不再赘述。

二 艺术价值

这方墓志乍一看，以为是楷体，再细致观察后，觉得应该是隶书，这是一方隶中兼楷的字体，

难得一见。为此立即联想到墓志的书写者陈惟则，他是位身份较高的道家住持，若论修养，教义和文化肯定具备有一定的底蕴，就拿这方墓志来说，从字体上就可以明显地感觉到了这点。所谓"儒、释、道"，在宋代就已经明显地显现出互相渗透与兼容的倾向，儒家和宗教结合的相当紧密，这是对这方墓志研究后，所产生的第一感觉。也就是说这方墓志具有很浓郁的宗教色彩，从而形成了它鲜明的书法特点，让观者赏心悦目。

江阴博物馆另收藏有两方与此碑同一时期的墓志铭，其书写者皆为科甲正途，镌刻者为佛家之僧人。从书法上看，正统儒家，俨然中规中矩，特别是针对墓志这类具有严格的程式化文体，绝不敢越雷池于半步，当然，这样的书法所反映在流传至今的各类载体上，比比皆是。与之相反的是，这方由宗教界人士书写的墓志，却显现出极强的个性，在突破了传统意义上书法理论的窠臼，在隶书的基础上，融入了楷书的特点，形成了独特的"隶笔楷形"的鲜明个性，这样的书法艺术，体现在至今各形式的载体上，可参照的作品并不多见，这也是初识此碑者，颇感新奇的重要因素。

宗教书体与儒家传统书法的区别，在这方墓志上表现得尤为突出，具体到单个的字上：如"弌""弍""拾""圆"等字，这样的繁写形式，有些是极为少见的。而这四个字，碑文中还写作常用的书写形式"一""二""十""日"，也就是说，在一方碑文中，同一字出现了两种不同的书写方式，其实这本不是稀罕之事，关键是这些特殊字体，应该更符合于作者的身份，体现出道教的书写规范，而有别于儒家。

江阴博物馆新入藏的这方北宋嘉祐七年刘泪的墓志铭，有着极为重要的研究价值，是填补地方文献的重要实物依据。此外，该碑所展现的北宋时期的书法艺术，也同样让人惊奇，这种用隶书的笔法写出楷书的形制，其视觉效果不亚于任何传世书法杰作，作者的身份又增添了此碑的宗教色彩，在此仅作点到为止的论述，为精于此道者，提供重要之素材。

注释：

［1］　杨印民校：《宋江阴志辑佚》，天津古籍出版社2016年。

［2］　刁文伟：《江阴姓氏源流考略（九）——刘氏》，《江阴文博》2012年第1期（总第27期）。

［3］　〔宋〕苏颂：《光禄卿葛公墓志铭》，四川大学古籍研究所编、曾枣庄、刘琳著：《全宋文》第六十二册卷一三四七"苏颂"，第104—107页。

［4］　〔宋〕王安石：《王荆文公诗李壁注》，上海古籍出版社1993年。

［5］　寿涌：《王安石诗题疑难人名解读九则》，《江西教育学院学报》（社会科学版）2008年第4期。

［6］　〔宋〕王令：《王令集》，上海古籍出版社1980年。

［7］　〔清〕《嘉定赤城志·本朝郡守（卷九）》，影印文渊阁四库全书，台北商务印书馆1986年。

［8］　〔清〕《光绪漳州府志》卷九，《中国地方志集成·福建府县志辑》，上海书店出版社2000年。

［9］　〔宋〕苏颂：《光禄卿葛公墓志铭》，四川大学古籍研究所编、曾枣庄 刘琳著《全宋文》第六十二册卷一三四七"苏颂"，第104—107页。

［10］　〔清〕卢思诚、沈伟田：光绪《江阴县志》，光绪四年（1878），第87页。

［11］　耿国萍主修：《澄江耿氏宗谱（温清堂）》，第十八卷十八册，2015年新修版卷五，第1页。

［12］　〔明〕黄傅修等撰：《弘治江阴县志》卷三,《无锡文库》，凤凰出版社2011年，第15页。

公众视角下博物馆微信公众号的
传播效果与策略研究

李佳怡（湖北大学历史文化学院）

内容摘要： "互联网+"时代背景下，博物馆的宣传推广工作逐渐从依赖传统媒体向自媒体转型，尤其是微信平台的优势日益凸显。如何利用微信公众号开展宣传教育工作，为公众提供更优质的服务，是博物馆工作者广泛探讨的话题之一。基于当前博物馆微信公众号的发展困境，在公众视角下，未来应积极拓展平台服务功能，维护粉丝关系，加强双向互动交流，达到微信传播在公众认知、心理、行为层面效果的最大化，实现博物馆传播文化、社会教育的功能。

关键词： 公众视角　博物馆　微信公众号　传播策略

随着时代的发展与现代科技的进步，新技术应用于博物馆工作之中日益普遍，不仅在诸多方面提升着博物馆的工作效率，同时也深刻影响着博物馆与公众的关系。当今，以微博、微信、抖音为代表的自媒体逐渐成为新型大众传媒的引领力量，博物馆的宣传推广工作也逐渐从依赖报纸、电视等传统媒体向自媒体转型。其中，微信公众号既能传播博物馆形象，又能拉近博物馆与公众之间的距离，获取社会公众对博物馆文化的认同，成为新时代下我国博物馆实现社会教育、文化传播职能的重要渠道。近年来，"博物馆微信公众号"这一话题受到了学界的广泛关注。本文拟从公众视角为出发点，结合传播学理论，分析博物馆微信公众号的发展优势与困境，并从宏观层面系统探讨其传播效果与传播策略，为新技术时代下增强博物馆与公众的联系、沟通、互动提供借鉴意义。

一　博物馆微信公众号的兴起与发展

目前，我国博物馆事业得到了长足的发展。21世纪以来，互联网技术飞速发展，智能移动终端融入人民群众的日常生活，微信平台的出现对博物馆工作提出了新的要求。

（一）博物馆微信公众号的兴起

微信是腾讯公司于2011年1月21日推出的为智能终端提供即时通讯服务的一款免费应用程序。微信公众平台于2012年8月23日正式上线，在该平台上申请的应用账号即为"微信公众号"。微信公众号能有效实现开发者与特定群体在文字、语音、图片、视频等方面的全方位互动和沟通。从公众视角而言，可赋予"博物馆微信公众号"清晰的定义，即博物馆借助微信公众平台向社会公众传播自然或文化遗产相关知识、发布博物馆活动、与公众取得联系的信息服务系统。

在博物馆微信公众号开发进程中，中国国家博物馆率先注册上线，故宫博物院"微故宫"于2014年1月1日正式上线，随后全国各省市博物馆相继开通。据清博大数据不完全统计[1]，入库登记的博物馆微信公众号数量约有3380余个。因其具备海量的信息、便捷的操作性、传播的互动性等优势，博物馆微信公众号的使用有效拖宽了博物馆陈列展览的渠道，提升博物馆信息的传播效率，推动博物馆社会教育活动的开展。

（二）博物馆微信公众号的发展优势与困境

相较其他新技术宣传服务平台，微信公众号无论是在国家政策支持层面，还是在自身平台特性层面，都具有十足的优势，受到了博物馆的广泛推崇与使用。

1.博物馆微信公众号的发展优势

新技术时代下，党和国家对博物馆工作提出了新的要求，并在政策战略上给予充分的支持（表一）。

表一　新技术时代下国家对博物馆事业的新要求[2]

时间	政策	有关内容
2004年	《中共中央宣传部、文化部、国家文物局要求加强博物馆宣传展示和社会服务工作》	提出陈列展览在创意、设计、制作和宣传推广等各个环节上，引进新理念，尝试新模式，运用新技术，做到导向正确、主题突出、手段先进、方法新颖。
2008年1月	《关于全国博物馆、纪念馆免费开放的通知》	第四部分工作要求中指出，建设数字博物馆，不断拓展服务领域、方式和手段，提供更加人性化的服务设施和服务项目，努力强化文化的感染力和辐射力。
2011年12月	《博物馆事业中长期发展规划纲要（2011—2020年）》	第二章"发展任务"中指出，博物馆公共文化服务中要求创新博物馆文化传播，充分运用信息、互联网、多媒体、新媒体等技术手段，使博物馆文化成果惠及更多受众。
2015年3月	《博物馆条例》	第三十四条提出，博物馆应当根据自身特点、条件，运用现代信息技术，开展形式多样、生动活泼的社会教育和服务活动，参与社区文化建设和对外文化交流与合作。

从有关博物馆的政策战略可看出，国家大力鼓励、支持博物馆对互联网、新媒体等新技术手段的运用。此外，2018年国际博物馆日的主题是"超级连接的博物馆：新方法、新公众"，该主题亦明确了现阶段博物馆进行数字化建设的重要性和必要性。在众多新技术、新媒体之中，微信已成为社会公众获取信息、分享生活的一个重要平台，国家对博物馆运用新技术平台的大力支持，为博物馆微信公众号的开发提供了强有力的政策保障。

对于公益性博物馆而言，微信平台比其他新技术宣传服务平台，在资金、技术、管理等方面亦具有明显的优势，是博物馆加强传播的重要渠道。一方面，与APP、网站等相较而言，微信公众号所需的技术要求、开发维护成本更低，且使用率更高，与开放性更高的微博相较而言，微信公众号内容传播更具专一性，获取的"粉丝"也更加精准，用户对产品的黏性更强。另一方面，微信平台已在社会广泛普及，公众号也不需进行二次下载，申请、开发、运营流程较为便捷，且各方面功能齐全，极其适合公益性单位使用。

2.博物馆微信公众号的发展困境

然而，基于公众视角，当前博物馆微信公众号尚在积极探索阶段，在传播影响、传播策略等方面存在一定的发展困境，具体表现为两方面。其一，清博大数据WCI微信传播指数总榜数据显示，博物馆类的微信公众号排行靠后，热文数量较少，除故宫博物院、中国国家博物馆等少数大型综合性博物馆外，公众对各省市其他博物馆的微信公众号关注不够，整体传播影响力亟待提升；其二，部分博物馆未对微信公众号的经营进行长期规划，多以博物馆自身为主体，经营较为被动。微信公众平台的功能不完整、内容不完善、更新不频繁、互动不充分，且较少关注甚至忽略公众需求，标题、排版、文字缺乏文化内涵与时代创意，长期投入却收效甚少，在一定程度上亦影响着博物馆对外声誉与形象。

二　博物馆微信公众号的传播效果

所谓效果，是一种有效的结果。"传播效果"指传播行为作用于受传者后，在受传者身上引起的心理、态度和行为的变化[3]。博物馆代表着一个国家的文化形象，是展示文化特色与进行文化交流的公共场所，是公众终身的学习地，在国家公共文化服务体系之中占据重要地位。博物馆文化是我国宣传工作的重要内容，其自身更是重要的宣传窗口。微信公众号等新媒体的出现为博物馆宣传工作带来重大变化，从"传播效果"理论对其进行分析，博物馆微信宣传将对公众的认知、心理及行为层面产生极大的影响。

（一）认知层面：获取文博知识

人们对周边事物、社会生活的知觉和印象，在很大程度上依赖于大众传媒的传播。外部信息作用于人们的知觉和记忆系统，从而引起人们知识量的增加和认知结构的变化，这属于认知层面上的效果。文物与博物馆相关知识长期以来被公众贴上"冷僻""深奥""晦涩"等标签，通过博物馆微信公众号的传播，能够将晦涩难懂的"科学知识"转变为生动有趣的"社群知识"，拉近博物馆与公众之间的距离，让公众更好地学习和了解文博知识[4]。目前，博物馆微信公众号既有科普与自身博物馆藏品有关的内容，又推出介绍其他传统文化的文章。例如，晴川阁武汉大禹文化博物馆微信公众号定期推出介绍禹稷行宫、晴川阁、楚波亭等馆内古建筑的知识类推文，同时也推出了介绍非物质文化遗产二十四节气的系列推文"晴川历历·廿四节气"，以幽默风趣又不失专业规范的文字，传播中华民族优秀传统文化。

（二）心理层面：引发情感共鸣

作用于人们的观念或价值体系而引起情绪或情感的变化，属于心理层面上的效果。博物馆的传播行为具有一定的导向性，博物馆宣传形式不同，对公众心理产生的效果亦不同。一般而言，博物馆微信公众号通过文字、图片、视频等多种方式，对陈列展览、文创产品、研究成果等内容进行解读与说明，可以使公众在阅读时置身于博物馆所营造的特定场景之中，在认识历史、了解故事后，引发强烈的情感共鸣。例如，故宫博物院微信平台"微故宫"推出《紫禁城600年，"老狮"有故事》，该篇文章以石狮子作为第一视角，配以生动而不古板的文字、充实而不平淡的内容、创意而不俗套的图片，获得观众一致好评，纷纷留言仿佛陪伴故宫走过600年漫长而辉煌的岁月，在增长知识的同时，还能回忆历史，感慨中华文化的博大精深。

（三）行为层面：促进博物馆参观

传播活动具有一定的目的性。传播活动不仅仅体现在人们认知和心理层面的变化，还能直接或间接地通过人们的言行表现出来，切实推动并改变人们的言行，这属于行为层面上的效果。博物馆各种宣传活动的最终目的是期望通过公众认识、了解、感悟文博领域，从而走进博物馆，参观陈列展览，体验博物馆活动。对博物馆微信公众号而言，无论是陈列展览、文创产品、学术讲座等文化活动信息，还是参观线路、交通指引、公告通知等一般参观信息，其定期发布相关文章的目的都是引导公众进行博物馆参观。现今，博物馆微信公众号已成为公众参观博物馆重要的信息来源，其传播效果从了解文博，引发共鸣，到博物馆参观游览，是一个累积、深化并扩大的过程。

三 公众视角下博物馆微信公众号的传播策略

微信平台是博物馆展示对外形象的窗口，服务于博物馆日常工作。在其传播过程中，博物馆应坚持以公众为导向，吸收并利用平等、开放、共享的新理念，转变原有的单向性的内容生产与传播，采用多维度、多形式、多渠道的传播方式，精准定位推送，双向互动交流，提升服务体验，达到公众认知、心理及行为层面效果的最大化，实现博物馆宣传教育、服务社会的职能。

（一）以公众为导向，精准定位推送

"视觉制约效果"理论认为，大众传播制约着公众观察社会和世界的视野，传媒报道什么，从什么角度切入，都在影响着公众对周围环境的直觉和印象。博物馆通过微信公众号传播出的内容，制约着公众对博物馆相关工作与活动的认知视野。为带给社会公众更好的认知体验，博物馆首先应以公众为导向，以微信公众号媒介特性为基础，以博物馆文化内涵为根基，精准定位文博考古专家、文博旅游爱好者及其他人士等不同层面的受众，定期开展推文发布工作。当今博物馆会吸引怎样的观众是博物馆工作者需要分析研究的话题之一。对博物馆微信公众号"粉丝"的身份、年龄、地域、学识、需求进行系统性分析，根据不同"粉丝"的年龄层次、知识结构、地域差异、兴趣爱好、文化特性等方面，为博物馆更好地制定展陈计划、开展社教活动、售卖文创产品提供依据和借鉴，进而更具针对性地推送有关资讯，将博物馆文化品牌与公众进行捆绑。

（二）设置内容框架，拓展服务功能

网络传播下的"使用与满足"理论认为，为适应受众的多元化需求，网络媒介已从向受众单纯传播新闻信息转向为受众提供全方位的信息服务，随着网络传播的进一步普及，受众对网络的需求将进一步得到满足[5]。对微信公众号而言，随着其功能的日益完善，博物馆能够利用它完成各个方面的展示。为了使其更好地发挥作用，博物馆应打通深层次的技术接口，加强设计并不断完善微信公众号的基本内容框架，拓展一些线下无、线上有的服务功能，提升服务体验。一方面，要创新界面底部功能栏目，细化设置栏目子菜单，如临时展览、特色活动、文物鉴赏、语音导览、文创产品等基础内容，另加强数字博物馆建设，推出网上展厅、云端展览等内容，保障内容完整；另一方面，进行图文类别划分，以叙述、图片、音频和视频等多种方式对传播博物馆信息，定期对图文进行整理汇编。

疫情期间，各地博物馆积极开发微信等线上平台，完善功能，推介展览，传播信息。以武汉辛亥革命博物馆为例，该馆深耕于红色革命文化，原设有"知·辛博""观·辛博""展览专题"三大栏目，子栏目细致、齐全、多样，功能完整。在疫情期间将第三栏更改为"云端展览"，并予以完善，既将原有线下展览"共和之基""改革开放"，以数字化形式移入微信公众号该栏目，又新增设"战疫瞬间""爱满'围城'"两大线上展览。这一举措既能最大限度发挥微信公众号的作用，使之兼有"云端博物馆"的新功能，更能及时给公众提供线上文化空间，传递文化的力量，传承中华民族的智慧与精神，引发公众的情感共鸣。

（三）加强关系维护，双向互动交流

在互联网时代，微信公众号更是公众与实体博物馆交流、互动、反馈的平台。当今，低质量、低趣味、低频率的文章容易使公众缺少"被关注感"，反之公众亦会降低对博物馆的关注度[6]。故而，博物馆应构建微信公众号"粉丝"社群，积极关注公众需求，持续更新基本图文内容，及时传播博物馆有关信息。同时，可借助有奖问答、问卷调查、参观留言等形式，通过微信平台让公众参与进博物馆工作之中，加强与公众的互动，对公众的评论积极予以回复与引导。此外，可利用时事热点、传统节日等，结合博物馆文化特色，进行借势传播、事件营销，提高微信图文热度，推动公众参观博物馆，体验博物馆文化活动，实现传播效果的最大化。

例如，苏州博物馆积极关注公众需求，展览"黄金为尚：历史·交流·工艺"的微信宣传借助"秋天的第一杯奶茶"的火爆话题导入，拉近博物馆与公众之间的距离。此外，该馆在端午节、中秋节、教师节等节假日期间积极展开借势传播，对公众的评论及时回复，与公众在微信平台上亲密互动，引导公众进馆参观，传播效果十分显著。

在"互联网+博物馆"的新时代，博物馆社会教育、文化传播的职能越来越受到重视与关注，公众对文化知识的渴求也不断增加，微信公众号的影响力日益扩大，愈发成为博物馆日常工作中经营的重点。相关工作者应积极调和博物馆传统思想与自媒体带来的新理念之间的矛盾和冲突，顺应时代趋势，坚持以社会公众为导向的传播理念，完善博物馆业务服务，拓展博物馆智识空间，实现博物馆社会教育职能，传播中华民族优秀传统文化。

注释：

[1] 清博大数据官网，http://www.gsdata.cn/。

[2] 国家文物局官网，http://www.ncha.gov.cn/。

[3] 郭庆光：《传播学教程》，中国人民大学出版社1999年，第188页。

[4] 郑忠明：《思想的缺席：罗伯特·E.帕克与"李普曼—杜威争论"——打捞传播的知识社会学思想》，《新闻与传播研究》2019年第7期。

[5] 赵志立：《网络传播学导论》，四川人民出版社2009年，第122页。

[6] 周昊瑀、樊传果：《博物馆文创产品在微信平台的传播策略探究》，《戏剧之家》2020年第4期。

打造一座有温度的博物馆

——苏州博物馆国际友好馆无障碍建设经验分享

张 帆 沈 琳（苏州博物馆）

内容摘要：博物馆是为公众服务的公益性社会机构，探索如何为所有社会成员服务是每一座博物馆的使命，尤其是为弱势群体提供设施和帮助。苏州博物馆自新馆建立以来进入了飞速发展时期，并与德国历史博物馆、波特兰艺术博物馆、圣安东尼奥艺术博物馆等文化机构建立起友好交流关系，向它们汲取建设无障碍环境的经验，致力于使弱势群体拥有平等参与社会文化生活的机会，打造一个"以人为本"的无障碍博物馆。

关键词：国际友好馆 平等 无障碍

博物馆是一个为社会及其发展服务的、向公众开放的非营利性常设机构。作为一座城市的地标性建筑，苏州博物馆历来因贝聿铭先生操刀设计的新馆而闻名。但这座美丽的博物馆从来不是一座冷冰冰的建筑。多年来，苏州博物馆一直在致力于完善各项设施，为残疾人、老年人、孕妇、儿童等弱势群体打造一个通行无障碍、信息交流无障碍的环境，让他们可以和普通观众一样，平等地参与到文化交流过程中。为此，苏州博物馆并不局限于向国内各家优秀博物馆学习，也一直在向国外各个友好交流馆取经。

德国历史博物馆是德意志联邦共和国国家历史博物馆（图一），虽然与苏州相隔万里，但双方因

图一 德国历史博物馆建筑（德国历史博物馆提供）

为同一个人——贝聿铭，而开始了友好往来，并于2012年缔结为友好馆（德国历史博物馆新馆由贝先生在2004年设计完成）。据统计，早在2009年，德国历史博物馆的观众中就已经有710万人属于重度残疾人士，占当时德国人口的9%，并且这一人数一直处于不断上升中[1]。以《联合国残疾人权利公约》（The United Nations' Convention on the Rights of Persons with Disabilities）为基础，德国历史博物馆在执行《德意志联邦共和国国家行动计划》（National Action Plan，NAP）时，不分年龄、性别、种族、血统等因素，为残疾、残障或有特殊需求的不同群体提供服务[2]。然而，德国历史博物馆的无障碍建设并不局限于残疾人和残障人士的无障碍流动。相反，它致力于使所有人平等地全面参与政治、社会和文化活动。

德国历史博物馆的常设展览为观众展示了德国从孕育初期直至现代的历史。在常设展览的"中世纪"这一部分，该馆通过计算机装置建造了一个"虚拟图书馆"（Virtual Library）。出于文物安全性的考虑，珍贵的手稿只能展示很短的一段时间，并且最多只能展示两页（如同一本打开的书）。因此，德国历史博物馆扫描了各种中世纪作品，使观众可以在计算机上一页一页地阅读书籍。观众还可以选择文本的某些内容，系统会自动将文本翻译成德语或英语，有些还可以做到自动对图像进行解析。这个虚拟图书馆受到了众多年轻观众和老年观众的欢迎。一方面，现代技术使很多年轻人对古老的手稿产生了兴趣；另一方面，由于操作简单，尽管对计算机技术不熟悉，老年观众也可以很方便地阅读一本旧书稿。

在德国历史博物馆的无障碍建设中，涉及两个很

重要的概念，一个是虚拟可达性（Virtual Accessibility），另一个是空间可达性（Spatial Accessibility）。虚拟可达性包括建设无障碍互联网页面和数据库，通过易语言（Easy Language）、德语手语和音频使所有人都可以在参观博物馆前独立地获取信息。空间可达性是指博物馆门前和博物馆内部的具体设施情况，不仅包括可供轮椅使用者进入的无障碍入口，还包括自动门、触觉式地板引导系统和高对比度象形图。另一个很重要的主题是"面向目标群体的观众服务"，指的是根据观众需求提供信息，包括电话服务、售票处和问讯处。此外，展览文本也被博物馆纳入优化的范畴。数十年来，德国历史博物馆一直在研究如何更好地设计展品说明和版面说明，并探究观众需要提前了解多少背景知识才能领略展览的内核。展览文字要通俗易懂，不能成为观众无法克服的障碍。因此，策展人和展览设计师必须认真思考对整个展览的内容和形式设计。易读性、高对比度的文字和处于视线位置的文本都有助于使所有观众更好地理解展览。这些要求适用于常设展览和临时展览，从展览概念的提出到展品在展览中的位置，针对的都是所有观众，而不仅仅是残疾、残障或有特殊需求的观众（图二）。

图二　德国历史博物馆展览中的盲道（德国历史博物馆提供）

20多年来，德国历史博物馆一直致力于在某些展览中为盲人和视力障碍者提供导览服务，并为听力障碍者提供德语导览手册。2014—2015年，德国历史博物馆与柏林盲人和视觉障碍者协会（ABSV）合作举办了特展《战争之眼——马丁·罗默斯摄影展》，展览中的一幅幅肖像照记录了在二战期间或由于二战而失明的人（图三）。博物馆专门为盲人和视觉障碍者设计了相应的展示形式，首次在展览中安装了触觉式地板引导系统，展览入口处的触摸式指示图为观众指示方向，并且，每幅肖像照都配备了音频描述（图四）。

图三　德国历史博物馆战争之眼展览（德国历史博物馆提供）

图四　德国历史博物馆标识（德国历史博物馆提供）

2015年，德国历史博物馆特意从馆内各部门抽调员工，成立专门的工作组，实施各种措施，将该馆打造为无障碍博物馆，成为向所有人开放、社会包容和参与的场所。博物馆将所有的展览都翻译为了德语手语，并努力推广手语和易语言。同年，博物馆举办了特展"统一——转换时期的德国社会"，展览从不同的文化、政治和社会角度，描绘了1990年东德和西德统一后的时期。整个展览团队从一开始就意识到展览应该为残障人士和非残障人士提供便利设施。设计团队开发了一种外形类似小型圆形办公桌的"交互式工作站"（Interactive Station），让观众可以通过不同感官来体验展品。这些交互式工作站的核心在于一个可以旋转的六面体，类似一个"鼓"的形状。鼓的六个侧面均等地呈现五种不同级别的信息：除了德语和英语文本之外，还提供易语言、布莱叶盲文和手语视频。此外，音频指南还提供德语和英语版本的解说。所有工作站都通过地板上的触觉式引导系统连接，展览入口处放置了触摸式指示图，观众可以自由选择上述提到的各种语言，满足不同的需求。最终结果显示，大部分观众都选择了交互式工作站，他们喜欢使用较大的字体，而外国观众则十分赞赏易语言带来的可读性（图五、图六）。

图五 德国历史博物馆交互式工作站（德国历史博物馆提供）

图六 德国历史博物馆交互式工作站（德国历史博物馆提供）

而作为最早提出无障碍设施建设的美国，其博物馆也一直是苏州博物馆学习的对象。位于美国西海岸的波特兰与苏州是友城关系，波特兰艺术博物馆近年来则一直与苏州博物馆保持着友好往来。波特兰艺术博物馆建馆于1892年，是太平洋西北地区历史最长的博物馆。该馆致力于成为一个开放包容的机构，鼓励基于互相尊重的对话、辩论和交流，希望能通过藏品、活动、员工来展现大千世界的美丽多姿，对我们共同生活的世界有更深入的了解。博物馆为所有人服务，希望每个人都能通过自己的经历、声音和旅程与艺术产生共鸣。

波特兰艺术博物馆十分注重将不同群体囊括进所举办的教育活动中，打造一个对所有人"无障碍"的环境。例如博物馆曾为女性发声，实施名为"Adelante Chicas"（英文为"Rise Up Girls"）的项目，该活动是"Adelante Mujeres"（英文为"Rise Up Women"）的一个子项目，针对的目标群体是来自低收入家庭的拉丁裔女性，希望通过对她们进行再教育，能够使她们发挥自身领导才能，保障她们在家庭中的地位，确保她们能够积极并充分地参与到社区事务中来，提升她们对自身的认同感[3]。众所周知，美国早在20世纪60年代，就发起了声势浩大的平权运动。1964年，美国国会通过了《公民权利法》，并在此基础上制定了一系列相关法律法规，保障少数族裔、女性等弱势群体在入学、招工、企业竞争中受到优先照顾。而波特兰艺术博物馆一直坚持维护妇女权益，希望能够让每一位女性参与到文化传播中来。

除了特意为女性群体设计的教育活动外，波特兰艺术博物馆还设计了名为"ArtNow"的项目，专门针对患有痴呆病症的群体和他们的家庭，为他们提供义务的讲解服务，陪同他们参加博物馆举办的活动。此外，博物馆还有名为"Picture This"的教育活动，每月为盲人和弱视人员提供一次陪同参观的服务。

同样重视为盲人和视力障碍者提供相应服务的还有位于美国南部德克萨斯州的圣安东尼奥艺术博

物馆。该馆成立于1981年，主要收藏哥伦布发现美洲大陆以前的、西班牙殖民时期拉丁美洲的民间艺术作品，以及18—20世纪美洲和欧洲的绘画、照片、雕塑以及装饰艺术作品。2019年，该馆与苏州博物馆正式签订了缔结为友好馆的协议书。在圣安东尼奥艺术博物馆2019年4月修订的《讲解员手册》（Docent Handbook）中就明确写道，博物馆为视力障碍者提供多重感官之旅（Multisensory Tours）[4]。视力障碍者将由经受过专门训练的讲解员陪同参观博物馆。讲解员应当精通艺术，能够熟练且形象地对艺术品进行描述，并善于使用道具、声音或气味来增强演示效果。在美国，我们会发现，社会给残疾人、妇女、儿童等弱势群体的特殊便利无处不在，甚至很多地方他们要优先于普通人。比如当某个室内空间着火的时候，最先出来的一定是摇着轮椅的残障人士；美国全部停车场都设置有残疾人停车位，如果普通车辆违停将面临严重的处罚；对于儿童来说，美国的各个儿童游乐场或者博物馆室内，都有专门的婴儿推车停车场（Stroller Parking）。

据中国残疾人联合会发布的数据显示，截至2020年，中国残疾人总数已超过8500万，占人口比重达到6.21%[5]。因此，在博物馆现代化建设过程中，为残疾人所提供的无障碍设施应当从一开始就纳入范畴。但博物馆的无障碍建设并不仅仅局限于残疾人，老年人、妇女、儿童、低收入者、失业者、少数族裔等弱势群体，都应当成为博物馆的服务对象，让他们得到同样的关心、帮助、理解和尊重，为他们平等地参加社会文化生活提供机会和条件，体现博物馆"以人为本"的理念。现如今的博物馆设计过程中，我们越来越重视其建筑外观的独特性和美观性。但博物馆从来不应当只是一座冷冰冰的建筑，更应该成为一个有温度的场所，成为一个充满温情的地方。

注释：

[1]　〔德〕乌尔里克·克雷茨施马尔：《包容与无障碍——德国历史博物馆：一座面向所有人的博物馆》，"多元与包容：未来博物馆的角色与定位"国际学术论坛，苏州博物馆2019年。

[2]　〔德〕乌尔里克·克雷茨施马尔：《解读何为德国的历史博物馆》，《德国历史博物馆——理念、争议、视角》，慕尼黑普利斯特尔出版社2012年，第311页。

[3]　波特兰艺术博物馆：《女性崛起！》，https://portlandartmuseum.org/adelante-mujeres/，2015年。

[4]　圣安东尼奥艺术博物馆：《讲解员协会规章与流程》，《讲解员手册》（修订版），2019年，第21页。

[5]　中国残疾人联合会：《2020年残疾人事业发展统计公报》，https://www.cdpf.org.cn/zwgk/zccx/tjgb/d4baf2be2102461e96259fdf13852841.html，2021年4月9日。

从基层博物馆策展人的角度谈陈列展览

秦晓杰（平湖市博物馆）

内容摘要： 陈列展览作为联系社会公众与博物馆的关键渠道，是历史文化传播的主要手段之一，是一项综合性非常强的工作。基层博物馆在我国博物馆中所占比例较大，作为基层博物馆的策展人面临着巨大挑战，除了需要提高自身的专业能力之外，还应在不断的实践过程中形成系统的陈列设计理念。

关键词： 陈列展览　策展　策展人　博物馆

陈列展览是博物馆联系社会公众的关键渠道之一，是博物馆为公众提供社会服务的基础。它通过平面静态或三维动态的形式，将藏品的相关研究成果以视觉化方式呈现给公众，是博物馆宣传、教育等功能的具象依托。基层博物馆是基层历史文化传播的基地，在我国博物馆中所占比例最大。陈列展览是一项综合性非常强的工作，作为基层博物馆的策展人面临着巨大的挑战：一是专业技术人才比例过低，二是科研型人才缺乏，三是文物单一质量不高，四是展厅设施条件陈旧。在这种现实情况下，展览想要做得精彩，想要吸引公众的目光，还是有非常之高的难度。

一个展览，从初期策划，到器物选择，再到展板内容的搜集，最后到形式设计，所涉及的内容众多。"策展"即"策划展览"，重点落在"策划"二字，是一个极具专业性和逻辑性的工作。策展人的能力直接决定了展览质量的高低。博物馆需要的是集藏品保管、展览研究、宣传教育于一身的复合型人才，一个能够在不同领域融会贯通的"全才"。基层博物馆，没有谁一开始就是"全才"，是一场场的展览策划，将"专才"锤炼成"复合型人才"。基层博物馆的策展人，许多事情都需要亲力亲为。既要有专业知识和良好的文字功底，又要有审美能力，同时还得有创新型思维和一定的协调能力。只有多

次的"策划"过程，才能产生系统性思考，包括展项的选择设计、用材等，即所谓的"陈列设计思想"，这是一个需要时间来沉淀的行为过程。有学者总结，将"策划"这种思维方式应用到陈列展览的实际工作中，是博物馆在已然改变的公众文化新需求下谋求发展的必然需要[1]。当然，策展人既要是"全才"，又得有所侧重。博物馆的核心是藏品，作为策展人，应掌握从藏品研究到陈列展示的全过程，只有以藏品研究为立足点，才能形成展览思维。所以说，博物馆的策展人首先应该是一个学术型的研究人员，然后才能成为一个展览的灵魂[2]。在策展人平常的工作中，研究是必做之事，只有在藏品上用心思，才会对藏品有更多维的认识，策展之前明确展览的目的，从而制定出准确的展览策略。

笔者初入陈列展览部门时，负责了"文明与信仰——庄桥坟遗址出土文物展"的策划工作。本文以此展览为例，梳理基层博物馆策展人在陈列设计方面遇到的实际问题，并由此引发的一些思考。

一　策展初期的"合理性、正确性"

策展初期阶段包括相关资料的搜集、展览主题的确立、展览大纲的编写，以及文物的挑选等工作内容。展览大纲是展览工作的指导性文本，它涵盖了展览的题目、内容、主题、目的、时间，以及布展工作如何协调等方面的内容。简而言之，大纲是整个展览的框架，它的编写是一个非常基础又极其重要的工作。一个展览首先要保证这个系统结构的逻辑合理、正确，才有利于之后的内容补充，才能保证它建成以后的稳定性。

以"文明与信仰——庄桥坟遗址出土文物展"为例，在大纲撰写之前，需事先搜集庄桥坟遗址所有的相关资料，包括发掘负责人提供的发掘材料，遗址的四有档案，相关的研究性文章和专著等。在

通读材料、熟悉材料的基础上，提炼出遗址和出土文物的特性，从而确立展览主题。庄桥坟遗址有三个突出特点：一是刻画符号多，还发现了原始文字；二是墓葬多，在2500平方米发掘范围内发现墓葬271座；三是农业、渔猎工具多，其中价值最高的是带木质犁底的组合式石犁。沿着这个清晰的脉络，将展览分为三大板块：一是文明伊始，阐释刻画符号的出现与原始文字的起源；二是从271座墓葬的发掘情况，解读丧葬习俗；三是探索农耕文明，不同质地与器型的生产工具为其提供重要实证。

确立展览主题后，进入挑选文物环节。文物的选择，主要有两点要把控，一是文物与文物之间的相关性，选择的展品既要符合展览的主题，同时展品之间又要有关联；二是根据展柜的数量与尺寸，确定挑选文物的数目。准备布展的展厅，整体狭长，以往的传统展线从左手方开始观展，径直走到展厅最尾端，再折回来，刚好一周。但这个展厅有一个很大的问题，即左右两侧的展柜距离较近，观众在观展时，会左右来回看形成混乱。考虑到这个特点，笔者计划将以往的线型展线，改为区域性路线。按照区块主题，划分成三个区域：第一个区块是刻画符号及原始文字，作为庄桥坟遗址最为重要的成就以重点推出作为开场；第二个区块是农耕文明，以组合式石犁为此区块的展览重点；最后是良渚先民的丧葬习俗。陈列大纲是内容设计的骨架，而内容的确立、文物的挑选，都是以血肉填充骨架的过程。

二 策展中期的"念观众之所念"

策展中期，陈列大纲会形成一套完整的陈列方案。这个陈列方案包含前言、主题结构下各单元，展品的具体信息、延展内容、辅助展品说明等。陈列方案是展览的前提，作为结构框架对后期所要展现的陈列效果有举足轻重的作用。受限于展厅的条件，我们很难用多媒体等比较先进的手段来辅助展陈，只能在展板、说明牌内容上多做文章。

《中国博物馆学基础》将"陈列的文字说明分为三类：一是大小标题，有单元标题、组标题，有时根据需要还有小组标题等；二是单元说明、组说明、小组说明或展品组合说明；三是展品说明"[3]。因此，博物馆展板设计的要素一般包括展览的主题，展品的基本内涵，如名称、时代、器物描述等信息，还有说明牌的大小等形式设计方面的内容。"陈列展览文字说明就如同陈列展览的'嘴'，让不会说话的展品通过文字说明'说出'自身的含义以及陈列展览的真谛"[4]。以往的展板，输出的是比较纯粹的专业知识。冗长的器物名称，加上晦涩的器物描述，这些内容缺少亲和力，没有从大众的角度去阐述，因此鲜少有观众细细品读。"调查显示，44.7%的被访者倾向于阅读50—100个字以内的说明牌。如果文字晦涩难懂，且是令人无法喘息的一大段，观众会瞬间失去兴趣不提，即使他们硬着头皮读下去，也会影响之后的观感"[5]。可见，展板除了要保持专业信息的准确性，还要有能引起观众对文字内容进一步了解的探索欲。那么，如何能让说明牌成为观众与展品之间有效的"联络员"，让其做出最恰当的表达，使得文物的话语与观众需求相吻合，就需要策展人员好好动一番脑筋了。

面对一个没有大量玉琮、玉璧等精品的现状，如何以此来做出一场极具吸引力的展览呢？展板的内容该如何设计，才能有趣？以良渚文化时期的耘田器为例，这是个很不起眼的器物，没有精美的纹饰，也非莹润的玉器。若以普通观众的视角来模拟参观，可能会直接忽视这一件很不起眼的器物，也可能会产生诸多细节上的疑问，比如它是什么？它的形状为什么是这样？它是做什么用的？它具有典型性吗？是谁制作了它？这些都是观众比较容易产生的疑问。顺着问题梳理策划思路，得到一个结论，即展板内容既要通俗化，还要有一定的可观赏性。让观众因为视觉效果而驻足，在疑问的引导下去观读，从看得懂到有所得。关于这件石器的用途，考古学家依然无定论，但笔者在展板上用线图的形式勾画出可能的使用方法，同时配以百字之内、较口语化的文字解说，使观众一目了然。

在设计展板内容时，策展人要注重且要擅长寻找能让观众停驻的点。展板的文字说明，字数、字号、字体均需控制得当；也可通过提问或讲故事等方式使观众共情。当然，这些手段都是为了"诱惑"观众，让静态的展板释放尽可能多的感染力。博物馆作为一个知识教育的场所，真实性是博物馆社会公信力的重要保证，因此，博物馆的展览一定要保证其内容表达的正确性。博物馆的陈列展览，文物是主角，文物具有专业、不容模糊的严肃性，因此展板上的每一个字都需细细斟酌，所有的展品信息，名称、时代、起源发展、功能用途等，都要经过严密的考证。

"庄桥坟遗址出土文物展"展板材料多数选用的是KT板，有些图表、艺术墙通过喷绘、打印等工艺制作成表面覆膜的即时贴粘贴在木骨架上。该展览通过形式多样的70多块展板，让图片与文字配合展品展示，生动形象地再现了良渚文化时期庄桥坟遗址的聚落生活、生产、丧葬的场景。总的来讲，展板和说明牌，虽然是一种为了解说文物展品而存在的一种辅助品，但"它们是建立陈列形象最为基本的物质手段"[6]。它能起到"烘托和渲染展品艺术效果的作用，使陈列产生不同的形象和艺术风格"[7]。展板与文物是相辅相成的组合关系，所以必须保证内容和风格的前后统一。

对于观众来讲，博物馆和考古似一对双胞胎，紧密相连，不可分割。提到博物馆，谈到文物，自然会联想到考古。考古于观众而言，是神秘的。这份朦胧的神秘使许多观众在观展后，总是会带着"还是有些内容不太了解却又无法表达"的迷茫感走出博物馆。考古发掘的一些流程对于普通民众而言实在太过陌生，如探方、隔梁、考古绘图、考古日记、文物修复，等等。现在很多考古相关的展览，都开始注重这一方面，将发掘现场、发掘工具搬到展厅，同时运用三维技术等多媒体手段，让大众了解考古是什么，考古人到底在做些什么。平湖博物馆受限于展厅条件，只能用最原始的手段，通过展示发掘日记、手绘线图等一手现场资料，配以讲解员的讲解，展现庄桥坟遗址发掘过程中的那物那事。

三 策展后期的"以人为本"

英国莱斯特大学博物馆学系教授西蒙·尼尔提出了"当代博物馆学"概念，他指出公民"拥有"公共博物馆，应该获得博物馆的服务，博物馆应以公民的需要为中心[8]。当然了，严格来讲，"以人为本"这种理念，不仅仅是在策展后期体现，而是要体现在展览的方方面面，无论是纵向的时间方面，还是横向的空间上的设计与布局。

颜色从视觉上对我们的精神、情绪产生一定的影响。它可以在陈列中强化和渲染环境与气氛，增强心理上的诱惑与导向作用，以便更明确地交代主题，使观众在参观过程中增添审美和娱乐色彩[9]。这就要求策展人除了有扎实的专业知识基础外，也应当具备一定的设计理念和审美情趣，可以准确、恰当地运用构图、色彩、光照等各类表现形式。平湖博物馆落成于1999年，展厅风格"老派"，墙壁均为黄褐色，没有自然光，采用的是色温投射灯光，营造出来的氛围是压抑的、黑暗的。这种色系的背景墙壁和灯光，非常限制展板色彩的选择。如果展板颜色过浅，则会模糊不清，因此只能选择深色系。"庄桥坟遗址出土文物展"，统一采用了深浅适中的蓝色作为底色，搭配展厅的"神秘"气氛，一定程度上缓解了观众的不适感，并在展厅的适当位置放置了绿植和休息设施。老派博物馆具有某种程度的沉闷属性，馆内需要有供参观者中途休息的地方，这个空间要简单舒适，营造慢节奏、休整、喘息和沉思的氛围，帮助观众吸收和消化所观看到的东西。

最近几年，博物馆非常注重文化创意产品的设计，无论是结合展览，还是少儿活动，抑或专题讲座，均会围绕主题内容设计相关的文创产品。文化创意产品正逐渐成为博物馆文化表达中的文化认同、知识建构、价值观和意志表达的有效途径，它的产生、存在与发展增强了博物馆在适应未来发展，永续经营的变革能力[10]。所以，策展后期，我们深入挖掘文物内涵，有意识地根据展览的主题，结合器物的造型、纹饰、颜色、大小等设计相关的文创产品。通过文化创意产品来吸引观众，加深观众对展览的印象。文创产品，是以商品为核心，以文化属性为其附加值，组合成具有独特属性的产品。平湖博物馆的策展人员在挑选具有代表性的器物和纹样后，与第三方公司沟通交流，将想要突出展现的内容在文创产品上体现出来，进行主题性研发。例如，庄桥坟遗址的刻画符号以镂空的形式出现在保温杯侧面；以明暗交错的形式出现在笔记本的封面、内页；以趣味的形式出现在盲盒内，展现了文物的历史文化属性，实用价值也很高。目前，平湖博物馆还未设立文创商店，文创产品也没有通过任何渠道进行售卖，而是在某些宣传活动或者参观展览结束之后，作为小礼品免费赠送给观众。观众通过文创产品，也是回顾整个展览的过程。

四　相关思考

目前，缺乏个性的陈列展览仍然是不少基层博物馆的通病。问题是多方面的，有的是选题没有新意；有的是主题提炼不足，平铺直叙，内容枯燥乏味；有的则是展览结构混乱，逻辑性不强[11]。造成这个局面的原因，主要是策展人策展能力的局限。有学者提出了一种"视野概念"，即展览策划应以专业学科视野为内容科学提供保障，以设计学视野为形式设计提供参考，以博物馆学视野为陈列设计工作提供统筹协调[12]。由此可见，策展也需要大格局。没有多学科的视野，只注重专业工作；或者只注重设计学视野，而专业深度不够，都不足以做出一个好的展览。

策展人要做的展览，除了传播信息这个功用外，还应是一个和观众有互动与感应的展览，除了要了解观众感兴趣的内容，还要做到展览形式的真实性与艺术性。加拿大皇家安大略博物馆沈辰先生在他的《众妙之门——六谈当代博物馆》一书中提到：二十一世纪的博物馆，其与公众的关系不再停留于"公众教育"的层面，而要将公众体验视为博物馆博物馆未来发展的中心环节，不再"为了收藏而收藏"，而是"为了公众而收藏、研究、展示"[13]。博物馆近几年发展快速，学科宗旨变换很快，但博物馆的传统精神始终未变，即以藏品为核心，以藏品的保护、研究、展示和教育为基础的机构。如果说文物藏品是博物馆的根基，那么陈列展览则是博物馆的灵魂，而博物馆中的策展人，则又是一个展览的灵魂。从文物研究，到文物选择，再到文物诠释，最后转换为展览语言，都离不开策展人。策展人要有使观众破除文物距离感的能力，使其具备认识文物、探索文物的能力，这甚至比纯粹文物本身带来的震撼更重要。

注释：

［1］　龚青：《陈列展览策划与博物馆建设》，《东南文化》2011年第4期。

［2］　沈辰：《众妙之门——六谈当代博物馆》，文物出版社2019年，第65—66页。

［3］　宏钧：《中国博物馆学基础》，上海古籍出版社2001年，第261页。

［4］　齐玫：《博物馆陈列展览内容策划与实施》，文物出版社2015年，第163页。

［5］　乐灰一：《浅析博物馆文物说明牌的文化魅力》，《中国报业》2016年第4期。

［6］　国家文物局、中国博物馆学会编：《博物馆陈列艺术》，文物出版社1997年，第67页。

［7］　国家文物局、中国博物馆学会编：《博物馆陈列艺术》，文物出版社1997年，第67页。

［8］　西蒙·尼尔：《全球当代性中的博物馆·导言》，伦敦劳特利奇出版社2019年，第1010页。

［9］　耿超、刘迪、陆青松、彭志才、鲁鑫：《博物馆学理论与实践》，科学出版社2018年，第163页。

［10］　缪慧玲：《博物馆文化创意产品发展实践研究——以上海博物馆文创发展为例》，《中国博物馆》2019年第2期。

［11］　陆建松、郑奕：《中国博物馆学应加强博物馆建设研究》，《中国博物馆》2008年第3期。

［12］　郝元琦：《博物馆陈列内容设计文本写作视野研究》，吉林大学硕士学位论文，2016年，第1页。

［13］　沈辰：《众妙之门——六谈当代博物馆》，文物出版社2019年，第35页。

记苏州网师园主人陈僖和王曾樾

——赵烈文《能静居日记》札记

马　骥（中国工商银行苏州分行）

内容摘要：苏州古典园林网师园自建园至今，数易主人，相关专著亦有详尽介绍，惟其中太平天国运动时期园林主人均以缺少历史资料而未展开述及。本文通过《赵烈文日记》提供的线索，查阅相关文献史料，考证了该时期园林主人为陈僖和王曾樾，并对两人从宦经历、姻亲关系、家族背景及购买园林动机进行了初步梳理和分析，弥补了苏州园林史的空白。

关键词：网师园　历代主人　赵烈文日记　陈钟英　陈僖　王曾樾　衡山陈氏家族

一

网师园，位于带城桥路阔家头巷 11 号，是苏州园林古典山水宅园代表作品，为清元和（今苏州）人光禄寺少卿宋宗元[1]于南宋史部侍郎史正志[2]"万卷堂"旧址所建（图一）。据曹汛《网师园的历史变迁》一文考证[3]，网师园建成于乾隆十六年（1751）前，李双双《苏州网师园的历史演变与格局特征研究》硕士论文亦采其说（通常说法为乾隆三十年）[4]。由于历史上园中觞咏雅集活动频繁，故而能大致钩稽网师园历代变迁情况，曹、李

图一　网师园中部水池（马骥摄）

专著皆对二百多年来网师园六次易姓八位园主作了较为详细的考证描述，即宋宗元卒后家世败落，其子保邦维持十余年不能守，后归瞿兆骙[5]，兆骙卒，传其子瞿中灏。又继二十余年，约道光十八年（1838）后移姓于天都吴氏，童寯《江南园林志》谓"后归吴嘉道"[6]。无论是天都吴氏还是吴嘉道，均无从进一步考证是谁了。咸丰十年（1860）太平军攻下苏州，士绅官贾纷纷逃离避祸，园林亦不保。同治二年（1863）清军收复苏州后，因长洲县署被毁，遂将网师园长期用作长洲县署办公，同治十二年（1873）县署重建，至光绪二年（1876）才复归私家园林，为曾任江苏按察使、四川中江人李鸿裔[7]购得，祖孙三代居之。光绪三十三年（1907）又转归长白人、吉林将军达桂[8]。民国后张作霖[9]以三十万两银子购得此园，于民国六年（1917）赠予恩师，前奉天将军、杭州人张锡銮[10]作为贺寿大礼，实际主人则为张锡銮儿子张师黄。1940年同盟会会员、山西灵石人何澄[11]则成为最后一任私家园林主人，1950年何氏后人将园林捐献于国家。

在诸多叙述考证中，唯独关于咸丰时网师园主，均以缺少历史资料而未展开述及。只引用了潘钟瑞[12]在其咸丰二年（1852）词作《外舅琢堂先生其章招游网师园，容斋良斋两内兄偕》，词尾自注"园本史氏万卷堂旧址，瞿氏始筑滋兰堂，今又易姓矣"[13]，那么这时期园主人是谁？曹、李两文未述及，相关园林志也没有提及。其实在常州人赵烈文[14]《能静居日记》中就有记载，"咸丰十年（1860）二月初二"记有[15]：

瞿园左侧有巷，旧名王思巷，语讹为网师。国初宋宦构园，因以为名。乾嘉时，瞿园村者，

同诸宋之后人更事建筑，有钱竹汀为之记，洪北冈为之诗，碑刻尚在。陈君玉堂、王君荫斋买得之，今为两家业，正宅属王，园属陈。

赵烈文是晚清著名政治人物，曾国藩机要幕僚。其《能静居日记》因真实性较强，为研究太平天国史重要文献资料。按文中说得较为清楚，这里提到了咸丰年间网师园共同主人为陈玉堂和王荫斋，虽说“买”字古文亦有“租赁”字解，如“买舟”即“租船”，但“今为两家业”，“业”字则说明了财产权的属性。

二

查阅陈、王两人资料颇费些功夫，实身边资料有限，好在《能静居日记》“咸丰八年（1858）八月十一日”赵烈文在苏州有相关记载[16]：

偕衣谷、蓂卿、虔生市中早食，拜陈玉堂（儁，衡州人，槐亭胞叔，江西候补府）、铭东屏（岳，汉军勋臣石庭柱之后，候补道）、吴铁庵、张子畏（寅，桐城人，原任南昌府）、曹恺堂（秉仁，同里人，山东候补同知）。俱谭移时。

知陈玉堂者为赵烈文六姐夫陈锺英[17]之叔，顺着这条人物线索，到也能了解大概。陈锺英，即民国著名“苏报案”中报人陈范[18]之父，其长子陈鼎[19]，则是“戊戌变法六君子”刑场问斩陪绑者，著有《怀庭府君年状》一书（图二），说明其家祖上自茶陵迁衡山，遂为“湖南衡山人也”（南朝陈宣帝十七子叔达公裔孙），自十八世祖陈世宪（字之翰）起即流寓川蜀，之翰公子陈叙硕（号南湖）则在四川云阳、合江等地做县令，并就此卜居合江。南湖公有五子，长子丽堂公（?—1844）、次子杰人公，即陈锺英父陈伟[20]、三子玉堂公陈儁、四子锦堂公（?—1836）等。《怀庭府君年状》“咸丰九年（1859）”记有[21]：

二月王父（指陈伟）见皖南烽火日逼，遂

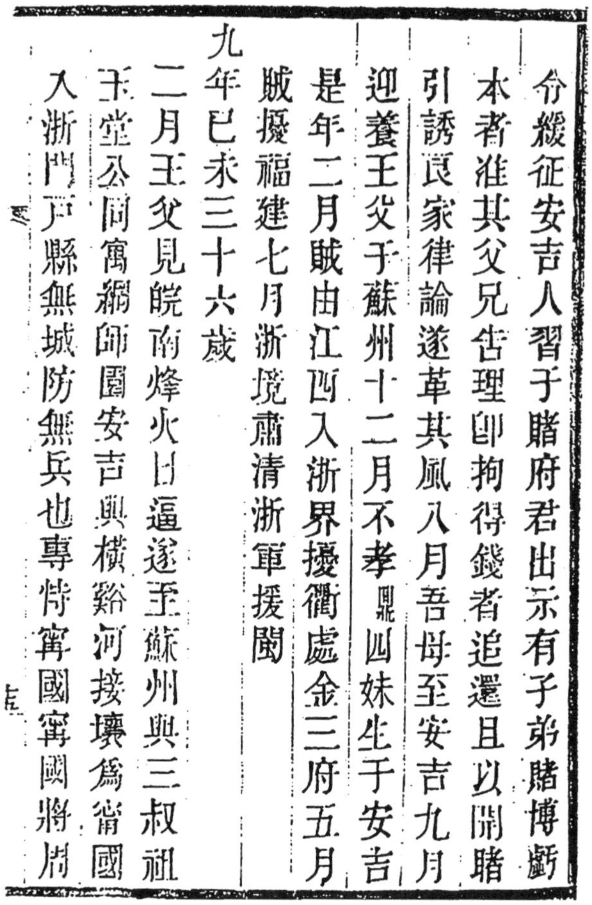
令緩征安吉人習于賭府君出示有子弟賭博斷
本者准其父兄告理卽拘得錢者追還且以開賭
引誘良家律論遂革其風八月吾母至安吉九月
迎養王父于蘇州十二月不孝鼎四妹生于安吉
是年二月賊由江西入浙界擾衢處金三府五月
賊擾福建七月浙境肅清浙軍援閩
九年己未三十六歲
二月王父見皖南烽火日逼遂至蘇州與三叔祖
玉堂公同寓網師園安吉與横谿河接壤爲甯國
入浙門戶縣無城防無兵也專恃甯國甯國將府

图二　陈鼎《怀庭府君年状》书影（采自《北京图书馆藏珍本年谱丛刊》第166册，北京图书馆出版社，1999年）

至苏州与三叔祖玉堂公同寓网师园。

陈儁，字玉堂，湖南衡山人。监生。查阅相关地方志，知其长期任职江西，官会昌、安远（道光十四年至十六年）、进贤、永丰（道光十六年至十八年、廿六年至廿八年）、庐陵（道光廿八年至咸丰二年）等县知县，候补知府。其中道光十八年（1838）后系丁父忧，自江西归四川。“所至有声，勤于政事，民称廉能。”这大概就是官方的描写了。陈儁虽做二十多年县官，但还属幸运，毕竟其庐陵任上继任者，山西和顺人、进士杨晓昀却在咸丰六年（1856）正月因太平军攻陷庐陵时选择了全家自焚，保住了名节，却丢了性命。从这点看，陈儁是躲过了一劫。由于暂无完整的《湖南衡山平田陈氏家谱》可查,陈僎的生平轨迹和生卒年份尚待深入细考,不过可以确认以后他的官宦声望,反而不及其子孙来得有名。其孙陈毓光[22]、陈嘉言均为光绪朝进士。陈嘉言(1851—1934),字梅生,曾任京畿道、江南道监察御史、漳州知府等职。入民国后受聘民国国史馆编纂,被推举为国会议员。而曾孙陈云彰[23],更是民国四大画家之一。侄陈锺英之子陈鼎、陈范、陈韬[24]、孙女陈撷芬[25]、陈衡哲[26]皆饮誉清末民初文坛。书于此,我们知道原来此时网师园主人背景为湖南望族衡山陈氏。

赵烈文《能静居日记》咸丰十年(1860)二月还有陈家在网师园操办婚事(陈锺英侄结婚),请其帮忙接待宾客,常州姻亲李岳生[27]、周腾虎[28]等皆来贺喜之事描写。

关于王荫斋其人,赵烈文《能静居日记》在"同治元年(1862)四月乙巳朔日"也有在江西南昌遇见王荫斋的记载[29]:

> 晡后,候王荫斋观察(曾樾,向在江苏粮台,与吾熟识,与槐亭有亲)、陆君康侯(里人,有亲,客史士良家)。

同时拜会的在南昌原江苏粮台官员还有杨树东、熊望山等。在"同治七年(1868)闰四月十四日"有在上海遇见王荫斋的记载[30]:

> 复候杨卓庵于其舟,同至东门登陆,候应敏斋、王荫斋(曾樾、直隶人,与槐亭有亲)、李稚泉,皆少谭。

《能静居日记》又有"王荫斋观察,直隶河间人"记录[31],这几条信息重要性不仅知道王曾樾号荫斋,官至道台衔,更了解了买下网师园的陈、王两位主人原来是姻亲关系。查阅光绪七年(1881)重刊《长宁县志》卷之二"知县"条下有"王曾樾,号荫斋,顺天大成人,举人。道光廿七年(1847)六月到任[32]。"后任陈殿华于道光廿八年(1848)三

月接任,故任期不长。长宁县,即今江西赣州寻乌县,可见陈僎与王曾樾同在江西一地为官。永嘉人黄汉(字鹤楼)在其著《猫苑》中有如下记载:"王荫斋名曾樾,直隶名孝廉,道光丁未(1847)权江西长宁县篆时,汉在其幕中"。"明年荫斋奉讳北旋,予亦南遣[33]。"故知王曾樾因丁忧离任也。江西《赣州府志》四十三卷《县名宦》上说王氏宰长宁县时,适逢"逆匪潘蛇四等勾引万安罗薰丙斋匪来长,与本邑谢词封等相谋不轨","数百人约于本年五月二十九日举事",事泄被剿捕,王曾樾到任即"抚绥黎众,遍查保甲,遂获词封归案讯办。地方以安事后兴文教、勤折狱,邑遂大治[34]",因而王曾樾到也是上了名宦传的。《猫苑》文中还有记载王曾樾将"猫"封作"书城防御使",兼"尚衣监太仓中郎将",且"世袭万户侯罔替"的风趣雅事[35],想来现在好多作家、藏书家均喜宠养家猫,或亦有如此情怀吧。至于王荫斋先生以后官宦历程,只网上检得《清实录咸丰朝实录》卷之二百,有"咸丰六年(1856)六月癸巳,以金陵随营粮台被毁。前任盐运使彭玉雯、知府王曾樾下部议处"之记载。陈锺英《知非斋诗续钞》卷六则有"王荫斋观察曾樾姻丈七十寿诗八首",既是佐证了陈王两家姻亲关系,亦是对王曾樾一生的概括(图三),其第四首自注有[36]:

> 向忠武为帅趋金陵,仓卒设粮台。公与先叔父玉堂公、铭东屏观察奉檄随彭云墀都转、熊璧成观察实经始其事。

根据这段描写和《清实录》记载,知陈僎、王曾樾两人均在咸丰初随钦差大臣向荣(1792—1856)征战太平军,任职金陵粮台,负责后勤供应。又因江南大营被破,粮台亦毁而受到了问责。不过同治四年(1865)七月李鸿章在《向荣等所收厘金收支数目片》有这样的奏报[37]:

> 再,据总办前江南大营粮台报销候补道王曾樾详称:……遵查前大臣向荣先于咸丰四年十月

图三　陈锺英《知非斋诗续钞》书影（采自《清代诗文集汇编》第695册，上海古籍出版社，2010年）

间附奏余万清在于镇江三江营设卡抽厘,为募勇经费赏恤等用,藉以捍卫苏常。……所有此项厘金收管支发,悉由营中经理,并不知会粮台。……

李鸿章这段描述或为王曾樾脱了干系,减轻了责任。又因军功,王曾樾已由知府衔擢为候补道,看来官途还是较为稳定。陈锺英"七十祝寿诗"写于同治九年（1870）,则王曾樾当生于1801年,不过也到了人生暮年,而"先叔父"陈僎则早已不在人世了。

"风雨久荒吴苑梦,莺花重作渚宫游。"陈锺英为王曾樾七十祝寿时,彼时网师园正为长洲县衙,以后的王曾樾在赵烈文《能静居日记》中出现时主要在浙江与上海,显然年迈的王曾樾回不到他向往的"南山别业"了。俞樾[38]《春在堂楹联录存》有"王荫斋观察挽联",并自注[39]:

观察名曾樾,故字荫斋。与余名字皆相合。前年在沪渎曾与同坐威林密轮船至金陵。观察之殁也,拟书此联挽之。数字推敲未定,竟不果书。补录于此。

旧梦怕重提,海上同舟,两夜联床还似昨;
微名惭偶合,吴中怀刺,一时惊坐更无人。

曾国藩1859年购入威林密轮船,而俞樾日记记载乘坐此船由上海去金陵见曾国藩则在同治六年（1867）。因而据俞樾挽联推断,王曾樾亦不久于人世。

爬梳王荫斋这个人物还有小插曲,笔者单位一位前辈王克昌先生,已96岁高寿,其曾祖父亦姓王,字荫斋,别号雪蕉簃,苏州人。晚清时捐资在温州做官,后退隐归里,因年轻时曾拜任薰为师,工人物花卉,遂以琴棋书画自娱（图四）。笔者观其像,颇具仙风道骨,初以为即是王曾樾,及从《上海图书馆藏赴闻集成》[40]第七册,查阅到有"王荫斋先生像赞附哀启"条,经图书馆朋友照片传送,始知即克昌先生之曾祖父,苏州名乡绅是也（1933年晋源桥落成剪彩十老之首）,非网师园主人王曾樾。

图四　苏州乡绅王荫斋（1843—1936）像（王克昌先生提供）

三

陈僎、王曾樾在动荡年代购网师园的动机是什么,花费多少?我们目前难以判断和了解,只能根据现有资料进行推断。据《怀庭府君年状》透露,陈僎原配夫人为王淑人，道光廿六年（1846）九月卒于江西永丰县署。此王氏或即姻亲的缘由吧，只须日后检得家谱便可查明。按陈锺英诗披露，陈、王随向荣征战江苏后，两家经常在省垣即苏州居住，办理公务。赵烈文另一部《落花春雨巢日记》最早记述就是咸丰四年（1854），在农历"四月十一日丁酉日"有这样描述[41]：

> 拜陈玉堂太守，未见，至槐亭祖太夫人公馆，又至陈玉堂处，留饭。后到玄妙观、阊门，代六姊买物。移舟阊门，未登岸。

《江苏省通志稿 大事志》有咸丰三年（1853）十二月"丙戌"，"设江南大营粮台总局于苏州"记载[42]，这说明赵烈文在苏州拜谒陈玉堂是在其粮台总局公署，又拜访其母于寓所，可见孤母是随其子生活的，而这个寓所极有可能就是网师园，与潘钟瑞的描写大致时间相吻合。前述《能静居日记》咸丰八年（1858）八月赵烈文亦在苏州拜访了陈玉堂、铭东屏等粮台官员[43]。彼时陈僎二兄陈伟因忤大吏，在道光廿九年（1849）就在金山知县任上被革职居苏州了，虽然后因军功复职并授道台衔，但未赴任[44]。由于父亲南湖公及其他兄弟均在道光间离

世，侍奉老母责任亦即落在兄弟两人身上。《怀庭府君年状》称咸丰元年，"府君侍王父居苏州，日用浩繁，度支不给"[45]。可见仅做了两年县令的陈伟经济是拮据的。《怀庭府君年状》又云[46]：

> 咸丰二年，王父因蜀道阻远，去衡山又已数世，两地皆不能归。苏州省会，非家居所宜，意欲侨徙常州，命伯父君山公至常卜宅，无所当意，遂罢。

这段文字恰好说明陈家虽是湖南衡山人，因祖辈远赴四川，心目中家乡已是川蜀了，无奈战火纷纭，举家颠沛流离。这或许也是三弟陈僎的想法，需要一个稳定的居所安顿家庭，侍养老母安度晚年。从同样是道台官衔的顾文彬有条件建怡园推想，王曾樾与姻亲陈僎在动荡年代共同买下网师园也是符合条件的，只是这笔"投资交易"显然是缺少战略眼光的，没有想到太平军的战火很快就遍及江南，到了咸丰十年（1860）三月苏州城破前只能仓促避走上海，再后来陈氏举家"退隐衡山以终事，不复与闻天下事"了（见《怀庭府君年状》）[47]。至于同治时网师园作为长洲县署是从陈王两家租得，还是因园废无人管理直接占用，还需进一步查找相关史料。

注释：

[1] 宋宗元（1710—1779）字光少，号悫庭。宋匡业次子、彭启丰妻弟。乾隆三年（1738）举人。历任知县、知府，擢天津道、署长芦盐运使，迁光禄寺少卿。有廉能声。罢归，筑网师园，创建义庄等。

[2] 史正志（1120—1179）字志道，号吴庵、吴门老圃等。丹阳人，徙居吴县（今苏州）。绍兴二十一年（1151）进士，历官吏部、刑部、兵部和户部侍郎。于苏州葑门内筑万卷楼，藏书万卷。博学知兵略。

[3] 曹汛：《网师园的历史变迁》，《建筑师》2004年第6期。

[4] 李双双：《苏州网师园的历史演变与格局特征研究》，西安建筑科技大学硕士论文，2017年。

[5] 瞿兆骙（1741—1809）字乘六，号远村。瞿中溶伯父。原籍嘉定（今上海），徙居长洲（今苏州）。监生，累捐候选道。后废学经商，晚年购得颓圮之网师园，重构堂轩，亦称瞿园。

[6] 童寯：《江南园林志》，中国工业出版社1963年，第31页。

[7] 李鸿裔（1831—1885）字眉生，号香严。四川中江人。咸丰元年（1851）举人，累官至江苏按察使加布政使衔。罢官后寓居苏州。精书法，工诗文，著有《苏邻诗集》等。

［8］ 达桂（1860—？）字馨山，汉军正黄旗人。生于黑龙江齐齐哈尔。晚清清军将领，曾参加中日甲午战争。历任知府、盛京副都统、阿勒楚喀副都统、吉林将军、署理黑龙江将军。

［9］ 张作霖（1875—1928），出生辽宁海城。行伍出身，奉系首领。入民国先后出任盛武将军督理奉天军务兼巡按使、奉天督军兼省长、东三省巡阅使、北洋军政府陆海军大元帅。

［10］ 张锡銮（1842—1922）字金波，浙江钱塘（今杭州）人，生于成都。历任通化知县、奉天营务处总办、山西巡抚等职。入民国后任东三省宣抚使、奉天都督，北洋政府陆军上将。

［11］ 何澄（1880—1946），号亚农，山西灵石人。毕业于日本陆军士官学校，同盟会会员，任沪军都督府参谋长等职。退出军界后寓居苏州，办实业、兴教育。曾出任沧石铁路筹备局局长、国民党中央监察委员。子何泽涌，女何怡贞、何泽慧、何泽瑛皆为著名科学家。

［12］ 潘钟瑞（1823—1890）字麟生，号瘦羊，晚号香禅居士。长洲（今苏州）人，诸生，候选太常寺博士。工书，长于金石考证，擅诗词。有《香禅精舍集》。

［13］ 〔清〕潘钟瑞：《香禅精舍集》之《香禅词》卷一，第十二至十三页，光绪间长洲香禅精舍刻本。

［14］ 赵烈文（1832—1895）字惠甫，号能静居士，阳湖（今常州）人，先后四次出任曾国藩机要幕僚，军事上多所谋划。晚清重要政治人物。对佛学、易学、医学、军事、经济之学都有涉猎。曾任易州知州，后隐居常熟。

［15］ 〔清〕赵烈文：《能静居日记》第一册，岳麓书社2013年，第107页。

［16］ 〔清〕赵烈文：《能静居日记》第一册，岳麓书社2013年，第33—34页。

［17］ 陈锺英（1824—1880）字槐庭、怀庭，湖南衡山人，寓居常州。道光二十九年（1849）举人。早年随左宗棠镇压太平军，曾任浙江富阳、安吉、乌程、嘉善、兰溪、黄岩、鄞县知县。工诗古文及骈体，兼精内典，所与游皆当世名人。著有《知非斋诗钞》《平浙纪略》等。

［18］ 陈范（1860—1913）字叔柔，号梦坡、蜕庵。阳湖（今常州）人，原籍湖南衡山。陈钟英次子。光绪十五年（1889）举人，曾任江西铅山知县。1900年接办《苏报》，因鼓吹资产阶级民主革命而遭查封、通缉被捕。辛亥革命后任《太平洋报》《民主报》编辑。南社社员。

［19］ 陈鼎（1854—1904）原名瞻鼎，字刚侯，号伯商。阳湖（今常州）人，原籍湖南衡山。光绪六年（1880）进士，翰林院编修，曾任浙江乡试主考官、馆阁纂修、军机处行走等职。蔡元培、张元济、汪康年等皆为其学生。

［20］ 陈伟（？—1865）字杰人，南北朝陈宣帝裔孙。湖南衡山人。官金山县知县，后罢免，又以军功复官加道衔，不就，归衡山不复出。精于周牌奇门之术。

［21］ 〔清〕陈鼎：《怀庭府君年状》，第十五页。光绪六年木活字本。

［22］ 陈毓光（1844—1913）湖南衡山人。光绪癸未（1883）进士，尝官兵部主政。

［23］ 陈云彰（1909—1954）字少梅，号升湖，湖南衡山人，画家金城弟子。曾任天津市美术家协会主席、天津美术学校校长等职。画山水宗马、夏，又能画工细仕女，秀逸有致。

［24］ 陈韬（1869—1937）字季略，号玉螭公，阳湖（今常州）人，原籍湖南衡山。陈钟英三子。光绪朝举人，历任四川乐山、郫县、奉节知县和崇庆知府，工诗，善书画，精鉴赏。

［25］ 陈撷芬（1883—1923）笔名楚南女子，阳湖（今常州）人，原籍湖南衡山。陈范长女。曾留学日本。1899年冬在上海创办《女报》，并担任主笔。又任上海爱国女校校长，是一位活跃于报界的杰出女性。

［26］ 陈衡哲（1890—1976），笔名莎菲，祖籍湖南衡山。陈韬之女。曾留学美国学习西洋史、西洋文学。回国被聘为北京大学教授，并先后任职于商务印书馆、东南大学、四川大学；著有《衡哲散文集》《文艺复兴史》《西洋史》等。是新文化运动中最早的女学者、作家、诗人和我国第一位女教授。

［27］ 李岳生（1818—1860）字子乔，武进人，兆洛从孙。诸生。能诗兼工词，有张惠言遗风。咸丰十年（1860）常州城陷殉难。著有

《小元池仙馆诗词》、《味薏居诗词》等。

［28］周腾虎（1816—1862）原名瑛，字弢甫，仪暐子，阳湖人。通晓古今史事，"策议深沉，才识过人"，曾入曾国藩幕府。通医理，工诗文，撰有《餐苎华馆诗集》《餐苎华馆遗文》《餐苎华馆随笔》等。

［29］〔清〕赵烈文：《能静居日记》第一册，岳麓书社2013年，第489页。

［30］〔清〕赵烈文：《能静居日记》第二册，岳麓书社2013年，第1173页。

［31］〔清〕赵烈文：《能静居日记》第一册，岳麓书社2013年，第107页。

［32］〔清〕沈镕经修、刘德姚纂：《长宁县志》卷之二"知县"第六页，光绪七年重订本，尚义祠公局存板。

［33］〔清〕黄汉：《猫苑》卷下第廿四页，咸丰二年甕云草堂刻本。

［34］〔清〕魏瀛等修、钟音鸿等纂：《赣州府志》卷四十三"县名宦"第五十二至五十三页。同治十二年刊本。

［35］〔清〕黄汉：《猫苑》卷下第廿四页，咸丰二年甕云草堂刻本。

［36］〔清〕陈钟英：《知非斋诗续钞》卷六第五至第六页，同治十一年杭州衡山陈氏刻本。

［37］〔清〕吴汝纶编录：《李文忠公全书奏稿》卷之九，第二十五页，光绪乙巳四月金陵付梓戊申五月印行。

［38］俞樾（1821—1907）字荫甫，号曲园居士。浙江德清人。道光三十年（1850）进士。官河南学政，中年罢官，寓居苏州，筑曲园。主讲紫阳书院，专治经学。

［39］〔清〕俞樾：《春在堂楹联录存》"联一"第9页，《春在堂丛书》本，光绪九年重刊。

［40］上海图书馆：《上海图书馆藏赴闻集成》，凤凰出版社2018年。

［41］〔清〕赵烈文：《落花春雨巢日记》稿本第五册，第31页，南京图书馆藏。《赵烈文日记》第一册，第223页，中华书局2020年11出版。

［42］江苏省地方志编纂委员会办公室：《江苏省通志稿》第一册《大事志》，江苏古籍出版社1991年，第757页。

［43］〔清〕赵烈文：《能静居日记》第一册，岳麓书社2013年，第33页。

［44］〔清〕陈鼎：《怀庭府君年状》，光绪六年木活字本，第11页。

［45］〔清〕陈鼎：《怀庭府君年状》，光绪六年木活字本，第10页。

［46］〔清〕陈鼎：《怀庭府君年状》，光绪六年木活字本，第11页。

［47］〔清〕陈鼎：《怀庭府君年状》，光绪六年木活字本，第18页。

漫谈顾麟士《读书随笔》中文徵明对求画者的"三不肯应"

朱晋詠　周　骁（苏州博物馆）

内容摘要：《读书随笔》是过云楼第三代主人顾麟士阅读古籍时所作笔记的辑录，其中记载有一段关于文徵明对求画者"三不肯应"的记述。文徵明作为明代吴门画派名重一时的代表，和他交游的人多如牛毛，进而求画者亦络绎不绝，但是文徵明对"亲藩、中贵人、外国人"这三类求画者拒之门外。本文结合对求画者"三不肯应"的内核，着重讲述文人因结交权贵导致自取其祸的遭遇，而文徵明因远离政治红线而颐养天年的经历。顾麟士仰望文徵明这位先贤的书画技艺和诗文才能，更秉持其睿智和崇高的处世风范，堪称苏州文脉优秀的传承者。

关键词：顾麟士　文徵明　三不肯应

顾麟士（1865—1930）字鹤逸，号西津、谔一、西津渔夫、西津散人、一峰亭长，室名鹤庐。顾麟士家中排行第六，故而常常自称"顾六"。顾麟士是过云楼的第三代主人，在清末书画界，有"当代虎头"之美誉，张大千赞誉其为"当代鉴赏第一人"。顾麟士好藏珍本古籍，且善鉴真伪、品评优劣，每得佳藏，便喜抄录其中段落，遂成《读书随笔》原稿[1]。

《读书随笔》记有曹不兴、顾恺之、吴道子、李公麟、苏轼、沈周、文徵明、恽寿平等多位画家的逸闻趣事和画艺理论。其中有一段关于文徵明对求画者态度的记述："待诏书画，平生三不肯应，谓亲藩、中贵人、外国人也，然自其子弟门旧宗戚购得者亦不少。"[2]（图一）

文徵明（1470—1559）是吴门画派的代表人物，与风流才子唐伯虎（1470—1523）齐名，历史上以"文唐"并称。在画史上文徵明与沈周、唐伯虎、仇

图一 顾麟士手稿（苏州市档案馆提供）

英合称"明四家"，亦称"吴门四家"，在诗文上与祝允明、唐伯虎、徐祯卿合称"吴中四才子"。文徵明的科举之路极其坎坷，前前后后参加过九次乡试，每次都无功而返，唯一被朝廷征召而授予的官职就是翰林院"待诏"。"待诏"就是等待诏命，朝廷征召身负才技的士人，使随时听候皇帝的诏令。明代的翰林院中设置的"待诏"，执掌校对奏章文疏，地位低微，秩从九品，这段记述以官职称文徵明，表

示尊敬。文徵明平生对求画者有"三不肯应"，亲藩、中贵人和外国人，即帝王分封的宗室藩王、帝王宠幸的近臣和外国人，对这三类求画者都拒之门外。

藩王自古以来都是权力斗争的焦点，靠近或依附藩王的文人，大多会身不由己地卷入而带来牢狱之灾，乃至杀身之祸。比如唐玄宗李隆基第十六子李璘，由其异母兄李亨亲自抚养，从小获封永王，长大后权势熏天。伟大的浪漫主义诗人李白，受永王恳切相邀，依附于永王。李白写下"侍笔黄金台，传觞青玉案"，表达自己以文笔从事于永王璘，受到永王如燕昭王黄金台延天下士之礼遇，出席永王酬酢交错之盛宴。知遇之恩与报国之情，见于言外[3]。无奈世事无常，永王造反兵败被杀，李白也被流放夜郎。李白当行经白帝城，李白得到皇帝大赦天下的消息，诗人惊喜交加，随即准备乘舟顺江而下到江陵，写就了广为人知的名作《早发白帝城》。纵然是才情满天下的李白，铤而走险依附于亲藩，也登高易跌，勉强落得个死里逃生的下场。

文徵明所处的明朝，亲藩依旧拥有极大的权力，明朝初年还爆发了因为消除藩王权力而导致江山易主的"靖难之役"。朱宸濠（1476—1521），明朝宗室，江西南昌人，明太祖朱元璋五世孙，明朝第四代宁王。宁王朱宸濠收罗天下英才名士，向苏州的文徵明和唐伯虎都发出了邀请，企图两位大才能为自己所用。文徵明坚定远离藩王的原则，托病不去；唐伯虎认为这是一个难得的翻身机会，决然应允宁王之聘。事实证明，文徵明的决策是正确的，唐伯虎遭遇了一场历险记。唐伯虎在宁王府的三个多月中，亲眼所见朱宸濠谋反的种种迹象。为了从宁王府离开，唐伯虎不得不装疯卖傻，完全丧失了风流才子的风度，成了人人眼中的疯子，才得以回到苏州。数年后，宁王果然谋反，唐伯虎虽然逃过一劫、免于一死，但已经成了人们眼中的疯癫之人。由此可见，因为文徵明不结交亲藩，坚持了底线和原则，所以保全了自己的清誉和性命。

帝王宠幸的近臣，权势滔天，趋炎附势者趋之若鹜。有明一代，胡惟庸、杨士奇、杨廷和、严嵩、张居正等"中贵人"比比皆是，但是鲜有人能得以善终。文徵明却对这类人敬而远之，不但不会攀龙附凤，而且对求画也不肯应，生怕与之结交而被牵连。

明朝中期的胡宗宪（1512—1565）是争议颇大的"名臣"，在东南沿海地方倭患最为严重的时候被委以重任，由于朝廷格局使然，胡宗宪不得不依附严嵩。胡宗宪礼贤下士，收罗英才名士为己所用。与唐伯虎才情相比不分伯仲的徐渭（1521—1593），八岁时更是被自己的老师称赞为"徐门之光""谢家宝树"；九岁能作举子文，"君子缙绅至有宝树灵珠之称，刘晏、杨修之比"[4]。无奈徐渭科举不顺，生活落魄，遂依附于胡宗宪，这情形与唐伯虎依附于宁王何等相似。随着胡宗宪抗倭功勋卓著，深得嘉靖帝信任，成了名副其实的"中贵人"。徐渭也跟着顺风顺水，人生中迎来了最为快意的一段时光。可惜胡宗宪倒台入狱，继而自杀身亡，徐渭每天生活在受胡宗宪案牵连的恐惧里，精神几乎崩溃。徐渭想到了自杀，甚至写好了《自为墓志铭》。徐渭晚年只得靠卖字画度日，贫病交加，最终在穷困潦倒中去世，这与唐伯虎又是如此相似。

反观文徵明，其父文林的好友张璁在"大议礼"中出色表现，成功维护了嘉靖帝的君权，一跃成为嘉靖帝的宠臣。张璁贫困的时候，曾得到文林的接济，遂出于感恩想要提携文徵明，把文徵明培养成自己的人。文徵明看透官场的黑暗和危险，站队只会招来祸患，决绝地拒绝了张璁，不作出任何谄媚言论和依附承诺。如果说张璁只是一个与文徵明关联不大的官员，文徵明的这种表现自然不显得奇怪，但是张璁其实是文林官居温州时的门生，与文家有着良好的关系。文徵明的这种表现，充分表明了他在言语方面的谨慎态度[5]。正因为文徵明的独善其身，远离权贵，所以在京为官三年半之后，安全致仕回到了苏州。

由此可见，结交或依附于亲藩和中贵人，其地位和财富有如过眼云烟，在政治斗争中显得格外脆弱。唐伯虎和徐渭都在断绝科举入仕的情况下，因为生活窘迫、郁郁不得志而依附于权贵，终究朝不保夕，最终导致自取其祸，在困惑和徘徊中贫病终老，让后人对两位身负大才的失意者唏嘘不已。

那文徵明为什么不肯应外国人求画呢？原来明代中前期一直实施海禁政策，民间私人不与外国交往和通商。早期海禁的主要对象是商业，禁止中国人赴海外经商，也限制外国商人到中国进行贸易。虽然永乐年间有郑和下西洋的伟大壮举，但是中外交流只限于朝贡，民间私人仍然不准出海，一直持续到"隆庆开关"。

隆庆元年（1567），隆庆帝宣布解除海禁，调整海外贸易政策，允许民间私人与外国人交往，从此利玛窦等非来华朝贡的外国人才能来到中国。而文徵明已经在1559年去世，所以不肯应外国人求画完全是文徵明坚守朝廷法规底线的表现。文徵明是诗书世家，自然熟知"七十而从心所欲不逾矩"，七十岁可以随心所欲，也不能越出规矩，规则意识是文徵明用整整八十九年人生去奉行的底线。当然，对求画者的"三不肯应"，就是文徵明规则意识的总结和体现。

作为苏州文脉的传承者顾麟士，不仅记录下了文徵明对求画者的"三不肯应"，还知行合一地秉承了文徵明的立场，对亲藩、中贵人和外国人三类人敬而远之。顾麟士家业富足，不满科举的黑暗，因此一生不科举入仕，在家以金石书画自娱。顾麟士在其私家花园"怡园"创办画社，影响力极大，吴昌硕、金兰心、顾若波等名流大家都是谈笑往来的常客，甚至还引来了名扬四海的康有为。

康有为（1858—1927）是晚清时期重要的政治家、思想家、教育家，资产阶级改良主义的代表人物，有"康圣人"之称。康有为在戊戌变法失败后逃亡日本，直到1913年回国。1914年6月，康有为自广东南海移居上海，在上海度过了人生中的最后

13年。1921年秋，63岁的康有为从上海到苏州拜访56岁的顾麟士，被称病婉拒。万般无奈之下，康有为临回上海之前，挥毫成诗写下《怀顾君鹤逸》："海内于今有虎头，画师樗散挹浮邱。闭门高谢人间世，聊写丹青作卧游。"落款"有为"，并盖下印章"康有为印"（图二），以显示其庄重和至诚。对于顾麟士的闭门羹，康有为非但没有恼怒，反而写下赞美诗，并为顾麟士的"闭门"作辩护。

顾麟士交游甚广，门人众多，绝非"闭门高谢人间世"，顾麟士为何对康有为这般态度呢？康有为是光绪帝的宠臣，主导戊戌变法，在戊戌六君子就义之时流亡日本；宣扬君主立宪，反对民主共和；清亡之后又纠集遗老遗少参与复辟。所以康有为是完完全全身处政治漩涡的人，顾麟士自然秉承先贤文徵明的原则，不与康有为产生任何交往和瓜葛。

明清两朝的苏州文化艺术，在"吴门四家""吴中四才子""吴中三书家"等井喷出现的明朝中期，到达了顶峰，文徵明恰好在每个集合之中都占据了一席之地。到了顾麟士所处的清朝末期，文化艺术虽然顶峰不再，但是文徵明的精神已经扎根在苏州文脉之中，一直被深刻而积极地传承。

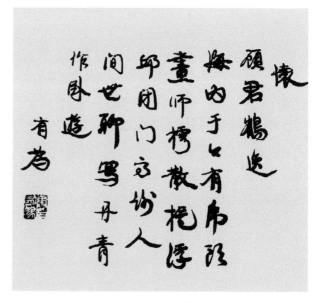

图二　康有为诗文

注释:

［1］ 顾麟士:《读书随笔》,文汇出版社2018年,第44页。

［2］ 顾麟士:《读书随笔》,文汇出版社2018年,第12页。

［3］ 邓小军:《李白从璘之前前后后》,《北京大学学报》(哲学社会科学版）2015年第5期。

［4］ 徐渭著:《徐渭集》第4册,中华书局1983年,第1107页。

［5］ 于有东:《论文徵明的谨慎言行和儒者心态》,《美术学报》2015年第4期。

浅谈苏州画家袁尚统的绘画艺术

张　敏（苏州市文物保护管理所）

内容摘要：袁尚统是明末清初苏州的一位画家，笔墨超逸奔放，颇得宋人笔意，但当时不为人所重，受到的关注比较少。然而袁尚统在创作中，注重对现实生活的观察，重情节描写，世俗气息浓厚，独具自家风格。另外袁尚统在继承吴门画派艺术特色方面的努力，也是不能忽视的。

关键词：袁尚统　世俗化　文人意趣　吴门画派

一　袁尚统其人

袁尚统，字叔明，吴郡（今江苏苏州）人，明末清初民间画家，但不为时人所重，故文献记载甚少。目前关于袁尚统的记载，有王文治《快雨堂题跋》、韩昂《图绘宝鉴续纂》等，另外可从袁尚统传世作品的题跋中找到一些端倪。

清王文治著《快雨堂题跋》卷七之《袁叔明晓关舟挤图卷》："袁氏在前代吴中为最盛，簪缨高隐，德行文学，无不备焉。至天启崇祯年间，叔明以善画著。殆所谓一鳞片羽也。"[1]

韩昂《图绘宝鉴续纂》卷一："袁尚统，字叔明，吴人，画人物俱野放。"[2]

沈阳博物馆藏袁尚统《雪景图卷》，有清代彭翊题款："叔明于有明，亦小名家也。"

综上所述，关于袁尚统的家世，只有王文治提及。据苏州地方志记载：苏州地区袁氏家族主要有两支，分别是"渡桥袁氏"和"吴门袁氏"，这两支袁氏同出汝南，从宋南迁。除这两支外，尚有木渎袁氏和一些谱系不详的袁姓人士。渡桥袁氏和吴门袁氏同出一脉，且又是苏州比较有影响的袁氏家族，故王文治认为袁尚统可能出自这两支的其中一支。但是翻阅《吴门袁氏家族族谱》与《吴县志》，并未找到关于袁尚统出自渡桥袁氏和吴门袁氏的记载。而且由于史料中对袁尚统的记载较少，也无其他资料可以证明他是否属于木渎袁氏或者其他谱系不详的袁氏家族。

关于袁尚统的生卒，目前有两种说法：郭味蕖先生《宋元明清书画家年表》中，根据《故宫书画集》中影印的袁尚统《岁朝图》（现经考证为伪作）上题款"辛丑元旦画于竹深处，九十二翁袁尚统"，断定袁尚统生于1570年，卒于1661年后[3]。然而杨新先生在《袁尚统生年辨析》中，考证此幅《岁朝图》乃是伪作，又根据袁尚统另一幅作品《枯木寒鸦图》题款"辛丑年九月画并题，时年七十有二，袁尚统"。认定袁尚统生于1590年[4]。

此外，根据杭州博物馆藏袁尚统《野店霜桥图》，袁氏自题："壬寅冬日画并题于天桂轩，时年七十有三，袁尚统"。壬寅即康熙元年（1662），袁尚统73岁，据此可推断袁氏生于1590年。

由此可以得知袁尚统一些基本情况：生于1590年，约卒于1665年或稍晚，因为在其纪年的画作中，以1665年的《枯林孤棹图》为最晚。袁尚统以善画著，为吴门画派后期一位小有名气的画家，工山水，兼善人物、花鸟，山水浑厚，人物野放。他应该没有参加过科举考试，而袁尚统其他生平事迹及其家人情况，典籍中并无记载，我们也无从得知。

二　袁尚统代表作

明清时期，商业、手工业发达，市民文化兴起，世俗倾向更为明显，影响到文学、小说、诗歌、绘画等方面，吴门画家亦对现实生活给予了更多关注，描绘的题材总是比较贴近现实生活。生于斯长于斯的袁尚统，在创作上受到此影响，注重对现实生活的观察，创作了《岁朝图》、《迎春图》、《晓关舟挤图》等表现社会风俗和市井生活类作品，但是也有《桃源洞天图》、《寒江独钓图》等体现文人意趣类的画作，以及吴派文人画家擅长的纪游图。本文试选取几幅作品详述之，浅析其绘画艺术。

1.描绘社会风俗和市井生活类画作

《晓关舟挤图》（图一），是袁尚统传世作品中最具代表性的一幅风俗画作，故宫博物院藏，清顺治三年（1646）作。袁氏并未说明晓关是何处，据专家考证，晓关即是苏州阊门。阊门是苏州古城最为富庶繁华之地，唐寅曾作《阊门即事》："世间乐土是吴中，中有阊门更擅雄。翠袖三千楼上下，黄金百万水西东。五更市贾何曾绝，四远方言总不同。若使画师描作画，画师应道画难工。"[5]可见阊门是何等繁华。

阊门水陆并列，上塘河与环城河在阊门处相连，水路沟通了横贯南北的大运河，阊门也因此成为船只进出苏州城的重要节点。而袁尚统此幅作品就描绘了阊门水门洞口舟船拥堵的场景。只见画面中，十几条小船拥堵在门洞处，无法进城，而堵住城门的大船上，是一个准备出城游玩的士绅，他看到交通堵塞无法出城，正在生气发怒。画家"逸笔草草"，却将人物刻画得栩栩如生，士绅的盛气凌人、颐指气使和船民的焦急形成了鲜明的对比。

这幅作品看起来描绘的是市井生活，但需要注意作品的历史背景，此图作于1646年，这一年是南明隆武二年，又是清顺治三年，正处于明清易代之际。前一年1645年，清兵进至苏州，当年6月便发布剃发令，命令十天以内，江南汉人必须剃发，依照满人辫发习俗，至顺治三年（1646）二月，不剃者已大大减少。1646年秋，袁尚统创作此图时，就在左下方描绘了一个已经剃发后的人物形象，中央美术学院教授黄小峰特意提到了此图中人物的发型："我现在认为他应该是要表现留着清式辫子的人"。[6]黄小峰教授还提到1646年阊门吊桥被修复，而袁尚统画《晓关舟挤图》正好是在吊桥重修以后四个月，由此发出"就是明清易代的时期，一个职业画家怎么来体验城市的变迁和社会的变化"。[7]或许可以认为袁尚统不仅仅是表现小民百姓的生活，而是更深层次地表达了一个民间画家眼中明清政权更迭之际的社会变迁，体现了画家的社会责任和思想性，因而使这幅风俗画具有一定的社会意义。

另外一幅《维扬古渡图》（图二），1636年作，南京博物院藏，此图以扬州地区的瓜洲古渡为题，描绘了等待摆渡的商旅。画中景物呈对角线式构图，源自南宋绘画风格。画面右下方是山石一角，石块阴面施用浓墨，阳面则是淡墨勾勒后皴擦，非常有立体感，山石上面散布了几株树木。袁尚统在处理部分作品的近景时都采用了这种山坡树石起笔，下

图一 《晓关舟挤图》（故宫博物院藏，故宫博物院提供）

图二　《维扬古渡图》（南京博物院藏）

文提到的《迎春图》《岁朝图》《寒江独钓图》均是如此。在山石后的渡口台坡上，一群人骑着驴，抬着货物正在等待渡船，世俗化倾向十分明显，写实性很强。

画面中景是波澜不惊的江水，采用大幅留白的手法表现，呈现出视野开阔而又静谧的意境。然而江面上，一位正在奋力划船的船夫打破了这种静谧，动感十足。船夫身后就是瓜洲古渡口，停泊着大量船只，远处的城楼在雾气蒙蒙中若隐若现。

由于瓜洲古城在清光绪年间坍入长江，而这幅真实再现了瓜洲古渡商贾行旅等待摆渡的作品，更成为追忆瓜洲古渡的图像记录。

岁朝欢庆图也是袁尚统描绘的世俗生活题材之一，在此列举的是苏州博物馆藏《迎春图》（图三）和故宫博物院藏《岁朝图》（图四）。

《迎春图》作于清顺治三年（1646），《岁朝图》作于清顺治十三年（1656），两幅画作虽然相差十年，但是构图、风格基本保持一致，中景和近景殊无二致。中景均描绘庭院里嬉戏玩耍的孩子们，或放鞭炮，或敲锣打鼓，左边房屋内围坐于桌子边的三位长者及立于旁边的小厮。孩童的开心，长者的悠闲，小厮看向孩童玩耍的神往之态跃然于面上，神形毕现。前景均为山坡上兀立两棵枯树，树干屈曲盘桓，与上述《维扬古渡图》中前景颇为相似。远景稍有不同，《迎春图》远景中描绘了数枝枯树，同时又将地平线推向了远方，视野非常广阔；《岁朝图》目之所及则为群山连绵。

"岁朝"是农历正月初一，也是新年第一天，有"元日""元旦""正日""春节"等多种称谓。春节作为最重要的传统节日之一，画家以画作为媒介作岁朝欢庆的传统最早可追溯至唐代。至明清时期，与袁尚统同属吴门画派的钱穀、张宏、陈洪绶等，都曾作过《岁朝图》，袁尚统这两幅岁朝图与晚明苏州通行的图像内容大致相同：苍树挺立，其下屋舍数间，士人、童子围炉团坐，门前童子数人，作放爆竹、捂耳等状[8]。可见，岁朝图在晚明的苏州地区非常盛行，构图上也形成了固定的程式。

图三 《迎春图》（苏州博物馆藏）

图四 袁尚统《岁朝图》（故宫博物院藏，故宫博物院提供）

需要提及的是，很多冠以"岁朝图"名字的画作，在作者创作时都未命名为"岁朝图"。此名源于乾隆皇帝，因为他喜欢在画上题诗，而且多将"岁朝"作为春节代称，并偶以"岁朝图"称呼画作。朝臣在编纂《御制诗集》时，多以"岁朝图"为此类画作命名，或者根据画面细节命名为"岁朝某某图"[9]。有一幅托名为袁尚统的《岁朝图》即被乾隆收入，并在画上题诗："围炉聚老友，柏酒岁朝延。人庆九旬寿，画赏百廿年。室家真晏矣，松竹更苍然。看取儿童乐，门前吉爆喧。"虽然此作已经考证是伪作，但是侧面证明了袁尚统的作品还是有一定市场，才会引来他人仿冒，甚至还得到了乾隆帝的认可。

除上述作品外，袁尚统尚有《洞庭风浪图》《渔家乐》《钟馗图》等多幅传世作品，均是具有明显世俗倾向的画作。其中《渔家乐》描绘了明代江南地区捕鱼人的日常生活，画家笔下的捕鱼工具有鱼竿、渔网、罾等，虽然不及周臣的《渔乐图》详尽，却也是明代苏州地区"渔家处处舟为业"的写照。袁尚统这些描绘江南地区人们日常生活和社会风俗的作品，为研究明末清初的江南社会提供了可靠的依据。

2.体现文人意趣类作品

袁尚统历来被归为职业画家，而且他的画作上较少有长篇题跋，家世也不详，似乎没有确凿证据可以将他归为文人画家，但综观袁尚统的作品，其中还是有体现文人意趣的一面。

自文徵明的时代以来，雪景题材即是吴派画家之所长[10]。袁尚统传世作品亦有雪景题材，其中一幅《寒江独钓图》（图五），崇祯八年（1635）作，山东博物馆藏。袁尚统根据唐代柳宗元贬谪永州时所作《江雪》："千山鸟飞绝，万径人踪灭，孤舟蓑笠翁，独钓寒江雪"。画出了一片空寂、清寒的冰雪世界，中景以虚带实，意为空旷无际的江水，一叶扁舟泊于江中，舟上渔翁头戴竹笠，身披蓑衣，专事于垂钓，传达出隐逸超脱之意。前景山坡一角深入江水，坡上雪松参差。画面上部山势险峻，主峰斜出，其下有山石堆叠。山石、树木仰面留白，背面用浓墨，通过加强山石、树木的阴暗对比关系，增强了树石的体积感。

文徵明曾在他本人的《关山积雪图》上自题："古之高人逸士，往往喜弄笔作山水以自娱，然多写雪景者，盖欲假此以寄其孤高拔俗之欲尔"。袁氏此画虽是依据古诗而做，但画家选取某个主题，极有可能是这主题与他自己的性情，或者某个时刻的情绪相协调[11]。袁尚统选择描绘一片晶莹雪白的世界以及渔隐这一文化符号，或许也是荡涤心灵，寄托其孤高之志，以期获得精神的自由和超越。

另外一幅体现袁尚统文人画风的作品是《桃源洞天图》（图六），崇祯九年（1636）作，扇页，金笺，设色，故宫博物院藏，此图描绘武陵渔人准备进入桃花源的场景。在画面右边桃林夹岸的小溪中，一叶扁舟停泊在山脚下，小舟的主人即是武陵渔人，那渔人早已离开小船登上山去，显然是刚刚找到桃花源入口，正要进去。画面左边则是被大山隔离的桃花源，杨柳依依、桃花灼灼、屋舍幢幢，呈现出一片静谧、祥和的景象，正如东晋陶渊明《桃花源

图五　《寒江独钓图》（山东博物馆藏，周坤拍摄）

记》笔下的美景："土地平旷，屋舍俨然，有良田美池桑田之属。"此作设色淡雅，用笔细碎平实，尤重墨色浓淡变化，轻柔淡雅中流露出静态的内质，表达出深远的空间感。

《桃花源记》是千古传诵的名篇，明清时期，以桃花源为题的创作十分盛行，传世画作多达78幅。

图六 《桃源洞天图》（故宫博物院藏，故宫博物院提供）

明代中晚期的文人画家和职业画家，都曾以桃花源入画，但两个群体的作品在选取故事情节及表现方式上有不同的特点[12]。袁氏选取的明显是文人画家偏爱的渔人过洞的情节，而且在设色上摒弃了职业画家惯用的青绿重设色的画法，转而采取淡设色，更侧重于文人的审美意趣。

另外还可体现袁尚统文人倾向的作品是寒鸦题材，寒鸦是文人经常用到的母题，如李白"落叶聚还散，寒鸦复栖惊"，辛弃疾"晚日寒鸦一片愁，柳塘新绿却温柔"，马致远"枯藤老树昏鸦，小桥流水人家，古道西风瘦马"，秦观"斜阳外，寒鸦万点，流水绕孤村。"文人画家中亦多有描绘寒鸦的，如梁楷《疏柳寒鸦图》、唐寅《枯木寒鸦图》扇页、项圣谟《衰柳寒鸦图》、八大山人《枯木寒鸦图》、恽南田《古木寒鸦图》等。

袁尚统一生多次创作寒鸦题材，传世作品有《古木群乌图》《枯木寒鸦图》《古木栖乌图》《枯林孤棹图》。其中《枯木寒鸦图》（图七），1661年作，上海博物馆藏。此作描绘了两根枯枝上停留的三只寒鸦，树枝和乌鸦沿用了袁尚统一贯的画法，树木以淡墨飞白，乌鸦则兼工带写，墨色丰富，三只寒

鸦中一只抬头张望，一只低头回望，另外一只悠然鸣叫，形态各异，生动传神。画面上方大幅留白，简洁疏阔，上有袁氏自题："风鸣雪欲飞，古木群乌集。孝义本天生，哑哑反哺食。"袁尚统借用寒鸦反哺来表达孝道，他极有可能是个孝子，可惜史籍中没有关于袁尚统更详细的记载，此图也没有更多的题记，我们无法获得更多信息。

此作除袁氏自题外，另有同乡金俊明题跋："羔羊跪乳初生日，乌鸟酬恩反哺时。物类也知敦一本，为人子岂不深思。阅读有感题。耿庵金俊明。"金俊明（1602—1675），号耿庵，明末清初吴县人，与袁尚统是同乡，好录异书，工诗善古文，兼书画，尤长于墨梅。虽然没有更多史料可以考证袁尚统和金俊明之间的密切交往，但是金俊明在此作上题款，说明袁氏的作品在一定程度上也获得了文人士大夫的青睐。

在袁尚统作品中，还有为数不多的纪游图，如《虎山落照图》《苏台十二景》[13]，延续了吴门画派创作纪游图的传统。其中《虎山落照图》（图八），是袁尚统与盛茂烨、邵弥、张敦复、沈灏、张时芳、张宏等人合作《苏台胜览图册》其中一开，崇祯十

图七 《枯木寒鸦图》（上海博物馆藏）

图八 《虎山落照图》（上海博物馆藏）

年（1637）作，上海博物馆藏。

此图描绘的是苏州光福镇西北的虎山。虎山，

西临下崦湖，对面是龟山（塔山），两山隔水相望，龟山之巅正是光福寺塔，是一座方塔。虎山的另一个标志性景致是虎山桥，吴宽、王鏊、沈周、文徵明、袁宏道、徐枋等文人、画家都曾以此桥为题作诗或作画。虎山桥初建时间不详，建成后历经多次修缮，明万历年间（1573—1619），虎山桥重建为五孔拱桥，故此处的景致有"一塔两山五桥洞"之称。袁尚统此图以实景为题，所画景物与"一塔两山五桥洞"完全对应，客观表现了虎山周边的景致，而且布局开阔，用笔舒朗，水墨淋漓，浑厚明润，营造出一种清新典雅之致，颇有文徵明画风的特色，体现出吴门山水画学习古人与师法造化、理性与"漫兴"和谐统一的特点[14]。

三 师承源流

吴门画派画家都十分注重"仿古"，即通过模仿宋元名家之作，不仅学习前人的技法，更学习他们的美学思维[15]。袁尚统在创作中，亦注重学习前人笔法，追随郭熙、李唐等院体风格，但同时他也延续了文人画风，曾师法梅花道人吴镇，兼学文徵明。

袁氏传世作品中有仿郭熙、李唐和吴镇等人的作品。《江寒雁影图》（1642年作）、《仿郭熙山水图》（1647年作）是仿郭熙笔意。

清张大镛《自怡悦斋书画录》记录袁尚统仿李唐的画作"袁叔明仿李晞古山水，纸本，乙未仲冬望日，拟李晞古笔，袁尚统。皴法树法纯仿晞谷，笔极老苍，通幅用水墨点染，惟坡根略施淡赭，塔寺各晕微丹，此叔明生平杰作"[16]。

此外，袁尚统尚有一幅无纪年的《泰山松色图》（沈阳故宫博物院藏），是仿梅道人。

袁尚统自题中虽然没有提及仿文徵明，但某些地方又显示了和文徵明的师从关系，并且李维琨所著《明代吴门画派研究》中，称袁尚统"画学文徵明"[17]，将其归为文徵明再传弟子。

四　结语

综上可以看出袁尚统绘画题材广泛，既有社会风俗类，又有文人雅士类。而且非常可贵的是，袁尚统在"借鉴吴门画派的笔墨技法，使内容通俗化，并带有民间绘画的某些特色，更加接近下层民众的情感"[18]的艺术特点，表明他在创作中极力延续吴门画派的绘画主张并加以形成自己的风格。另外袁尚统客观再现社会实景的作品以及作品中蕴含的社会变迁，是研究古代江南地区历史文化的宝贵资料，应该得到重视。

注释：

[1]　〔清〕王文治：《快雨堂题跋》卷七，浙江人民美术出版社2016年，第109页。

[2]　〔明〕韩昂：《图绘宝鉴续纂》卷一，《画史丛书》第二册，上海人民美术出版社1963年，第493页。

[3]　郭味蕖：《宋元明清书画家年表》，人民美术出版社1958年，第170页。

[4]　杨新：《袁尚统生年辨析》，《文物》，1991年7期。

[5]　〔明〕唐寅：《阊门即事》，《唐寅集》卷二，上海古籍出版社2013年，第48页。

[6]　黄小峰：《实景、风俗与身份——袁尚统〈晓关舟挤图〉中的清初景观》，《唯有家山不厌看——明清文人实景山水作品研讨会》，2015年。

[7]　黄小峰：《实景、风俗与身份——袁尚统〈晓关舟挤图〉中的清初景观》，《唯有家山不厌看——明清文人实景山水作品研讨会》，2015年。

[8]　盛忠强：《李士达〈岁朝欢庆图〉图式与内涵研究》，《中国美术》2020年第2期。

[9]　盛忠强：《李士达〈岁朝欢庆图〉图式与内涵研究》，《中国美术》2020年第2期。

[10]　〔美〕高居翰：《山外山：晚明绘画（1570—1644）》，王嘉骥译，生活·读书·新知三联书店2009年，第17页。

[11]　〔美〕高居翰：《图说中国绘画史》，李渝译，生活·读书·新知三联书店2014年，第149页。

[12]　赵琰哲：《文徵明与明代中晚期江南地区<桃源图>题材绘画的关系》，2009年中央美术学院硕士学位论文。

[13]　中国古代书画鉴定组：《中国古代书画目录》第三册，文物出版社1987年，第40页。

[14]　李维琨：《吴门画派研究》，东方出版中心2008年，第104页。

[15]　钱玉成：《吴门画派》，苏州大学出版社2016年，第34页。

[16]　〔清〕张大镛：《自怡悦斋书画录》卷三"立轴类"，《中国书画全书》第十一册，上海书画出版社2000年，第471页。

[17]　李维琨：《吴门画派研究》，东方出版中心2008年，第194页。

[18]　聂崇正：《画家笔下的一次"堵船"事件 漫谈袁尚统〈晓关舟挤图〉》，《紫禁城》2020年第3期。

征稿启事

　　本论丛由苏州博物馆编辑，立足苏州，面向国内外，宗旨为：以历史唯物主义为指导，积极宣传党和国家的文物法规与相关政策，及时反映苏州考古、文物和博物馆工作的新发现和新成果，推动活跃文博科学研究。坚持学术性、知识性、资料性兼顾，关注学术热点，开展学术讨论，交流文博专业信息，传播文物知识。以文博工作者和爱好者为主要阅读对象，努力为促进文博事业的发展和提高专业队伍的素质作贡献。

　　本论丛由文物出版社出版发行，欢迎广大业内外人士热心支持，不吝赐稿。本论丛一年一辑，征稿截止时间为当年6月30日。提供电子稿的同时，请另附插图文件(图片不小于300dpi)。稿件格式(包括题目、作者、作者单位、内容摘要、关键词、正文和注释样式等)请参考最近一期《苏州文博论丛》，文末请附上作者的详细联系方式，包括固定电话、手机和电子邮箱等信息，以便编辑人员和您沟通。本论丛采用匿名审稿制度，稿件一经采用，本编辑部会立即通知作者本人，如在当年10月31日前尚未收到编辑部用稿通知，稿件可自行处理。因编辑人员有限，本刊不退还稿件，请作者自留底稿。

　　已许可中国学术期刊(光盘版)电子杂志社在中国知网及其系列数据库产品中，以数字化方式复制、汇编、发行、信息网络传播本论丛所收论文。中国学术期刊(光盘版)电子杂志社著作权使用费与本论丛稿酬一并支付，作者向本论丛提交文章发表的行为即视为同意上述声明。

《苏州文博论丛》设置以下主要栏目：

考古与文物研究

文献与历史研究

传统工艺研究

博物馆学研究

江南文化研究

书画研究

地址：苏州市东北街204号苏州博物馆

邮编：215001

电话：0512-67546052

联系人：杜超

E-mail：suzhouwenbo@126.com